A NOVA CLASSE E A HISTÓRIA DO PT

A NOVA CLASSE E A HISTÓRIA DO PT

J. H. DACANAL

1ª edição / Porto Alegre-RS / 2017

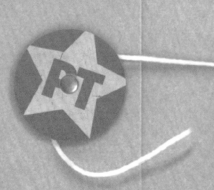

Coordenação editorial: Maitê Cena
Capa e projeto gráfico: Marco Cena
Revisão: do Autor
Produção editorial: Bruna Dali e Maiara Morbene
Produção gráfica: André Luis Alt

Dados Internacionais de Catalogação na Publicação (CIP)

D117t   Dacanal, José Hildebrando
           A nova classe e a história do PT. / José Hildebrando Dacanal. – Porto
        Alegre: BesouroBox, 2017.
           336 p.; 16 x 23 cm

        ISBN: 978-85-5527-050-5

        1. Política. 2. História. 3. Partido dos Trabalhadores. I. Título.

CDU 32:94

Bibliotecária responsável Kátia Rosi Possobon CRB10/1782

Copyright © J. H. Dacanal, 2017.

Todos os direitos desta edição reservados a
Edições BesouroBox Ltda.
Rua Brito Peixoto, 224 - CEP: 91030-400
Passo D'Areia - Porto Alegre - RS
Fone: (51) 3337.5620
www.besourobox.com.br

Impresso no Brasil
Julho de 2017

SUMÁRIO

AO LEITOR / 7

PRIMEIRA PARTE
A *NOVA CLASSE*: O Governo do PT no Rio Grande do Sul / 9

I - A *NOVA CLASSE:* O Contexto / 11
II - A *NOVA CLASSE:* O Texto / 27
III - O PT em 2015: O passado no presente / 121

SEGUNDA PARTE
O PT, MARX E O CRISTIANISMO / 137

NOTA PRÉVIA / 141
I - O PT, MARX E O
CRISTIANISMO: Entrevista a Cezar Busatto / 143
II - O PT E A MINHA UTOPIA:
Entrevista a Juremir Machado da Silva / 181
III - O PT E A ESQUERDA
LATINO-AMERICANA (ou: ensinando os cegos a ver) / 189

TERCEIRA PARTE
O PEDAGOGO DO PT / 199

I - SUMÁRIO / 201
II - NOTA PRÉVIA / 203
III - O TEXTO / 205

O Pedagogo do PT / 207
O PT / 219
A Era Collor (E o PT) / 261
A Inflação (E o PT) / 293
Variedades (E o PT) / 307

Anexos / 329
I - O pesadelo acabou / 331
II - Dies irae / 333

AO LEITOR

1 – Com exceção de *Marx enganou Jesus... e Lula enganou os dois*[1], este volume reúne praticamente tudo o que publiquei, entre 1990 e 2004, a respeito do Partido dos Trabalhadores e de temas afins, a que foram acrescidos ensaios de 2015 e 2016.

2 – Cada parte é precedida de uma nota sobre sua origem e sobre sua fortuna editorial.

3 – Escritos *no calor da hora*, estes textos trazem as marcas da urgência, com suas qualidades e defeitos. E assim devem permanecer, para que tenham, se o tiverem, o valor de documentos históricos. Por isso, à parte as raras e insignificantes correções estilísticas e a óbvia eliminação de eventuais gralhas, eles em nada foram modificados.

4 – Não apenas muitos dos artigos reunidos em *O pedagogo do PT* mas também, e principalmente, *A nova classe* desempenharam papel pioneiro na tarefa de analisar, dissecar e não raro de enfrentar a teoria e a prática totalitárias dos grupelhos marxistas-leninistas que, na segunda metade da década de 1980, haviam canibalizado e controlado o partido. E que por muito tempo conseguiram enganar a quase todos, incluindo grande parte dos desgarrados fiéis das igrejas cristãs tradicionais e até mesmo segmento considerável da hierarquia da Igreja Católica.

No Rio Grande do Sul, este pioneirismo provocou a fúria de ingênuos e tolos militantes e teve que enfrentar as clássicas táticas

---

[1] Agora disponível em 2º edição (Porto Alegre: BesouroBox, 2014).

leninistas da desmoralização pessoal, da desqualificação intelectual e da demonização ideológica. Sim, hoje o Brasil é outro e, como diz Dante, "non ragioniam di loro" e "guarda e passa" diante das silentes tumbas de um passado morto. Mas não é possível esquecer que aquela foi uma época estranha, e até perigosa, quando os dotados de lucidez alcançaram perceber que a civilização é uma dura conquista da espécie, porém jamais é definitiva: na volta da próxima esquina a barbárie pode estar à espreita. E estará.

5 – "2015: o passado no presente", anexado como *adendo* a *A nova classe*, é uma espécie de conciso roteiro pessoal sobre o tema e talvez possa vir a servir no futuro — pelo menos como contraponto — para alguém disposto a escrever uma *História do Partido dos Trabalhadores*.

Porto Alegre, março de 2016.

J. H. D.

PRIMEIRA PARTE

A NOVA CLASSE:
I – O contexto
II – O texto
III – O PT em 2015:
o passado no presente

O contexto

Neto de imigrantes peninsulares miseráveis e filho de pais – para a época – remediados, educado dos onze aos vinte e três anos por missionários de uma congregação de origem franco-alemã-holandesa e impregnado fundamente dos princípios da tradição israelita-cristã, a igualdade de todos – independente de sexo, melanina, etnia, classe social etc[2]. – tornou-se em mim uma segunda natureza. E, como integrante de uma geração que assistira à transformação intempestiva de um país semicontinental e agrário em uma potência urbano-industrial planetária, caracterizada pela espantosa explosão demográfica[3] – cerca de 100.000.000 de bárbaros em três ou quatro décadas! – e pelo aumento exponencial da desigualdade, da miséria, do crime e da consequente desagregação civilizatória, minha visão política sempre tendeu a alinhar-se à esquerda.

Por outro lado, "cínico desde criancinha" – na definição de um antigo colega de seminário –, jornalista, economista e leitor compulsivo de todos os grandes historiadores do Ocidente, nunca acreditei em mitos. E convicto seguidor do princípio paulino (Romanos 13) da separação entre as esferas pública e privada, jamais sequer flertei

---

[2] Segundo a definição de Paulo de Tarso em Gálatas 3, 28: "Não há judeu nem grego, não há livre nem escravo, não há masculino e feminino, pois todos vós sois um, em Jesus, o Messias..."
[3] V. "Brasil: do milagre à tragédia" (1964-2004), in Marx enganou Jesus... e Lula enganou os dois (Porto Alegre: BesouroBox, 2014).

com o totalitarismo marxista-leninista, que sempre considerei uma ideologia de facínoras. E, no Brasil, de tolos e/ou desequilibrados.

Em determinado momento, estas duas linhas de pensamento – que na visão colonizada e pedestre da esquerda brasileira são consideradas antagônicas – transformaram-se no estopim de um drama pessoal/intelectual. E deste drama nasceu *A nova classe*. Hoje, julgo ter perdido meu tempo. Mas assim foi porque assim tinha que ser: *Agora é tarde, Inês é morta* – como disse o grande vate. Resta narrar e explicar.

***

Política não é para nós. Nós temos que trabalhar – era o mantra de meu pai, que traduzia com precisão apodítica a visão difusa e o comportamento generalizado dos imigrantes peninsulares de segunda e terceira geração. *Aqui não se discute política* – decretavam meus mestres, nas décadas de 1950/60, quando algum dos colegas ousava citar um partido.

Apesar da intensa – ainda que secreta – ambição política, da constante atividade jornalística e da formação de economista, na prática segui sempre estes princípios em mim inculcados na juventude. Na década de 1980, nem mesmo a simpatia pelo Partido dos Trabalhadores e a proximidade com alguns de seus líderes no Rio Grande do Sul mudaram meu rumo[4]. E na primeira metade da década de 1990 filiei-me ao PSDB, mas logo tornei atrás, não apenas por dar-me conta de que o partido pouco futuro teria no estado mas principalmente por logo perceber que qualquer filiação partidária tolheria minha liberdade e afetaria minha credibilidade como jornalista e publicista. E ali pensei ter posto um ponto final na questão. Não foi assim.

A origem do texto

A história da redação de *A nova classe* é muito simples: redigi o texto durante a primeira quinzena de maio de 1999. E portanto nada

---

[4] V. adiante, p. 207

mais haveria a dizer. Mas, pelas origens e pelas consequências, este foi um processo muito complexo. Porque entre 1994 e 2002 o Rio Grande do Sul viveu um período de agitação e radicalização marcado, de um lado, pela tentativa, coerente mas fracassada em parte, de modernização da administração pública e da estrutura econômica do estado e, de outro, por um projeto, espantoso e demente, de revolução bolchevique comandado por energúmenos saídos das páginas de Dostoievsky e por arcaicos nostálgicos dos extintos ranchos de pau-a-pique e das já em extinção pradarias do Pampa.

Desta estranha e assustadora *mélange* nasceu *A nova classe,* e não é de admirar que o texto tenha se transformado em clássico documento histórico e sua abrangência hoje, em 2015, tenha há muito ultrapassado as fronteiras do estado. Há lógica nisso, pois na insana visão de seus líderes, e de seus menestréis, a revolução bolchevique no Rio Grande do Sul equivalia ao *ensaio geral* de 1905 na Rússia czarista. Porque o Sul, um dia pelo Brasil falaria... Aliás, por lembrar Lênine, quais foram as *condições objetivas* que me levaram a redigir e publicar *A nova classe*? Tentarei apresentá-las de forma sumária.

Ao surgir na cena política brasileira, em São Paulo, em 1980, o Partido dos Trabalhadores contava entre seus fundadores com alguns intelectuais que se diziam marxistas, esquerdistas etc. – em sua maioria de tendência moderada[5]. Tanto isto é verdade que logo a seguir o novo partido viria a ser alvo de ataques por parte de integrantes dos grupelhos radicais da época – leninistas, trotsquistas, maoístas, guevaristas etc. –, que o qualificavam de *populista, oportunista, reformista e social-democrata,* termos que no léxico ideológico deles eram mais ou menos sinônimos e explicitamente ofensivos e anatematizantes. Em outras palavras, tais grupelhos viam na nova organização política um perigoso concorrente.

Exatamente quando e como este quadro começou a mudar é tema interessante para uma pesquisa. Mas não vem aqui ao caso. O certo é que por quase uma década a força política, aliás frágil, e a identidade ideológica do partido se identificavam – e assim ele era visto de fora – com a de quatro núcleos principais: os sindicatos

---

[5] Muitos deles, aliás, anos depois deixaram o partido.

dos segmentos mais modernos da indústria paulista, os sindicatos das empresas estatais e do funcionalismo público em geral, incluindo as Universidades, os núcleos da Igreja Católica ligados ao ativismo social e parte da barulhenta juventude universitária dos grandes centros urbanos, principalmente do Sudeste e do Sul. Com as primeiras e importantes vitórias do partido (Porto Alegre e São Paulo) nas eleições municipais de 1988, este panorama modificou-se drasticamente. O que acontecera?

Perplexo, mas nem tanto, pois conhecia bem vários de seus integrantes, assisti, principalmente em Porto Alegre, aos desmandos administrativos e ideológicos dos governos petistas. E então, em artigos contundentes, comecei analisar a situação, que para mim assumira alguns aspectos estranhos e preocupantes. Afinal, como foi visto, considerando meu passado próximo e remoto, eu me sentia ligado informalmente ao partido.Foi neste contexto que, partindo para o confronto direto, em 1990 defini o Partido dos Trabalhadores como

> um conjunto espantoso de corporativistas ensandecidos, adolescentes desorientados, arrivistas lépidos, totalitários enrustidos, messiânicos desarvorados, camponeses desesperados, lúmpen-intelectuais arrogantes, sindicalistas mais ou menos ignorantes, ingênuos bem intencionados e demagogos ilustrados que haviam se transformado numa espécie de compacto rebotalho de vinte e cinco anos de profundas, caóticas e vertiginosas mudanças econômicas, tecnológicas, sociais e culturais. Em resumo, os petistas se apresentavam – e eram aceitos – como os novos cátaros, quando, na verdade, não passavam de um subproduto monstruoso e disforme de uma sociedade doente, sem norte e revolvida até as entranhas por um processo brutal e avassalador de modernização tecnológica, de produção e concentração de riqueza, de universalização do ensino e de um explosivo e rápido crescimento populacional[6].

A definição, hoje famosa, provocou a ira das *brigadas petistas* de então. Mas era apenas uma visão objetiva e realista das forças que integravam o partido. E era também uma definição incompleta. Sim, já no final de 1992, quando as primeiras administrações petistas estavam se encerrando em São Paulo e Porto Alegre, eu havia percebido "as latentes tendências totalitárias" de muitos

---

[6] V. adiante, p. 214

integrantes do partido[7]. Porém eu vira então, e continuaria vendo por quatro ou cinco anos, apenas as árvores. Talvez por estar fora do centro e nunca ter ouvido falar do Foro São Paulo, eu não conseguia ver a floresta. Mas eu não perdia por esperar. Porque no início de 1999 veio o dilúvio. E, para mim, a revelação.

Marcada, no plano nacional, por dramáticos e sucessivos eventos políticos e econômicos[8], a década de 1990 encerrou-se no Rio Grande do Sul com o fracasso do projeto modernizador de Antônio Britto, que postulava um segundo mandato, e a eleição, por escassa margem de votos, de Olívio Dutra, do Partido dos Trabalhadores. Quanto a mim, já mergulhado há dois ou três anos na história do Cristianismo e das origens do Ocidente[9], abandonara o publicismo político e enterrara para sempre a sempre secreta ambição de um *cursus honorum*, como diziam os romanos. Mas, de novo, não foi assim. Porque no dia da posse do novo governador a bandeira das Forças Armadas Revolucionárias da Colômbia (FARCs) tremulava firme em um dos mastros das sacadas do Palácio Piratini, anunciando uma nova era.

Não havia dúvidas: os novos inquilinos do Palácio comportavam-se como se houvessem vencido uma revolução pelas armas e não um eleição pelas urnas[10], e proclamavam o início da bolchevização do Rio Grande do Sul. Habituado às ideias insanas e delirantes de alunos meus e ao "messianismo marxista" de alguns cristãos desgarrados – incluindo um ou dois antigos colegas de seminário –, não dei muita importância à bandeira das FARCs. Afinal, em comemorações semelhantes sempre são cometidos exageros. Mas eu estava enganado. E a prova disso me atingiu como um choque brutal logo nas semanas seguintes.

No círculo de minhas relações familiares havia pessoas que integravam os quadros do funcionalismo estadual. Certo dia, por necessidade, telefonei a uma delas:

---

[7] V. "Enfim, sem máscaras!", adiante p. 241
[8] Eleição e *impeachment* de Collor de Mello, inflação, planos econômicos etc.
[9] V. *Jesus e as origens do Ocidente*. Porto Alegre: BesouroBox, 3ª ed., 2014.
[10] V. adiante, ao final.

– Secretaria X. Governo democrático e popular, às ordens.

Como? O quê? Pelos céus, aquela voz ressoa até hoje em meus ouvidos! No dia seguinte, mesmo sem necessidade, telefonei para outra área:

– Secretaria Y. Governo democrático e popular, às ordens.

Desliguei. E surtei! Assíduo leitor de Lênine, Bukhárin, Gramsci e outros menos conhecidos, eu sabia muito bem o que isto significava: a partidarização[11] da administração pública, o primeiro passo rumo ao totalitarismo.

Então *havia realmente uma plano!* A bandeira das FARCs não fora apenas um arroubo de vitoriosos. E o que se falava à boca pequena sobre as táticas de guerrilha do Movimento dos Trabalhadores Sem Terra (MST) e sobre a presença de estrangeiros no estado[12] fazia parte de um conjunto coerente, de uma estratégia revolucionária para a tomada do poder. Isto era uma loucura! Mas que lógica nesta loucura! – como diz Polônio em *Hamlet*.

Porque então eu entendi tudo! O PT que eu conhecera, e com o qual simpatizara, estava morto há muito. Sim, porque então, como em uma revelação instantânea, reuniram-se em minha cabeça todas as informações dispersas de que eu dispunha e que me intrigavam – e vi a floresta! E compreendi tudo: os vários e variados grupos da esquerda marxista-leninista, remanescentes das duas décadas anteriores e agora travestidos de *tendências*, a partir da segunda metade da década de 1980 haviam tomado de assalto o partido, e este marchava para liderar uma frente ampla revolucionária internacional. Com o objetivo, como se dizia à época, sempre em voz baixa, "de conquistar na América Latina o que se perdera no Leste Europeu" com a desintegração da URSS.

Sim, a canibalização do PT fora um movimento tático brilhante. Mas era uma loucura! E esta loucura afetou-me fundamente. Nervoso, impaciente e inseguro, eu me perguntava se este *plano*

---

[11] O termo técnico, clássico, é *aparelhamento*. Aliás, esta tática foi usada com sucesso pelo PT a partir de 2002. *V. Marx enganou Jesus... e Lula enganou os dois* (Porto Alegre: BesouroBox, 2014).

[12] Chilenos, uruguaios etc.

louco era real ou se a loucura estava em mim. Dominado por uma compulsão que eu não entendia, comecei a pensar em escrever. O que só agravou a situação. Por que escrever? Por que envolver-me? Eu já renunciara a qualquer pretensão política! E sabia que nada teria a ganhar, "a não ser a compreensível sanha de uns e a inútil concordância de outros" – como digo ao final do texto. Angustiado, adoeci. Mas resisti até o final de abril. E então não houve saída: foram cerca de 200 páginas manuscritas em pouco mais de duas semanas. Por volta de 20 de maio o texto estava pronto. E os sintomas de uma possível doença haviam desaparecido.

Respirei aliviado por um mês. Mas, com o texto digitado e revisado, teve início a segunda parte do drama: publicar ou não publicar? Eu sabia: além de nada ganhar, poderia estar correndo riscos. Por isso, entreguei os originais a duas pessoas que haviam se disposto a lê-los: um jornalista, famoso à época e de tendências antipetistas, e um colega de magistério e editor, com as mesmas tendências. As respostas confirmaram meus piores temores. O primeiro foi seco: "É um panfleto. Não vou dar cobertura". O segundo não deixou por menos: "É um texto hiperbólico, exagerado".

Ali estava eu de volta ao começo. De novo sozinho, e em pior situação. O que fazer? Mais calmo – afinal, o escrever me livrara de um pesado fardo –, procurei identificar e calcular os riscos. Depois de uma ou duas semanas, conclui que havia basicamente três: a acusação de parcialidade, o risco físico e o risco intelectual.

Para o primeiro, encontrei logo uma solução: publicar a obra em coautoria, com um ensaio de um militante do partido. Mas quem aceitaria tal tarefa e quem seria o mais adequado para ser o escolhido? Então tive uma ideia: um leria o texto do outro apenas depois que a obra fosse impressa! Era uma ideia maquiavélica, mas honesta: por um lado, quanto mais opostas às minhas fossem as ideias do coautor, mais protegido eu estaria; por outro, ele teria a garantia de poder escrever livremente, contra mim e a favor do partido – afinal, minhas críticas ao PT eram públicas e notórias desde 1992 e haviam sido até publicadas em livro em 1995[13].

---

[13] *O pedagogo do PT*, v. adiante, p. 205

Assim, em duas ou três semanas este problema – a possível acusação de parcialidade – foi resolvido a contento[14]. E ali percebi que esta solução atenuava também, pelo menos em parte, o risco físico. Pois o clima se amenizara, o ambiente era de festa pelo vitorioso início da revolução bolchevique (!) nos Pampas e eu, bem, eu já era visto como um pobre-diabo[15] que, por não acreditar na aurora de um novo mundo e no intempestivo nascimento do *homo novus gauderius,* perdera a razão e o rumo e estava "atentando injustamente" contra minha biografia e "desconstruindo" minha "dimensão de crítico literário" – como dissera, anos antes, um ex-peão e ex-patrão de CTG, recém-converso à diamantina fé na salvífica missão do messias gaúcho de Bossoroca e do metalúrgico pernambucano de Garanhuns...

Restava, porém, o terceiro risco – e aqui cessem todas as ironias. Pois os processos históricos são imprevisíveis, pelo menos a curto prazo. E se hoje, em 2015 e ao ritmo frenético da Operação Lava-Jato, é possível sorrir sadicamente, no primeiro semestre de 1999 no Rio Grande do Sul a situação era outra. O ar continuava pesado e nos segmentos mais esclarecidos da opinião pública havia perplexidade, tensão e medo. Perplexidade pela quase inexplicável[16] vitória do candidato do PT, que fora muito bem votado nas regiões de grandes proprietários rurais e nos bairros ricos da capital; tensão pela intensificação das operações de paraguerrilha do MST; e medo pelos rumos que o novo governo estava seguindo.

Mas havia mais: parte significativa da mídia e da (pseudo)intelectualidade do estado aderira ou estava aderindo ao partido, que então – conforme escrevi à época – era visto como "vestal impoluta e jamais enxovalhada no lupanar das paixões políticas". Além de ser incorruptível, é claro...

Ora, neste contexto podia-se pensar em tudo – menos em publicar a análise contundente e demolidora que eu tinha em mãos. Este era o terceiro risco, e o maior: o risco intelectual. E eu tinha perfeita noção do que significava, em termos de imagem pessoal, dar publicidade a meu texto. Se ele caísse no vácuo, se pelo menos parte da

---

[14] O coautor foi o prof. João Hernesto Weber.
[15] V. adiante, p. 237ss.
[16] V. adiante, p. 29ss.

opinião pública ilustrada não se identificasse com ele, em tal caso eu estaria liquidado. Porque então o insano – finalmente a prova!, diriam sadicamente meus adversários –, o insano seria eu e não o bando de dementes que julgavam estar iniciando a revolução antimperialista mundial na América Latina...

Então percebi: meu drama continuava sendo o mesmo de antes, sim, mas ele se alçara a outro patamar. Já não mais importava que minha análise fosse correta ou não, ou que me fosse pessoalmente conveniente ou não torná-la pública. O que importava agora é que torná-la pública era fazer dela um ato político; era, como em *Antígone*, de Sófocles, cruzar o limite do espaço privado e irromper no espaço público. Mas por que fazer isto? Por que afrontar solitário a maré montante da insensatez e da loucura? E por que ceder à incoercível compulsão que me impunha anunciar ao mundo a verdade, a *minha* verdade? Por que não silenciar?

Foi neste momento que, por sobre os séculos e os milênios, pensei vislumbrar a solução de um enigma teórico que há longos anos me perseguia sem trégua e que agora se transformara em dilema vital: a *psicologia do martírio*. Em outros termos: por que determinados indivíduos de elevado padrão moral e intelectual e de comprovado equilíbrio psíquico haviam desafiado espontaneamente o poder e a morte? Por que Sócrates, podendo fazê-lo, não fugira depois de condenado pelo Conselho dos 500? Por que Thomas Becket e Thomas Morus não haviam silenciado e/ou transigido diante dos déspotas? Por que muitos mártires cristãos haviam enfrentado a tortura e a morte por não aceitarem queimar um punhado de incenso barato sobre o altar dos Césares? E por que eu, pobre-diabo,

> em província mísera
> a viver fadado,
> a ouvir tolos condenado,[17]

não deveria queimar meu texto... e silenciar ao invés de afrontar a *canaille* petista a ulular insana pelas ruas?

---

[17] "Canção do exílio", inédito, a ser publicada em *Última lira*.

Como Riobaldo, no meio da travessia eu não via. E não conseguia elaborar a solução que pensava ter vislumbrado para o enigma18. Nem havia tempo. O drama alcançara seu ápice. E só chegou ao seu final quando, já sem alternativas, entendi que já não importava o que viesse a acontecer: *o texto tinha que ser publicado!* Então, repentinamente, a tempestade ficou para trás. Contrito, eu me reconciliara com meu destino.

Em agosto saiu a primeira edição da obra. E por dois meses um silêncio tumular reinou em torno dela, apenas quebrado quando dois jornalistas da geração anterior[19], que por diferentes razões gozavam de maior autonomia em suas empresas, me abriram espaço, com entrevistas de uma hora em seus programas. O resultado foi uma avalanche, raríssimas vezes ocorrida no mercado editorial local: por três meses *A nova classe – O governo do PT no Rio Grande do Sul*[20] não saiu da mídia e foram necessárias outras duas edições. E de meu ensaio, em separata e fora de mercado, foram publicadas no ano seguinte mais três edições. No total, no final de 2.000 haviam sido impressos cerca de 35.000 exemplares do texto.

Instantaneamente eu me transformara em celebridade política. Recusei dois ou três convites de partidos. Era tarde para mim. E renunciei a qualquer valor em direitos autorais. Para não macular, nem minimamente, as páginas já marcadas por um complexo e silencioso drama pessoal. Assim foi porque assim tinha que ser. Os que leram as páginas finais de *Fédon,* de Platão, hão de compreender.

Alguns meses depois a situação começou a voltar ao normal. O governo do PT seguia seu curso rumo à previsível derrota e eu voltei à redação de minha obra sobre a história do cristianismo primitivo[21], já então mais preparado para entender por que os Césares haviam sido derrotados pelos seguidores de um obscuro carpinteiro, ou

---

[18] V. "Excurso", adiante, p. 21ss.

[19] Flávio Alcaraz Gomez, na então TV Guaíba, e Jayme Copstein, em seu programa, à meia-noite, na Rádio Gaúcha.

[20] Porto Alegre: Novo Século, 1999.

[21] *Jesus e as origens do Ocidente (Eu encontrei Jesus),* agora em 3ª edição (Porto Alegre: BesouroBox, 2014).

marceneiro, da longínqua Galileia, por que Tertuliano afirmara que o sangue dos mártires se transformava em semente de novos cristãos e por que os Padres da Igreja, seis ou sete séculos depois da morte de Sócrates, haviam elevado este à condição de primeiro mártir cristão.

***

Para concluir, resta acrescentar uma nota técnica, secundária mas importante. Há alguns anos fui informado de que um jornalista/ensaísta do Sudeste, citando-me, teria reivindicado para si a precedência na utilização da expressão *nova classe* em referência ao PT. A questão não tem qualquer relevância, além de ser perfunctória e tola. Afinal, livros, revistas e jornais são sempre datados e assim servem para dirimir apoditicamente qualquer dúvida desta natureza. Seja como for, aproveito a oportunidade para reconhecer um lapso por mim cometido.

Quando, em agosto de 1999, publiquei a primeira edição de *A nova classe* (Novo Século: Porto Alegre), não referi de onde extraíra tal título. Foi um descuido, talvez não desculpável. Mas para mim, leitor voraz de obras de temas históricos e políticos, o título era uma óbvia – e obviamente irônica – duplicata de *A nova classe*, obra do dissidente iugoslavo Milovan Djilas, editada em Nova York em 1957, logo traduzida no Brasil e por mim lida em 1963, ou 1964. No clima tenso do período da Guerra Fria e dos idos de março no Brasil, a obra de Djilas transformara-se em um *bestseller* em todo o Ocidente. E eu, em 1999, já há décadas trabalhando como jornalista, parti do ingênuo pressuposto de que todos os meus leitores perceberiam a ironia do título. Porque a obra de Djilas era/é uma dissecação crítica do "socialismo real" e da privilegiada *nomenclatura* (quadros burocráticos) que se formara na então Iugoslávia e em todo o Leste Europeu. Mas logo percebi que por volta do ano 2.000 quase todos os meus leitores nem mesmo sabiam quem fora Milovan Djilas! E logo procurei corrigir o erro ao publicar *O PT, Marx e o cristianismo*[22].

---

[22] V. adiante, p. 136ss.

EXCURSO
A psicologia do martírio

Antígone, a personagem central da tragédia homônima de Sófocles, personifica o conflito entre o indivíduo e o Estado — disse Hegel. Sócrates, construído por Platão na *Apologia*, testemunha a falência da *pólis* totalitária. Antígone, nascida de uma lenda, é ficção. Sócrates, cidadão e soldado, é parte da história da Atenas do século V a. C.

Sempre entendi, mais ou menos como Hegel — o enredo é linear e transparente —, por que Antígone morre. Afinal, a peça de Sófocles é *fita*, é arte, é abstração, é racionalização encarnada. Mas eu nunca alcançara compreender exatamente por que Sócrates — o real, não o construído por Platão — marcha para a morte, mesmo tendo a alternativa da fuga. E por que Thomas Morus não trocara Londres por Roma, furtando-se às garras do facinoroso Henrique VIII, deixando-o lá com sua tola e insignificante vadia — na visão de Shakespeare em sua peça homônima. E por que muitos cristãos, homens e mulheres, se negavam a lançar um punhado de incenso sobre o altar do Império — pelo menos sob o tolerante Trajano, já que, quanto ao mais, ele os deixava livres para viver e manter suas crenças, segundo informa Plínio, o jovem.

Até 1999, este era para mim um problema teórico, abstrato e sem solução, ainda que para ele já tivesse encontrado até um título: *a psicologia do martírio*. Mas naquele ano, na crise pessoal que culminou com a publicação de *A nova classe*, ele se transformou, inesperadamente, em um drama concreto, vital. Foi a partir de então, passada a tormenta, que comecei a tentar organizar alguns conceitos, integrando o problema teórico, que há muito me perseguia, ao recente dilema enfrentado. E chegando a algumas conclusões.

1 – O mártir é produto do choque entre determinado indivíduo e o poder regente em determinada sociedade em espaço e tempo determinados. Em termos genéricos, é produto do conflito entre espaço privado reivindicado e espaço público negado.

2 – O mártir não é um rebelde a afrontar planejada e conscientemente o poder regente para modificá-lo ou destruí-lo. Ele é

simplesmente vítima aleatória da fatalidade materializada em três fatores: a sua personalidade, a sua posição na sociedade e o poder regente.

3 – O mártir, portanto, pela natureza (caráter/temperamento), pela formação (ethos) e pela fé (crença/convicções), é *testemunha pública* de uma visão de mundo, como o próprio termo o diz[23]. Pela sua posição social, ele faz-se ouvir. E por fazer-se ouvir afronta o poder regente — que passa a considerá-lo seu inimigo. Assim, o mártir é um solitário transformado em vítima de uma armadilha: o mecanismo incontrolável de seu destino pessoal.

Nos breves e angustiosos momentos em que enfrentei, em mínima escala e com quase nula importância, uma situação potencialmente semelhante, penso ter vislumbrado, à distância e difusamente, algo da alma do mártir, tal como ela se revela paradigmaticamente no Ocidente em Sócrates e Thomas Morus. Qual e como é ela?

1 – O mártir vê-se a si como portador, por *direito*, de uma fé/convicção exercida no espaço privado, e/ou como detentor, por *dever*, de uma função/cargo no espaço público, apresentando-se assim como porta-voz da *verdade* e da *justiça*. Foi o que fizeram Sócrates, como membro do Conselho dos 500, ao defender Leão de Salamina e os infelizes comandantes da batalha das Arginusas, e Thomas Morus, diante de Henrique VIII, ao não transigir com a ruptura do pacto nupcial e político — ele era chanceler do Reino — com Catarina de Aragão. E, assim fazendo, ambos entram em choque frontal com o poder regente, cruzam a linha de não-retorno e acionam o fatal mecanismo da armadilha que os levará à morte. Mas por que, se ambos dispunham da alternativa da fuga e/ou da retratação? É precisamente a isto que tudo se resume, pois...

2 – O mártir, por definição, não foge nem se retrata, porque se fugir ou retratar-se *não será um mártir*, mesmo se vier a ser morto depois. Esta é a armadilha! E apenas neste momento ele a percebe, ao compreender que o poder regente, afrontado e a risco de ser anulado, não o perdoará. Nem poderia, sob pena de ratificar sua própria anulação. É uma luta de morte. E então...

---

[23] Em grego, *martyr* e *martyrein* significam, respectivamente, *testemunha* e *testemunhar* (no tribunal).

3 – O mártir, em trágico cálculo de custo/benefício e pagando o supremo preço, escolhe viver ainda que morrendo a morrer ainda que vivendo. E assim, anulando-se a si fisicamente, anula historicamente o poder regente. E se eleva à condição de insuperada e para sempre insuperável *testemunha* de uma *ideia*, de uma visão de mundo.

Historicamente, é assim que o mártir é visto, a partir de fora. Mas qual é, para ele próprio, a alma do mártir? Em outros termos: por que ele enfrenta, contrito, o supremo sacrifício, ainda que a ele pudesse furtar-se? De onde vem sua força? Seria ele apenas um obstinado, um *teimoso*, como na rasa visão que formata a velha anedota do piolhento? Seria ele um insano, um desequilibrado, um fanático, segundo o infamante qualificativo a ele aplicado por seus inimigos?

A identidade

Depois de refletir longamente sobre a situação tangencialmente crítica por mim enfrentada no episódio da redação e da publicação de *A nova classe*, penso que o móvel último, ou o fundamento primeiro, da *psicologia do martírio* é a identidade. Mas o que é *identidade*?

Sem derivar para elucubrações psicológico-metafísicas rarefeitas e pouco inteligíveis, parece correto e adequado definir *identidade* simplesmente a partir da etimologia do próprio vocábulo[24]: *identidade* é a qualidade de algo em que não há desalinhamento entre o *ser* e o *parecer*. O próprio documento legal denominado *carteira/ cédula de identidade* é o melhor exemplo: os dados nele constantes são, ou devem ser, exatamente aqueles do seu portador. E qual a relação disso com o comportamento do mártir? Aqui faz-se necessária breve digressão.

É fato notório que indivíduos submetidos a situações traumáticas revelam, tão logo as tenham superado, incoercível compulsão a narrá-las a outros. Esta compulsão, parece evidente, nasce da

---

[24] Do latim *idem* e *ens: o mesmo* e *ser*.

necessidade do indivíduo de preencher um *gap* em sua identidade. Em outros termos: ele instintivamente percebe que a experiência pela qual passou o fez diferente, e a narração desempenha a função de preencher este *gap*. Porque, ao socializar a experiência, ele adquire a sensação de recuperar a identidade que perdera, pois os outros passam então a vê-lo como ele é *agora*, depois da situação traumática enfrentada. Através da narração, portanto, o indivíduo busca a aceitação de sua (nova) identidade, que, por definição é o (ou resultado do) alinhamento entre a forma como ele se vê e a forma como os outros o veem.

Psicologicamente, o mecanismo que move o mártir é o mesmo que move o narrador, porém com duas diferenças fundamentais. Em primeiro lugar, o mártir não busca nos demais a aceitação de sua nova identidade. Ele simplesmente revela, imperativamente, a que possui. Em segundo lugar, ao fazer isto, consciente ou inconscientemente ele não opera no plano individual, mas no plano coletivo, isto é, político. No limite, portanto, o mártir impõe sua identidade ao mundo. Diante disso, ao poder regente restam duas alternativas: a primeira é tolerar sua identidade paralela, considerando-o um dissidente, à margem, ou — nas sociedades democráticas modernas do Ocidente — integrá-lo, como um adversário, no jogo político; a segunda — paradigmaticamente exemplificada pelo totalitarismo marxista-leninista — é negá-la, eliminando-o.

Por sua parte, o mártir não tem alternativas, porque sua fé é sua identidade. E ele sabe que renegar aquela é destruir esta, pois se estabeleceria o desalinhamento entre o que ele é o que os outros passariam a pensar dele. Eis o impasse mortal. Então, diante dele, o mártir afronta o poder regente e, ao preço de sua vida, testemunha sua fé/sua identidade, transformando-se assim, por destino individual, em paradigma histórico, ou encarnação exemplar de uma visão de mundo de valor coletivo — isto é, político, no sentido mais amplo do termo.

É assim que agem Antígone, na reconstrução da lenda tebana por Sófocles, e Sócrates e Thomas Morus, na vida real, diante de facínoras concretos. E por isso eles são o paradigma do que, no Ocidente, se entende por *mártir*.[25]

Dezembro/2015

---

[25] Planejado como simples nota de rodapé, este excurso ameaçou transformar-se em livro — inclusive com um capítulo sobre *Críton*, de Platão —, tal quantidade e a diversidade de temas que envolve. Por isso mesmo, aqui pondo e não um ponto final, são listados alguns de tais temas entre tantos possíveis nas áreas da psicologia, da ética, da história, da política, da cultura etc.

1 - O *valor*, em termos absolutos, do comportamento do mártir e, em termos relativos, dos móveis que o determinam.

2 – A *função* desempenhada pelo mártir no passado no Ocidente, como exemplo individual e/ou símbolo de rupturas históricas e civilizatórias.

3 – A *importância* do mártir e a influência por ele exercida sobre sua época e sobre a posteridade.

4 – Por que os Padres da Igreja consideravam Sócrates *o primeiro mártir cristão*? Qual a relação entre individualidade/identidade, espaço privado e espaço público na tradição civilizatória israelita-cristã?

5 – Platão e sua personagem: as *diferenças radicais* entre o Sócrates de *Críton* e o de *Fédon* e o da *Apologia*.

6 – O marxismo-leninismo como *quintessência do totalitarismo e da barbárie*. Nos Processos de Moscou, os criminosos que os montaram conheciam Tertuliano ("O sangue dos mártires é semente de novos cristãos"). Por isso, não lhes era suficiente executar os condenados. Antes exigiam deles a autoanulação, a destruição da própria identidade (V. Bukhárin) através da autonegação pela confissão pública. Nunca antes na história da Humanidade facínoras no poder haviam atingido tal grau de sofisticação, monstruoso produto, aliás, da união do despotismo oriental com o iluminismo ocidental.

A NOVA CLASSE:
O texto

Três edições comerciais de 5.000 mil exemplares cada (Porto Alegre: Novo Século, 1.999 – 2.000 exemplares) e três fora de mercado (20.000, 2.000 e 1.000 exemplares).

I
INTRODUÇÃO

A acirrada batalha eleitoral que no final de 1998 foi travada entre, de um lado, a coligação PMDB/PPB e, de outro, o PT lançou pesada sombra até mesmo sobre as cerimônias protocolares de transmissão do cargo do governador-candidato, que encerrava o seu primeiro mandato e postulara um segundo, para o governador eleito, que o iniciava. Marcadas de parte a parte por deselegância e gestos de incompreensão e até de ódio mal disfarçado, tais atos de incivilidade foram interpretados como quebra das tradições políticas sulrio-grandenses e/ou como produto de idiossincrasias pessoais dos titulares do cargo, um dos quais seria arrogante e o outro ignorante.

Quanto à suposta quebra das tradições políticas sul-rio-grandenses, um observador arguto e sarcástico poderia justificadamente considerar tal interpretação um grave equívoco, pois, a serem elas mantidas, os dois governadores deveriam ter-se degolado nas escadarias do Palácio Piratini, continuando e honrando assim o velho e bom estilo das disputas entre as facções da oligarquia rural do passado. O que felizmente não aconteceu, ainda que ambos procedam, geograficamente, da região da Campanha e imediações. Quanto à interpretação que atribui o clima de hostilidade às idiossincrasias pessoais dos titulares do cargo, nem mesmo merece ser comentada. Tenha ou não sustentação na realidade objetiva, ela não ultrapassa o nível do habitual diz-que-diz-que da baixa politicagem e, consequentemente, da absoluta desimportância.

Na verdade, ainda que não incomuns e até compreensíveis no quadro de um sistema político cuja essência é a alternância dos partidos no poder, os constrangedores episódios eram apenas o coroamento de uma luta feroz travada entre dois grupos pelo controle do aparelho burocrático do estado e pelo excedente econômico por ele apropriado via exação. Ora, diria com razão alguém, esta é a própria essência da ação e do embate políticos. Sem dúvida. Contudo, o objetivo deste ensaio não é revelar ingênua perplexidade diante dos eventos mas o de identificar e analisar o processo que os gerou, e que apresenta, como não poderia deixar de ser, características específicas, tem suas raízes em recentes e brutais transformações históricas, se liga à tradição do patrimonialismo estatista ibérico e é tisnado pela herança do caudilhismo e do autoritarismo sul-rio-grandenses.

Em resumo, a pretensão deste ensaio é demonstrar que nas eleições de 1998 estavam em confronto, de um lado, um grupo que, a partir de cima, com o aval das urnas mas de forma voluntarista, se arrogara a missão de modernizar e transformar a matriz produtiva do Rio Grande do Sul e, de outro, um grupo que, a partir de baixo, lutava há quase duas décadas para colocar em prática, também de forma voluntarista, o que supunha e supõe ser o seu projeto político, ainda que na crua realidade tivesse e tenha este apenas consistência efetiva como um difuso mas amplo movimento de ascensão social de segmentos sub-ilustrados, semiproletarizados e ultrarradicalizados de uma baixa classe média gerada no bojo da universalização do ensino, da urbanização acelerada, da inflação elevada e da conturbação política das últimas décadas.

Na luta, os dois grupos revelaram características diversas e até opostas. O primeiro assumiu a forma de uma cabeça sólida sobre um tronco desconjuntado e o segundo a de um tronco solidamente estruturado mas com cabeça apenas virtual. Por margem mínima e favorecido por fatores conjunturais, o segundo levou a melhor, o Rio Grande do Sul foi dividido ao meio e estabeleceu-se uma polarização política sem precedentes desde os anos 50.

E agora, enquanto o grupo no poder adota atitudes e comportamentos marcados pelo primarismo, pelo sectarismo, pelo arcaísmo, pela incivilidade e até pelo rancor – gerando perplexidade mesmo entre seu eleitorado –, a elite intelectual, política e econômica do estado em parte sorri condescendente, em parte se diverte sádica e em parte reage furiosa, na razão direta de sua capacidade de compreensão do processo histórico e de seus interesses atingidos. E uma pergunta, sempre a mesma, circula insistente pelos jornais e pelos debates, pelo cafés e pelas esquinas, pelos bares e pelos restaurantes da opinião pública ilustrada: como foi que tais e tão patéticas figuras adentraram os solenes umbrais do Palácio Piratini, joia da arquitetura neoclássica da periferia europeia, recinto sagrado e supremo símbolo do antigo poder oligárquico-senhorial sul-rio-grandense?

Responder a tal pergunta é o talvez ambicioso objetivo deste ensaio.

II
O grande hiato:
a geração que abdicou

Aqui e ali, na capital e no interior, sem local fixo e de forma semiclandestina, reduzidos bandos de estudantes alucinados – nem todo mansos – e intelectualmente medíocres, um punhado de sindicalistas mais ou menos ingênuos, com sua pedestre visão burocrático-estatista da sociedade e quase sempre ligados ao setor público, e parcos representantes dos grupelhos da já então jurássica esquerda histórica – alguns, é verdade, envoltos na sagrada aura de combatentes e sobreviventes dos *anos de chumbo* da ditadura militar – reuniam-se ao som da surrada cantilena marxista-leninista e de seus indefectíveis chavões, que vagavam, e ainda vagam, erráticos, de boca em boca, desconjuntados, pelas plagas da antiga Província de São Pedro.

Se, à época, por volta da virada das décadas de 70/80, alguém ousasse dizer a um mortal qualquer são do juízo que aquela pobre gente, dentro de pouco tempo, ocuparia o Paço Municipal da capital e anos depois subiria as escadas do Palácio Piratini, provocaria engulhos e riso. Ora, ora, aquela pobre gente jamais tomaria o poder, em Catuípe, Bossoroca ou Cacimbinhas! Foi, no entanto, o que aconteceu. Como? Para tentar entender o fenômeno é necessário tornar atrás no tempo.

A Revolução de 30 elevou à suprema liderança da nação a mais brilhante geração de políticos de toda a história do Rio Grande do Sul e uma das mais brilhantes de toda a história do país. Nos idos de outubro de 1930, simbolicamente, o Brasil agrário iniciava o seu lento mas irreversível declínio. E, no Rio Grande do Sul, a hegemonia absoluta da oligarquia rural desintegrava-se rapidamente. Os frigoríficos haviam substituído as charqueadas, a economia colonial-imigrante se consolidara, o setor industrial começava a expandir-se e os campos em que há séculos pastavam as manadas de gado iam sendo aos poucos cobertos, em vária regiões, pelo verde do arroz, do trigo e, mais tarde, da soja. Na política regional, desfalcada de suas lideranças mais expressivas, dedicadas a organizar e comandar o moderno Estado nacional brasileiro que então nascia, viriam logo a destacar-se duas figuras paradigmáticas dos novos tempos: Alberto Pasqualini e Leonel de Moura Brizola.

O primeiro, rebento típico da civilização imigrante dos pequenos proprietários autônomos, um jacobino moderado e temperado pela *doutrina social* da Igreja católica, na qual iniciara sua formação intelectual, pregava, realista e quase solitário, a iminente chegada de um novo reino e a urgente necessidade da conversão à social-democracia. O segundo, produto inconfundível do acaboclado Planalto Médio, onde a moderna agricultura mecanizada ensaiava sua arrancada, caudilho retardado mas com excelente faro para a ação e boa desenvoltura no palanque populista, projetava, desenhava e construía a infra-estrutura de uma, para a época, avançada economia industrial.

Por caminhos e de formas diferentes, ambos fracassaram pessoalmente. Alberto Pasqualini, com suas ideias ousadas demais e até incompreensíveis para o seu tempo, desapareceu precocemente. Leonel Brizola, vendo seu microprojeto regional insumido no e absorvido pelo macroprojeto nacional no *grande salto* comandado pelo governo castrense, bem que tentou de novo amarrar seu cavalo no obelisco da Av. Rio Branco. Mas era tarde: o cavalo se transformara em matungo e o obelisco fora transferido para Brasília... E hoje, qual fantasma de si mesmo, vaga patético pelos desvãos da República, insone e errático, sem descanso e sem futuro.

Figuras ímpares e emblemáticas de uma era de transição entre o fim do passado agrário-autárquico, sob controle oligárquico, e o início do processo de inserção completa e sem retorno no macrossistema urbano-industrial nacional e internacional, ambos permanecerão por muito tempo na memória política do Rio Grande do Sul, pois, ao contrário do que julga a ingênua e ignorante arrogância da *nova classe* hoje no poder, o estado já existia antes da eleição de 1998... Contudo, é difícil saber com qual dos dois a História foi menos generosa: se com o primeiro, que desapareceu sabendo não ter desempenhado o papel que julgara ter-lhe sido reservado, se com o segundo, que o desempenhou à saciedade, até a derradeira fala, e que jamais o soube nem o saberá, continuando a desfiar monocordicamente sua peroração já incompreensível num palco vazio a uma plateia inexistente.

De qualquer forma, com Alberto Pasqualini e Leonel de Moura Brizola encerrava-se com certo e indiscutível brilho o ciclo das estelares figuras políticas sul-rio-grandenses, da mesma forma que já chegara a seu fim, três décadas antes, a vida autônoma da oligarquia regional. E se iniciava, sob o signo de intenso crescimento econômico e de acelerada modernização tecnológica, a era dos governadores-procônsules, dos políticos invertebrados, do caos progressivo e da anomia generalizada. Esta "era de penúria" teve seu desfecho tão coerente quanto trágico-patético com a vitória do PDT nas eleições para governador do estado em 1990. Como escrevi, perplexo diante das inolvidáveis figuras que então passaram a circular pelas alas funcional e residencial do Palácio Piratini, desenrolava-se sob nossos olhos "o enterro do velho Rio Grande" político, que agonizara por cerca de seis décadas.[26] Em contraponto, regra básica da evolução dos fenômenos sociais, anunciava-se para breve um renascer, comprovando mais uma vez terem os latinos razão quando diziam que "a natureza tem horror ao vácuo".

Avancemos, porém, por partes.

No período de aproximadamente três décadas que vai de meados dos anos 60 à primeira metade dos 90, adquire progressivamente forma e se revela o grande hiato no qual o Rio Grande do Sul, subvertido até os fundamentos pelas intempestivas mudanças históricas, perdeu o contato com seu passado e a visão de seu futuro. Três fenômenos fundamentais marcaram a vida política do estado neste período.

1 – O deslocamento do foco de interesse: as questões de ordem regional perderam importância diante das de ordem nacional e até mesmo internacional.

2 – A era do governadores-procônsules e dos políticos anódinos: iniciada já no mandato de Ildo Meneghetti e encerrada na primeira metade dos anos 90, fez parte do novo cenário nacional, desenhado com a tomada do poder pelos militares e depois com o caos generalizado dos anos 80 e a consequente impossibilidade fosse de

---

[26] "Vitória de Collares: o enterro do velho Rio Grande", *in* jornal *Multiarte*. Porto Alegre, outubro/90.

fixar objetivos definidos de governo, fosse de utilizar instrumentos políticos para viabilizá-los (maioria na Assembleia Legislativa, por exemplo).

3 – A abdicação de uma geração: este fenômeno, interligado aos outros dois, mereceria e exigiria pelo menos um capítulo à parte. No âmbito deste ensaio, porém, será possível e suficiente apenas analisá-lo de forma esquemática. A tese é tão simples em seu enunciado quanto, supostamente, verdadeira seu conteúdo: como decorrência do quadro cultural, político, social e econômico criado a partir de 1964/68, toda a elite de uma geração, que etariamente se situa hoje, aproximadamente, entre 45 e 55 anos, abdicou da carreira política ou abandonou-a logo de início, criando um hiato que jamais seria preenchido e cujas consequências se tornariam visíveis apenas no final dos anos 90, quando uma *nova classe* – tanto no sentido etário quanto principalmente sociocultural – chega, ou pensa ter chegado, ao poder. O que está na origem desta, digamos, abdicação política coletiva da elite de uma geração? Parecem ser vários e variados os fatores que a geraram, apresentados aqui em listagem sumária:

• A atividade política apresentava à época sérios riscos, principalmente até o final da década de 70, e seu exercício absolutamente não compensava. Para chegar a esta conclusão não eram necessários cálculos sofisticados de custo-benefício. Bastava olhar em volta.

• A atividade política era desinteressante. Num momento em que os horizontes culturais e profissionais se ampliavam e explodiam diante do olhos deslumbrados de uma geração ansiosa e sedenta de saber, com a globalização dos meios de comunicação instantâneos e com a inserção abrupta do país no macrossistema industrial-capitalista nacional e internacional, o planeta era o limite possível e buscado, e não o Brasil. Muito menos o Rio Grande do Sul, arcaico e tradicional, onde pontificavam ainda as lendas de um passado morto e as nulidades intelectuais provincianas. O rádio, o jornalismo, o cinema, o teatro, a televisão, a música, a literatura, a economia, a administração, a carreira universitária e a diplomática foram o sonho dourado da elite desta geração cosmopolita. A política atraía apenas alguns afoitos e bem-intencionados, além do habitual bando de ingênuos, medíocres, incapazes, deslocados, energúmenos e até perturbados.

Muitos destes – raríssimos no Rio Grande do Sul – pagaram alto preço por esta opção, foram presos, torturados e até mortos, e deles guarda-se, com justiça, alguma memória. Outros, nem tão raros, seriam premiados décadas depois com a mega-sena acumulada mensalmente em gordos contracheques públicos. E, como no passado, nem perceberam a mudança... Contudo, pelo menos para estes, a jurássica cartilha marxista-leninista rendia tardos, porém generosos, frutos, enquanto no resto do planeta desaparecia destroçada pelos impiedosos açoites de um furacão histórico.

• As possibilidades de realização pessoal e profissional naquela época eram amplas, numerosas, variadas, deslumbrantes e bem remuneradas. Para a elite de uma geração que saíra da roça, da aldeia ou do subúrbio e se formara em excelentes colégios públicos, particulares e eclesiásticos, ainda imunes ao charlatanismo pedagógico, ao coitadismo debiloide e à "teologia da libertação", a carreira política desaparecia nas sombras diante do brilho, das luzes e da vastidão do universo global que já então parecia não ter limites aos olhos de roceiros, aldeões e suburbanos fascinados.

• A carreira política no Brasil era – e continua sendo – uma atividade de alto custo, tanto em termos pessoais quanto econômicos. Como alguns desta geração o perceberam nas décadas de 80/90, ao tentarem iniciar tardiamente o seu *cursus honorum*, o sistema político-partidário-eleitoral brasileiro era e é confuso, disforme, irracional e maléfico. Em resumo, ele parece ter sido montado sob medida para afastar equilibrados, bem-intencionados, honestos e competentes e, inversamente, para atrair desequilibrados, quadrilheiros, medíocres, energúmenos, incompetentes e demagogos.[27]

Atividade, pois, perigosa, limitada, desinteressante e cara, a política tornou-se para a elite desta geração historicamente privilegiada, culturalmente cosmopolita e socialmente bem-sucedida

---

[27] Não é simples coincidência, por exemplo, que os três únicos políticos de expressão intelectual desta geração – José Fogaça, Tarso Fernando Genro e Yeda Crusius – encontrem, seja pelo perfil de suas trajetórias, seja pelas naturais idiossincrasias de suas personalidades, notorias dificuldades em definir e/ou assumir papéis de liderança, tanto em seus próprios partidos quanto em dimensão mais ampla.

o oposto do que fora para a primeira grande geração de políticos sul-rio-grandenses, que, gestada no apogeu do Rio Grande do Sul positivista e oligárquico, rompera as fronteiras do estado e assumira o comando da nação: a geração de Vargas. Para esta, a política era uma alavanca a mover projetivamente o horizonte de sua visão, deslocando-o do âmbito regional para o âmbito nacional. Para a que décadas depois a sucederia e lhe faria contraponto por negação, a política se transformara em um entrave a seu incontido desejo de explodir os estreitos lindes da província e do país. Formava-se o grande hiato, que seria preenchido pela *nova classe*.

III
A história do PT e a *nova classe*

A história do PT no Rio Grande do Sul apresenta três fases bem distintas: dos primórdios até 1988 (ano da conquista da Prefeitura de Porto Alegre); de 1988 a 1992 (época do *grande expurgo branco* dos *lights*); e de 1992/93 até a eleição vitoriosa de 1998 para o governo do estado. Para visualizar de forma tão clara quanto possível o processo de formação do PT sul-rio-grandense e a lenta emergência da *nova classe* que hoje o controla, é necessário analisar cada uma das fases sob quatro ângulos: liderança, base operacional, ideologia e força eleitoral.

1 – Primeira fase

A primeira fase, ou *fase histórica*, do PT no Rio Grande do Sul se caracteriza por lideranças, à época, sem qualquer expressão política e com pouca representatividade social, ligadas a alguns sindicatos, preponderantemente do setor público/estatal, e a algumas corporações profissionais (professores, arquitetos, jornalistas etc.). Estas lideranças sem expressão política maior indicavam também como era exígua a base operacional do partido, à qual se somavam alguns grupos de estudantes universitários, que adquiririam importância nas fases posteriores. A ideologia, se é que havia alguma, apresentava elementos heterogêneos, podendo ser qualificada como difusa e confusa. Destacava-se nela a marca do corporativismo tradicional dos funcionários públicos/estatais e das corporações de profissionais liberais sempre em busca como era natural numa época de inflação elevada, de pisos e aumentos salariais e o dogmatismo marxista-infanto-debiloide (mas muito ativo, barulhento e eficiente) dos grupelhos estudantis, tudo bem temperado e aglutinado pelas palavras de ordem típicas da época: *contra a ditadura* e *pelas diretas-já*. Radicalmente diverso do PT que nascera no cinturão industrial paulista, com sua visão obreirista e social-democrata radical, o PT sul-rio-grandense já trazia em seu berço a marca indelével e o ranço inconfundível do corporativismo, do estatismo e, entre os grupelhos estudantis, do esquerdismo romântico de matriz marxista-leninista. Quanto à força eleitoral do partido nesta fase, ela era praticamente nula. Seu primeiro vereador em Porto Alegre (o engraxate Antônio Cândido, *o Bagé*) fora eleito pelo MDB em 1978 e o segundo (o jornalista Antônio Hohlfeldt) vitoriou-se solitário na capital e no Rio Grande do Sul em 1982.

2 – Segunda fase

A segunda fase é a do *grande salto*, marcada pela inesperada e para muitos até hoje incompreensível vitória nas eleições para a Prefeitura de Porto Alegre em 1988. Na verdade, ainda que de fato inesperada, ela não foi de modo algum incompreensível. Afinal, ao longo de três ou quatro anos, o partido sofrera uma radical mutação e se tornara praticamente irreconhecível, a tal ponto que em determinado momento parecia ter-se transformado no partido de toda a elite econômica e cultural porto-alegrense. Esta metamorfose resultara de um movimento simultâneo em pinça executado em dimensão nacional por dois grupos totalmente estranhos entre si, mas com idênticos objetivos: parasitar e/ou absorver o novo partido para transformá-lo em instrumento de seus próprios interesses. Pela esquerda, os grupelhos – que originariam depois as famosas *tendências* – mais ou menos clandestinos que haviam atuado durante o governo militar decidiram migrar em massa para o PT com o escopo não de integrar-se a ele mas de canibalizá-lo por dentro; pela direita, a totalidade das corporações de empregados das empresas estatais e a enorme massa de funcionários públicos de todos os níveis, de todas as instâncias e de todos os poderes também identificaram rapidamente no PT o melhor instrumento de defesa de seus interesses. Em duplo movimento, estes grupos avançaram, em âmbito nacional, sobre o partido ao longo do período de preparação e no decurso da Assembleia Nacional Constituinte, assim transformada por eles em foro natural de defesa, respectivamente, de sua ideologia e de seus privilégios. Para o PT sul-rio-grandense este fenômeno foi particularmente importante e significativo. De um lado, suas lideranças foram decisivamente reforçadas por experientes quadros procedentes dos referidos grupelhos de esquerda – ainda que, quase todos, intelectualmente inexpressivos e exóticos, com uma exceção: o ilustrado e abonado advogado trabalhista Tarso Fernando Genro, que viera com armas e bagagens do minúsculo Partido Revolucionário Comunista (PRC) e que tentaria, sem sucesso, a conquista de uma cadeira na Assembleia Nacional Constituinte. De outro lado, a adesão em massa das corporações dos empregados das empresas estatais e de todo o funcionalismo público representou a consolidação definitiva da base operacional do partido, em particular entre os poderosos setores da estatocracia dos níveis superiores e na Universidade pública, importantes núcleos de formadores de opinião. Com isto, no referente à sua ideologia, o PT sul-rio-grandense ampliou consideravelmente seu viés corporativista original e aprofundou e consolidou seu esquerdismo antes difuso, dando conformação mais ou menos definitiva à sua estrutura organizacional e à sua ideologia, vulgarmente dita marxista-leninista, um clássico eufemismo para antidemocrática, totalitária e parafascista, que depois seria ingenuamente absorvida mas rápida e eficientemente instrumentalizada pela *nova classe*. Nesta fase, a força eleitoral do partido também deu um grande salto, representado por um enorme contingente de votos flutuantes e pela adesão maciça, independente de classe social, de uma nova geração de eleitores.[28]

Esta fase culminou com a vitória de 1988 para a Prefeitura de Porto Alegre. Apesar disto, a força eleitoral do partido mostrava-se ainda dispersa e frágil, pois esta vitória veio acompanhada da eleição de apenas três vereadores para a Câmara Municipal.

---

[28] Tanto o voto flutuante quanto o voto jovem faziam parte do espírito da época. Contudo, grosso modo, o primeiro estava relacionado às desastrosas – por razões diversas, que não cabe aqui explanar – administrações de Pedro Simon (Estado/86-90) e Alceu Collares (Prefeitura/85-88) e o segundo à completa ausência de identificação das novas gerações com os demais partidos existentes. Em outros termos, no primeiro caso tratava-se de um fenômeno de curto prazo, de natureza circunstancial e, portanto, reversível. No segundo, de um fenômeno de longo prazo, de natureza generacional e, portanto, como se tornaria evidente nos anos seguintes, irreversível.

3 – Terceira fase

A terceira fase é a da emergência da *nova classe*, que começa a ter seus contornos definidos a partir do salto qualitativo representado pela conquista da Prefeitura de Porto Alegre em 1988. Para compreender o que ocorre a partir deste ano, é necessário distinguir claramente entre força eleitoral e força partidária. A rigor, até então o PT não existia no Rio Grande do Sul. Com lideranças inexpressivas, com uma base operacional difusa, ainda que ampla, e com uma ideologia confusa, ainda que já dogmática, o PT era um partido organizacionalmente quase virtual, sem quadros técnica e intelectualmente qualificados. Esta foi a grande chance da *nova classe*. Na ausência de outros interessados, seus integrantes passaram a ocupar, com raras exceções, todos os postos de todos os escalões da administração municipal. Suburbanos e interioranos *enragés*, subilustrados, pouco qualificados e desempregados, eles eram a parte mais visível de um numeroso proletariado intelectual, vítima do caos econômico da Era Sarney, da inflação, da recessão e da consequente inexistência de postos de trabalhos para mão de obra de média ou baixa qualificação técnica. Agarrando com unhas e dentes a oportunidade ímpar e tomando de assalto o aparelho burocrático municipal, a *nova classe*, que já o era de forma incipiente, seria a partir de então de forma definitiva a massa da qual a esquerda jurássica marxista-leninista, que há pouco penetrara no partido, se transformaria em poderoso fermento, ampliando e consolidando um dos dois segmentos principais que compunham o PT histórico no Rio Grande do Sul: os estudantes subilustrados e semiproletarizados que, alucinados, brincavam de revolução, numa hilariante contrafação das ensandecidas personagens de *Os demônios*, de F. Dostoievski. O casamento de interesses consumou-se rapidamente e foi prolífico e duradouro. A esquerda jurássico-gaudéria encontrara enfim nas mentes irredentes do proletariado intelectual porto-alegrense o solo fértil de seus sonhos. E este proletariado respondeu a ela com fidelidade e entusiasmo – grato pelo contracheque, pela sobrevivência econômica e pela ascensão social que inesperadamente transformara seus integrantes de *enragés* sem causa em arrivistas disciplinados e com um norte visível e palpável e, depois, em políticos profissionais, ainda que a seu nível pedestre. Com as lideranças históricas e as adventícias momentaneamente integradas e unidas, os integrantes da *nova classe* passaram a ocupar, a partir da Prefeitura e em lento mas seguro movimento, todos os postos-chave do partido, formando, com seu ardor de neófitos e sua sede de poder, uma base operacional coesa, disciplinada e eficiente, impregnando a ideologia petista com a marca indelével de seu marxismo vulgar de subúrbio, como dignos e esforçados discípulos da esquerda jurássica, que, feliz, assistia à semente revolucionária render dadivosamente frutos em cento por um.

Mas ela não perdia por esperar. Controlando o aparelho burocrático da Prefeitura e a máquina do partido, a *nova classe* deixou logo claro que assimilara com perfeição e rapidez a tática do "centralismo democrático" – eufemismo para ditadura e totalitarismo – e a partir de 91/92 começou a executar o *grande expurgo branco* dos *lights* do partido, na verdade seus melhores quadros políticos. Tratava-se já de um movimento autônomo da máquina burocrática, que, em dimensão folclórica e em tom de farsa, repetia em Porto Alegre um modelo clássico, tecnicamente idêntico ao que Himmler fizera com as SA e Stalin com a elite intelectual soviética. Voltando o feitiço contra o feiticeiro, a máquina burocrática, controlada pela *nova classe*, aplicou no grupo *light* um brutal golpe autodefensivo. "Históricos" ou "adventícios", os integrantes do grupo possuíam um defeito imperdoável: com luz própria, sua ilustração superior e sua civilidade política ao mesmo tempo os diferenciava e os colocava acima dos *aparatchiks* da *nomenklatura*, representando uma ameaça contínua à *nova classe* e – quem diria! – ao "centralismo democrático". Eliminá-los ou anulá-los era uma questão de sobrevivência para os *aparatchiks*, como o fora para Hitler e Stalin. Irônica mas nada surpreendentemente – a revolução devora sempre seus

---

[29] O futuro governador foi vencedor na prévia interna graças ao sufrágio de eleitores que, pelos estatutos do partido, não teriam direito a voto. O episódio gerou violenta crise, mas a nova classe e o grupo jurássico-estalinista atropelaram os estatutos e impuseram seu candidato. O "centralismo democrático" produzia frutos, revelando seu inconfundível perfil democrático e popular...

próprios filhos! –, a principal vítima do *grande expurgo branco* dos *lights* foi Tarso Fernando Genro, a mais destacada liderança dos "adventícios". Fosse simples golpe de sorte originado de necessidades circunstanciais, fosse intuição nascida de afinidade social, fosse até um movimento tático genial, o "histórico" e *light* Olívio Dutra uniu-se então aos *aparatchiks* da *nova classe* e impôs ao "adventício"[29] e radical Tarso Fernando Genro um roque, relegando-o – na ótica da máquina – à liderança dos *lights* expurgados. Foi ali que, aliando-se à máquina do partido e assim submetendo-se inevitavelmente a ela, o futuro governador carimbou seu passaporte para o Palácio Piratini, sem saber que seria ainda necessário desmascarar o "centralismo democrático" e – considerados os estatutos do partido – trapacear na eleição interna para ser ungido candidato. Mas "o Piratini bem vale um estatuto", diria Henrique IV – e os *aparatchiks* jamais têm escrúpulos! Mesmo nos pampas *populares e democráticos...*

IV
As "condições objetivas"

Referindo-se à Rússia pré-1917, Lenine costumava ironizar pesadamente seus companheiros de partido e outros ativistas de sua época que, talvez tímidos, talvez inseguros, insistiam sempre em discutir a existência ou não de "condições objetivas" que possibilitassem o êxito da revolução. Para Lenine, a "vanguarda revolucionária", que, por suposto, já dispunha das "condições subjetivas" de conhecimento, organização e liderança, deveria ela própria criar, intervindo no processo histórico, as referidas "condições objetivas". Discutir, portanto, a existência ou não de tais condições era não apenas perda de tempo como também um grave equívoco teórico.

Fosse simples tática destinada a incutir ânimo em seus camaradas hesitantes, fosse a real convicção de um líder revolucionário embevecido com ingênuo voluntarismo na contemplação do seu próprio papel na História, o fato é que se Lenine, com sua brilhante inteligência, desembarcasse no Rio Grande do Sul em meados da década de 80 ficaria estarrecido com aquele punhado de alucinados, ingênuos, broncos e jurássicos que tinham o sonho de fazer a revolução nos pampas. E com razão, pois se aquela pobre gente viesse a ter sucesso em alcançar suas metas representaria o mais radical e completo desmentido do desprezo leninista pelas "condições objetivas". Indiscutivelmente, "condições subjetivas" aquele bando de alucinados, ingênuos, broncos e jurássicos certamente não as tinha... As "condições objetivas", porém, ali estavam, em quantidade e intensidade raramente encontráveis. Assim foi que elas se impuseram, comprovando, na contramão do discurso leninista – fosse ele tática ou convicção –, que são elas sempre que em última instância arbitram o tempo e definem o rumo dos movimentos sociais e dos processos políticos. Mas quais eram, afinal, estas "condições objetivas"?

O início da década de 80 marca o ocaso do regime castrense e o encerramento de seu projeto, executado a ferro e fogo ao longo de quase duas décadas, projeto que levara enfim a termo o sonho dos *tenentes,* de Vargas e da ideologia nacional-desenvolvimentista. O resultado fora espetacular e as consequências assustadoras. Eles, o regime e o projeto, haviam subvertido fundamente as entranhas do país. E transformado radicalmente sua face. O Brasil antigo, agrário e pré-industrial, fora varrido da História e em seu lugar surgira uma potência emergente integrada ao sistema global-planetário de conhecimento, tecnologia, produção, comércio, transportes e comunicações, com devastadoras consequências para sua população, sua estrutura social e seu sistema político.

O Rio Grande do Sul não fora exceção. Pelo contrário, como uma das unidades mais avançadas da Federação, tanto econômica quanto socialmente, absorvera de forma rápida e homogênea o violento impacto. Em poucos anos, o velho Rio Grande rural-oligárquico e colonial-imigrante assumiu a dimensão e o aspecto de uma potência europeia de porte médio, descontado o alto índice de crescimento demográfico e de exclusão social, que subiram a níveis inéditos em virtude de fatores como urbanização acelerada, queda vertical da mortalidade infantil e oposição ferrenha da Igreja católica – e da esquerda jurássica – a planos oficiais de redução da natalidade nos grupos da base da pirâmide social via oferta e aplicação dos novos métodos contraceptivos (preventivos e não-abortivos). Um novo Rio Grande – melhor, dois! – nascera, inclusive demograficamente, pois sua população duplicara em cerca de quatro décadas. Ali estavam também as "condições objetivas", compondo um quadro favorável à emergência política destas novas forças sociais e dos partidos que as representassem – e as utilizassem para os seus próprios objetivos.

Quais eram estas "condições objetivas", tanto estruturais (de longo prazo), quanto conjunturais (de curto prazo), presentes no Rio Grande do Sul a partir de meados da década de 80? Várias e variadas, elas podem ser didaticamente divididas em econômicas, sociais, políticas e culturais. Na impossibilidade de analisá-las detalhadamente – o que foge ao escopo deste ensaio –, elas serão sucintamente listadas e comentadas.

1 – Econômicas

Entre as principais "condições objetivas" de natureza econômica podem ser referidas:

• Profunda e crônica desordem de todo o sistema produtivo em virtude da inflação elevada e prolongada, com seu desastroso séquito de consequências: baixo ou nulo crescimento econômico, altos índices de desemprego e intensa e crescente concentração de renda.

• Intensificação do processo de mudança do patamar tecnológico (alteração do sistema de produção) e uso crescente de tecnologias capital-intensivas (máquinas) em substituição às trabalho-intensivas (mão de obra).

• Fim do *ciclo da soja*, que em todas as regiões de solo e topografia maquináveis (argilosos e planos) substituíra a decadente pecuária extensiva e fora altamente favorecida por crédito farto subsidiado (a juros baixos e até negativos). Durante este período intensificou-se a reconcentração fundiária (redução do número e aumento do tamanho das propriedades, com absorção das menores pelas maiores) em toda as regiões em que a oleaginosa passou a ser praticamente uma monocultura.

2 – Sociodemográficas

Como decorrência direta destas causas econômicas e de outros fatores, surgiram "condições objetivas" de natureza sociodemográfica que eram na verdade simples consequência da transformação radical e do fim definitivo do Rio Grande rural-oligárquico e colonial-imigrante:

• Urbanização intensa, rápida e caótica, já presente nas duas décadas anteriores e que na de 80 atingiu patamares assustadores e sem precedentes.

• Proletarização e miserabilização, respectivamente, de consideráveis segmentos da baixa classe média e da classe pobre, como resultado imediato da migração do campo para a cidade, da inexistência de postos de trabalho e da inflação elevada e crônica.

• Crescimento demográfico em índices ainda elevados, como decorrências de altas taxas de natalidade e da citada queda vertical da mortalidade infantil entre os grupos sociais mais pobres, protegidos pelo uso intensivo de antibióticos, pela, apesar de tudo, melhoria das condições sanitárias e pela universalização do atendimento à saúde, que atingira na década de 70 no Rio Grande do Sul níveis próximos aos dos países desenvolvidos. O acelerado crescimento demográfico entre estes grupos numericamente representativos compensou amplamente a tendência à queda das taxas entre os grupos em melhores condições econômicas (classe média e média-alta). Componente fundamental deste fenômeno, como já foi mencionado antes, é a resistência feroz de grupos religiosos, em particular da hierarquia da Igreja católica, e de organizações políticas que se dizem de esquerda aos métodos e principalmente aos programas oficiais de planejamento familiar e de controle da natalidade. Assim, com a crispada e hoje incompreensível posição da hierarquia católica e a omissão interesseira – quanto mais pobres, mais votos – da "esquerda", os casais de classe média para cima estabelecem o número de filhos que desejam ter. Os demais estão entregues à própria sorte e à própria desgraça.

• A universalização – ainda que com evidente deterioração qualitativa – do ensino de 1º e 2º Graus, que, iniciada durante o regime militar, foi gerando ao longo da década de 80 um numeroso proletariado intelectual de baixa qualificação técnica mas com exacerbadas expectativas econômicas e sociais. Como se verá, este amplo proletariado intelectual sub e mal qualificado é a espinha dorsal da *nova classe* e o *núcleo duro* do PT no Rio Grande do Sul.[30]

• A entrada da mulher no mercado de trabalho, fenômeno complexo e paralelo à formação de todas as modernas sociedades urbano-industriais. No Brasil, mais especificamente nas regiões Sul, Centro-Sul e Sudeste, a participação feminina no mercado de trabalho explodiu a partir do final da década de 60, acompanhando a ampla e rápida expansão dos setores secundário e terciário da economia

---

[30] Como me disse recentemente alguém: "Quem mandou os militares dar estudo a todo mundo? Viu no que deu?!"

(indústria e serviços) durante o período conhecido como "milagre brasileiro". No Rio Grande do Sul, o alto índice de escolarização da população, inclusive no 3º Grau, potencializou o fenômeno, paradigmaticamente representado pela *geração CPERS*, o grande estuário em que se realizou o *rito de passagem* da mulher de classe média urbana – no interior, também da classe alta – do passado, confinada ao lar, para a mulher dos novos tempos, ansiosa por independência econômica, participação política e liberdade pessoal, inclusive sexual e afetiva – num processo em que tais expectativas se mesclavam, não raro confusamente, no cadinho da radical transformação da sociedade brasileira nas décadas de 70/80. Como era natural, o perfil desta nova mulher classe-média sul-rio-grandense delineou-se como o de uma ativa defensora e participante das novas forças sociais e políticas emergentes – MDB, CPERS, diretas-já, PT etc. – que não raro fazia de sua ação e de seu voto um *Ersatz* para sua frustração sexual, afetiva e profissional. E que por isso mesmo com tanto mais energia e dedicação a tais movimentos se entregava.

3 – Políticas

As "condições objetivas" de natureza política são menos mensuráveis que as de natureza econômica e sociodemográfica. São, contudo, facilmente identificáveis, seja pela sua evidente importância, seja pelo peso com que atuam sobre a opinião pública. As mais importantes parecem ter sido as seguintes:

• A natural desorganização político-administrativa que se seguiu ao fim do regime castrense e as profundas mudanças tecnológicas, econômicas, sociais e culturais da década anterior. No plano específico dos partidos, as duas principais organizações então existentes – ARENA/PDS e MDB/PMDB – perdem, com o fim do governo militar, as funções para as quais tinham sido criadas – situação e oposição, respectivamente –, desintegrando-se ambas no plano ideológico-programático.

• O ocaso do populismo de viés nacional-desenvolvimentista – personificado em Leonel Brizola –, cujo programa o regime castrense executara, talvez não de forma ortodoxa mas com espantosa rapidez e em níveis muito ousados, mesmo para os mais ardentes defensores do referido ideário. Único estado em que conseguira estruturar-se, o PDT tornou-se no Rio Grande do Sul o herdeiro da cartilha brizolista mas trazia já no berço três males mortais: lideranças pessoalmente exóticas e intelectualmente desqualificadas, arcaísmo programático e indiferenciação social – ou seja, o PDT reunia em um mesmo saco desde segmentos do lumpesinato urbano até latifundiários, tradicionais e modernos, cujos votos Leonel Brizola conseguiu transferir para Lula em 1989, num fenômeno espantoso e hoje impensável. Principalmente pela terceira característica de seu perfil, o PDT seria suplantado rapidamente pelo PT, um partido também de composição heterogênea, porém mais "moderno", com lideranças – se comparadas com as do PDT, o que, diga-se de passagem, não é grande vantagem... – altamente qualificadas, inclusive eticamente, com um programa delirante e pedestre mas objetivo e eficiente em termos táticos e estratégicos.

• A desordem administrativa, a crise financeira e as sempre renovadas suspeitas de corrupção nos Executivos municipal e estadual, consequências óbvias do caos econômico gerado pela inflação, da ausência de controle social e de lideranças sem legitimidade política.

• A diluição da força das lideranças locais e regionais, decorrente do enfraquecimento ou até do desaparecimento dos laços de fidelidade pessoal. Em outros termos, o fim do voto de cabresto. Este fenômeno tem dupla origem. De um lado, é o fenômeno genérico e universal da destruição ou da impossibilidade de estruturação de tais laços em sociedades marcadas por grande mobilidade geográfica (migrações) ou bruscas mudanças éticas (alteração de padrões de comportamento, de visões de mundo, de crenças etc.); de outro, a ampla difusão do rádio e principalmente da televisão democratizaram e praticamente universalizaram a informação básica e a doutrinação política via instituição do *horário gratuito* durante as campanhas eleitorais. Deste conjunto de fatores resultou, nas pequenas e médias cidades, a redução ou até a eliminação da influência do vigário, do pastor, do grande proprietário, do empresário e das lideranças políticas locais, dando origem ao que denominei de *voto ideológico emergente*.[31]

4 – Culturais

Difíceis de serem identificadas com precisão e impossíveis de serem quantificadas com rigor, as "condições objetivas" de natureza cultural são elementos difusos que compõem o que se costuma denominar de *espírito* ou *atmosfera* de uma época, que é uma espécie de tênue e frágil película a envolver a totalidade do processo econômico-social. Os anos que se seguiram ao fim dos governos militares foram marcados por um clima de ressaca, de desavoramento, de perplexidade, de desilusão e de impotência. Atingida pelas mudanças céleres e profundas que haviam abalado todas as instituições do passado – do Estado à Igreja, da família ao ensino –, a sociedade brasileira perdeu o rumo e os referenciais, entrando em um estado de anomia que iria desembocar na espantosa eleição presidencial de 1989, quando a oitava potência industrial do planeta foi obrigada a optar entre um torneiro mecânico semi-alfabetizado e um *playboy* da oligarquia decadente de uma das regiões mais retrógradas do país! No estado, para não destoar do conjunto, o PDT – a quintessência da representação do nada – chegava ao poder. E o Rio Grande do Sul e o Brasil pareciam ter chegado ao fim, acompanhando solidariamente a trágica derrocada da URSS e do *socialismo real*... Mas, como a natureza, as sociedades também têm horror ao vácuo e à ausência de um norte, seja ele qual for. Como na ex-URSS, também aqui o cenário estava pronto para novos atores subirem à ribalta. Lá foi a vez da Máfia. Aqui da *nova classe*. Numa impagável ironia da História – como diria Isaac Deutscher –, a Máfia se tornaria lá herdeira do desastre a que aportara uma sociedade forjada pelos e sobre os ideais que a *nova classe* dizia aqui defender. Lá a Era Brezhnev antecipara o futuro. Aqui o *ensaio geral* foi a conquista da Prefeitura de Porto Alegre em 1988. Os dados haviam sido lançados.

---

[31] Consideradas estas transformações em um país heterogêneo e complexo como o Brasil, poder-se-ia dizer que até mais ou menos 1960/70 nosso sistema político baseava-se sobre o voto fraudado mas legítimo, passando depois a basear-se sobre o voto legítimo mas fraudado. Quer dizer, antes o voto era a expressão real do poder econômico e político vigente. Depois deixou de sê-lo, passando a ser apenas uma cifra de natureza difusa e obscura, com tênue ou nenhuma ligação com as facções em luta pelo poder. O tema está a merecer uma análise, que não poderá ser aqui feita.

V
A nova classe:
perfil e ideologia, estratégia e táticas

Resultado evidente e impressionante de um incomum conjunto de numerosos, variados e poderosos fatores que atuaram concomitantemente sobre um grupo sociogeneracional, a *nova classe* e o próprio PT do Rio Grande do Sul não foram ainda objeto de qualquer tentativa de análise, embora na história política do estado neste século sua dimensão – à parte a Revolução de 30 – só encontre paralelo no *brizolismo* dos anos 50, tardio mas consistente rebento do *populismo* varguista.

Ainda que seja difícil prever a evolução deste fenômeno nos próximos quatro anos – que serão decisivos para o seu futuro –, já é possível definir, embora de forma tateante e provisória, alguns de seus traços fundamentais. Com este objetivo e em sequência ordenada, tentarei esboçar o perfil (do integrante), a ideologia, a estratégia e as táticas da *nova classe* e, sempre de novo, do PT no Rio Grande do Sul.

1 – Perfil

Militante dedicado do partido, o integrante da *nova classe* pertence a um grupo etário situado preponderantemente na faixa que vai dos 30 aos 40 anos, com alguns situados acima e outros, poucos, abaixo da mesma. É geralmente do sexo masculino, mas as mulheres também estão representadas, em particular na capital e nas cidades de maior porte, em índices surpreendentemente altos se considerada sua participação política nas gerações imediatamente anteriores. O grupo socioeconômico de que se origina o integrante da *nova classe* é a baixa classe média dos subúrbios da capital e/ou da grande Porto Alegre, não raro carregando sobrenomes peninsulares e germânicos, acompanhados do forte sotaque correspondente. No interior, é considerável a presença de filhos de pequenos proprietários imigrados para a zona urbana nas últimas décadas, a partir da crise da agricultura colonial-imigrante. Não raro com rápida passagem por instituições religiosas de ensino (católicas ou evangélicas tradicionais), seu nível de escolaridade é basicamente o 2º Grau. Raramente possui instrução universitária completa e, quando a tem, geralmente se caracteriza por cursos de baixo prestígio social e limitada qualificação técnica, quase sempre em instituições acadêmicas de quarta ou quinta linha, mas sem excluir a Universidade pública.

Profissionalmente, a *nova classe* é de composição bastante heterogênea, mas nela preponderam o desempregado, que integrou ou integra direta ou indiretamente – via cargos públicos no Executivo e no Legislativo – a estrutura burocrática do partido, o integrante dos escalões baixos e médios da burocracia de bancos e empresas estatais e do funcionalismo público em geral, o militante sindical destes setores e, mais raramente, de setores privados da economia. Em resumo, o perfil médio da *nova classe* é o de um numeroso e diversificado *proletariado intelectual* ligado majoritariamente ao setor público e ao próprio partido, profissionalmente pouco qualificado e culturalmente limitado, mas politicamente ativo e socialmente *enragé,* que, a partir de meados da década de 80, diante da pouca oferta de postos de trabalho de nível médio no setor privado da economia, tendeu a fazer da militância política uma profissão e uma via de ascensão socioeconômica, passando a ser um *representante orgânico* de um enorme exército de reserva de trabalhadores urbanos com certo grau de escolarização e de qualificação técnica, mas sub- ou desempregados.

2 – Ideologia

Privilegiado e vasto estuário no qual desaguaram e deságuam os sonhos e os pesadelos, a dor e a esperança, os ideais e os fracassos, a miséria e a grandeza, a razão e a loucura de um *tempo de penúria*, como diria Hoelderlin, a ideologia da *nova classe* – e do PT a partir do fim da década de 80 – é uma difusa, confusa, impressionante e até assustadora *mélange* de concepções heterogêneas, contraditórias, obtusas, arcaicas e equivocadas da realidade. Os principais elementos que a compõem são:

• *Marxismo clássico*

Herança inegável do radicalismo adolescente dos núcleos estudantis atuantes na virada das décadas de 70/80 e, em particular, da esquerda jurássica que avançou sobre o PT em meados da de 80, as concepções marxista-leninistas mantêm sua função de âncora-mãe, sempre oculta e bem disfarçada, da *intelligentsia* do partido tanto no Rio Grande do Sul como em todo o país. Esta função, aliás, não foi afetada pela desintegração da URSS e do Leste Europeu. Isto ocorreu, possivelmente, de um lado pela inexistência de outra ideia-mestra capaz de substituí-la como força ideológica aglutinante – já que o obreirismo radical/social-democrata do PT histórico paulista não se desenvolveu por várias razões – e, de outro, porque desempenhou e desempenha um papel essencial e insubstituível como matriz tática via "centralismo democrático".

• *Totalitarismo disfarçado*

Decorrência natural do marxismo-leninismo clássico, este é um traço saliente da *nova classe,* que, como sua mestra, a esquerda jurássica, se mostra pouco confortável, contrariada e até intolerante diante das análises, das divergências, da crítica e da independência intelectual, que são o fermento indispensável e a *prova dos nove* de uma sociedade efetivamente pruralista e democrática.

• *Estatismo e corporativismo*

Canibalizado pela esquerda jurássica marxista-leninista e pelas corporações do setor público em meados da década de 80 – e com a irrestrita e desesperada adesão da *nova classe,* ávida de cargos, dinheiro e poder numa época de vacas magras –, o PT transformou-se em promotor e defensor de um neopatrimonialismo *à outrance,* que vê no Estado uma entidade mítica, detentora da capacidade de gerar recursos infinitos a custo zero e, depois, distribuí-los às mancheias como um Deus todo-poderoso e incomensuravelmente generoso, capaz de acolher a todos em seu seio.[32] Que as empresas e os contribuintes, esmagados pelos impostos, e os pobres e os miseráveis, dizimados pela inflação e/ou pela concentração de renda, tenham que pagar a conta e sustentar monstruosos privilégios, bem, esta é uma questão de pouca importância para corporativistas e estatizantes. Não por mera coincidência, durante a Era Sarney, quando se praticou um dos mais impressionantes saques ao erário público de toda a história do país, o PT se transformou no partido dos empregados do setor público, a inflação mensal chegou aos 100% e a miséria atingiu níveis inauditos.

• *Populismo reciclado*

Componente implícito da teoria e da prática do PT desde os seu primórdios, o populismo foi rapidamente apropriado pela *nova classe*, que o reciclou com vigor e eficiência e o transformou na espinha dorsal de sua tática e na marca inconfundível do partido no Rio Grande do Sul (v. abaixo). Confundindo-se com o próprio PT, o populismo reciclado que fincou suas raízes no estado na segunda metade da década de 80 também não foi até agora tema de qualquer estudo ou análise. O que é de se lamentar, pois ele é, ao lado da probidade administrativa, um dos únicos traços positivos, isto é, não -arcaicos, do partido. Seja como for, a verdade é que este populismo reciclado, ou neopopulismo, é, lado a lado com a referida probidade administrativa, um fator de peso decisivo junto ao eleitorado flutuante, o verdadeiro responsável por todas as vitórias do PT nas urnas.

• *Jacobinismo arcaico*

O igualitarismo radical que, pelo menos na teoria, é parte do credo político da *nova classe* e do PT é herança evidente da esquerda

---

[32] Sob este ângulo o PT pode ser definido como a coisa mais nova da velha política brasileira, quer dizer, a última versão do atávico patrimonialismo ibérico, que parece ser uma herança genética das elites dirigentes brasileiras e que pode ser resumido em uma fórmula tão lapidar quanto verdadeira: "O Estado é nosso". Saber quem abastece as burras do Tesouro é problema de somenos importância... (v. "A era dos espertos", in *A era dos espertos*. Porto Alegre: Soles, 1997)

jurássica marxista-leninista e de seu coletivismo, fracassado muito antes da desintegração da URSS e do Leste Europeu. Nas sociedades industriais modernas e socialmente avançadas, o Estado não tem, a não ser episódica e marginalmente, a função de produtor e distribuidor de bens mas sim a de árbitro e regulador que, de um lado, via mecanismos de exação (impostos e assemelhados) e indução (infra-estrutura e incentivos) e, de outro, via oferta de serviços básicos (educação, saúde, segurança etc.) persegue o estabelecimento de um patamar mínimo de igualdade entre os cidadãos.

• *Arcaísmo agrário-rural*

Se o jacobinismo arcaico tem suas raízes no velho ideal coletivista da esquerda jurássica marxista-lenista, a matriz do arcaísmo agráriorural da *nova classe* e do PT é bem mais complexa. Sem dúvida, este arcaísmo traz a marca – para não destoar do conjunto – de uma época hoje distante em que a simples posse da terra era sinônimo de riqueza e poder. Dividi-la, portanto, era dividir esta riqueza e este poder. O arcaísmo agrário-rural da *nova classe* e do PT, porém, contém outra componente fundamental: a nostalgia da pequena propriedade colonial-imigrante, que até três ou quatro décadas atrás era um dos pilares da economia do estado. Este assunto, de importância vital, tanto para compreender a *nova classe* e o PT quanto, principalmente, para projetar o futuro do Rio Grande do Sul, será analisado em capítulo à parte (cap. VII).

• *Irredentismo gaudério*

Surpreendentemente incorporado ao *marketing* da campanha eleitoral para o governo do estado em 1994 e usado novamente, com sucesso, na de 1998, o irredentismo gaudério é um traço paradoxal e à primeira vista até incompreensível da *nova classe* e do PT. Por *irredentismo gaudério* entende-se aqui a utilização de palavras, imagens, ideias, conceitos e visões de mundo ligados ao passado oligárquico-rural do Rio Grande do Sul – isto é, ao modo de vida e à ideologia dos grandes proprietários/fazendeiros – como instrumentos de aglutinação política, de oposição interna (no estado) e de diferenciação externa (em relação ao centro, ao governo federal). Com quase dois séculos de história, o irredentismo sul-rio-grandense deu forma ideológica à Revolução Farroupilha, embasou a Revolução de 30, canibalizou o brizolismo e agora, finalmente, aninhou-se no acolhedor seio petista, numa das mais impressionantes provas de que tinham razão os gregos quando diziam que a túnica de Clio é inconsútil. De fato, o processo histórico não tem rupturas, como se a espécie e as sociedades fossem condenadas, sisificamente, a buscar e a repetir sempre de novo o seu passado. Não cabe na moldura deste ensaio discutir o processo através do qual o PT – misto de sindicalismo corporativista, esquerdismo infantil, totalitarismo jurássico, jacobinismo suburbano, populismo reciclado e messianismo desarvorado – tornou-se o herdeiro circunstancial do arcaísmo oligárquico-rural e êmulo de seus mais recentes subprodutos: o *gauchismo pop* e a *gauxé music* dos decadentes CTGs dos anos 90, desenraizados e perplexos diante dos pampas devastados pela globalização[33]... Limitar-me-ei, pois, a algumas observações, que em ocasião oportuna poderão ser ampliadas:

– O irredentismo gaudério, longevo e rijo, estava à mão, logo ali, atrás da moita, para ser usado. Foi mérito dos marqueteiros, cineastas e artistas do PT – o único grupo da *nova classe, ça va sans dire*, com competência profissional – percebê-lo e utilizá-lo.

– O irredentismo gaudério fora, aparentemente, rejeitado *in limine* pela coligação PMDB/PPB como instrumento político-propagandístico, rejeição que era, à primeira vista, coerente – ainda que viesse a ser desastrosa –, porque ele se chocava frontalmente com o projeto político modernizador do governador-candidato e com seu movimento de identificação explícita com o governo federal e principalmente com o presidente Fernando Henrique Cardoso.

---

[33] A arraigada concepção irredentista e autonomista que marcou desde seus primórdios a sociedade sul-rio-grandense continha em si o gérmen do progresso e a ideia de futuro. Como não raro acontece, a evolução histórica acabou relegando-a ao que hoje é: matriz do passado e símbolo do atraso. Olhando para trás, como a mulher de Lot, o Rio Grande do Sul atual – paradoxalmente encarnado no PT – parece querer desempenhar, crispado e convicto, o papel de *periferia da periferia*. O tema está a exigir uma análise ampla e detalhada.

– O mérito dos marqueteiros, cineastas e artistas do PT não foi tanto o de instrumentalizar o irredentismo gaudério mas *o de perceber que ele era a única arma eficiente de propaganda que estava à sua disposição.* Na verdade, mais do que optar por ele, o PT foi empurrado a assumir o irredentismo gaudério. Para o mal ou para o bem, o partido não tinha escolha, como se torna hoje cada vez mais evidente. Ele fora emparedado pela História e obrigado a vestir a túnica de Clio, transformada no rústico poncho dos arcaicos andarilhos dos pampas...

– O resultado final é que o PT, paradoxalmente, transformou-se em amplo estuário de toda as correntes arcaicas do Rio Grande do Sul, desarvoradas e órfãs diante de um mundo em vertiginosa mutação. Tais correntes estão fortemente enquistadas na sociedade sul-rio-grandense e não seria de admirar se no seio da *nova classe* e do PT viesse a aflorar um dia a ideia do separatismo – que seria imediata e obviamente apoiada pelos Estados Unidos e não por Fidel Castro! –, o que lhes proporcionaria, finalmente, um parceiro ideal e à altura de sua ideologia, o santa-cruzense Irton Marx... Quem julgar que esta é apenas uma piada maldosa não entende nada do Rio Grande do Sul e muito menos de seu atávico irredentismo, sempre a renascer, qual hidra de Lerna, nos momentos mais inesperados e nas cabeças mais improváveis...

• *Antimodernidade difusa*

A *nova classe* e o PT – ou pelo menos setores deles – não raro revelam estar impregnados de uma visão antimoderna, ou atrasada, que, por exemplo, se expressa paradigmaticamente na forma com que são discutidas questões como a instalação de montadoras de automóveis e a dos transgênicos. Não se trata, no entanto, de uma visão de tipo *profético* – protesto e advertência contra a marcha da civilização científico-industrial e contra os riscos dela decorrentes – mas de uma espécie de nostalgia do mundo rural, da agricultura familiar, da roça imigrante e do bolicho da vila. Traço difuso mas consistente da ideologia da *nova classe,* revela a substancial participação nela de emigrados do campo de primeira geração e até de colonos/camponeses que, por motivos variados (v. adiante) entraram em processo de decadência. As mudanças das últimas décadas foram explosivas e velozes, atingindo particularmente segmentos expressivos da sociedade colonial-imigrante do estado e levando seus integrantes ao impasse, à ruína, à desagregação e à regressão. Incapazes de compreender e superar tais mudanças adaptando-se a elas, tais segmentos se voltam nostalgicamente para o passado e, como tantos outros grupos deste mar de náufragos e destroços em que se transformou o Rio Grande do Sul atual, identificam miticamente no PT o caminho salvador que os levará de volta à felicidade para sempre perdida na roça da infância e no aconchego de seus pais e avós. Ao contrário dos emigrados da *campanha* que os precederam nas décadas anteriores e que, num mundo ainda familiar e quase estático, puderam reconstruir simbolicamente seu passado sob o capim santa-fé dos galpões dos CTGs, na cuia de chimarrão e no piquete de barba-de-bode que continuava a existir logo ali, no subúrbio, aos emigrados recentes do mundo colonial-imigrante nada mais restou diante do impacto das novas tecnologias que em duas décadas desabaram sobre eles, condenando-os, párias indefesos da História, à impossibilidade do sonho e à ditadura do *écran*. Fenômeno recorrente, complexo e não raro trágico na história recente das sociedades periféricas, a *nostalgia agrária* é tanto mais profunda e marcante quanto mais rápidos e irreversíveis tenham sido os processos de mudança. No Rio Grande do Sul ela encontrou no PT um canal receptivo e privilegiado para dar vazão ao luto pela perda de um mundo condenado definitiva e irrecuperavelmente ao desaparecimento. Não é pois de causar espanto que colunas de desvalidos sem-terra, com a fúria inquisitorial de novos cruzados, palmilhem pelas madrugadas os caminhos do Rio Grande e se lancem, furibundos, sobre as indefesas fileiras de soja transgênica, condenando-as, heréticas, ao primeiro auto-de-fé vegetal da história da Cristandade. Mais que patéticos, estes episódios têm o vigor irretorquível de um símbolo a desvelar a perdição e o desespero daqueles que, emersos recentes do tempo cíclico das estações e da milenar *idiotia campônia* (Marx), se veem habitantes de uma terra estranha que os joga centrifugamente às margens da civilização e centripetamente no bojo de uma irreversível penúria física e espiritual. Dejetos da História e da ética, como todos os sectários, pensam ingênuos deter a marcha fatal do *genius scientiae*, que, para as alturas ou para o abismo, avança incontrolável rumo ao futuro. E não há porque empunhar a espada de um novo Simão de Monforte e condená-los como a cátaros rebeldes e renitentes. Entre os que inscientes choram apenas o mundo que perderam e a ciência que interfere perigosamente na Criação, a piedade não tem escolha.[34]

• *Messianismo compensatório*

Fenômeno assemelhado e paralelo à antimodernidade difusa, o messianismo compensatório com ela se confunde, da mesma forma que os imigrantes evangélicos/católicos se confundiam no passado com a sociedade colonial clássica sul-rio-grandense. Contudo, suas formas de manifestar as tendências arcaicas são significativamente diversas. Enquanto a antimodernidade difusa se revela diretamente como manifestação ideológica e, digamos, laica da *nova classe* e do próprio PT, o messianismo compensatório incrusta-se perifericamente no partido, por identificar nele um instrumento de sobrevivência, ou de compensação, de sua concepção religiosa/cristã de mundo, devastada e inviabilizada – pelo menos em suas formas tradicionais de fé e ação – pela avassaladora maré montante da ciência e da tecnologia, da desagregação ética e da laicização inevitável. E é patético assistir a padres e irmãs religiosas – ou ao que resta deles – abraçar convictos, e não apenas simbolicamente, o rubro lábaro estrelado do PT com a mesma ingênua fé e o mesmo desesperado ardor com que no passado empunhavam firmes os estandartes da Santa Sé apostólica, da Cúria e de suas congregações. Também para eles e para elas, deserdados da História e da transcendência, o PT surge como derradeira réstia de luz na interminável noite de um mundo incompreensível do qual a religião e a fé parecem ter partido para sempre. E ao seu lado – quem diria, Carol Woytila! – marcham, hirtos e dogmáticos como sempre, os sisudos crentes da esquerda marxista-leninista gaudéria, também eles, coitados, a

---

[34] O episódio é tomado aqui apenas como símbolo. A questão dos transgênicos em si é complexa e contém componentes científicas, ambientais, econômicas e até estratégicas.

chorar contritos, sob o manto providencial do PT, a ruína de suas próprias utopias e a recolher cansados os cacos de suas convicções devoradas pelo tempo e mergulhadas na voragem implacável deste final de milênio...

• Anti-imperialismo desfocado

Herdeira, também nisto, do marxismo adolescente dos anos 70/80 e da esquerda jurássica, a *nova classe* cultua um anti-imperialismo desfocado pela ignorância e pelo atávico coitadismo latino-americano. Na completa impossibilidade de analisar adequadamente este tema, restrinjo-me a duas observações.

– A resistência, se pensada como pelo menos parcialmente viável, ao poder imperial dos Estados Unidos passa apenas por um caminho, do qual o silêncio é o parceiro e o *slogan* o inútil: a educação qualificada, a tecnologia avançada e a decorrente competitividade comercial. O resto é perda de tempo e marca dos ignorantes.

– A concepção coitadista e conspiratória da esquerda tradicional latino-americana sempre foi inútil – a não ser como compensação para a impotência –, mas pelo menos tinha no passado considerável força de arregimentação e aglutinação políticas. No presente, até isto ela perdeu, não passando de um discurso vazio, imbecil e sem qualquer ressonância, que deveria ser substituído urgentemente pela análise fria da realidade histórica, isto é, das estruturas econômicas, sociais, políticas, demográficas etc. As nações dominantes têm seus interesses, os definem rapidamente e mais rapidamente ainda os põem em prática. Elas sabem que não há tempo a perder.

• Antiassistencialismo e anticomunitarismo

Este é um dos traços mais irritantes e também, ainda que secundário, mais reveladores da forma de pensar dos integrantes do PT e da *nova classe*. Em termos simplificados, ele pode ser assim enunciado: não ajudamos, nem damos assistência a ninguém, nem a pessoas, nem a famílias, nem a comunidades, nem a instituições de caridade porque:

– O sistema – seja lá o que isto signifique – tem culpa da situação, não nós.

– Elas têm que aprender a se revoltar contra o sistema.

– Ao se revoltarem contra o sistema, votarão em nós.

– A solução virá com a revolução socialista, que nós faremos.

É difícil dizer o que mais impressiona em tais ideias, se a crispada convicção com que são defendidas, a insensibilidade oligofrênica que revelam ou o sutil mecanismo de compensação que a elas subjaz. Renunciando à analise da desvairada abstração e da obtusa utopia que embasam semelhante raciocínio, é indispensável lembrar que todas as sociedades que se pretenderam ou se pretendem civilizadas desenvolveram, fosse através da ação pública, fosse através da ação privada, formas e instrumentos e/ou mantiveram e mantêm órgãos e instituições de apoio a marginalizados e deserdados que, independente dos motivos, se encontram nos limites, ou abaixo deles, do convívio social. Negar *in limine* a natureza benéfica de tais atividades, órgãos e instituições é pura e simples barbárie, se funde ela sobre o descaso aristocrático da elite ou sobre o messianismo totalitário marxista-leninista. É evidente que a ação assistencialista/comunitária, pública ou privada, ainda que fundamental em países em que a exclusão social é numericamente significativa, terá sempre natureza auxiliar e periférica e é a longo prazo incapaz de resolver – mesmo porque não é este seu objetivo – problemas que têm origem estrutural (desemprego, má distribuição de renda, crescimento demográfico excessivo etc.). Mas não é esta a questão. O antiassistencialismo programático é barbárie coerente quando parte de uma elite insensível e retrógrada. Mas é manifestação de deslavada demagogia, doença psíquica ou simples safadeza quando impregna pessoas, organizações ou partidos que se dizem de esquerda. Quer dizer, é a mesmíssima barbárie, apenas que disfarçada. E por isto, se é possível sê-lo, pior que a primeira. Este antiassistencialismo programático, que não é invenção do PT e da *nova classe*, sempre marcou explícita ou camufladamente a velha esquerda brasileira e, quando não manifestação de desequilíbrio ético pessoal ou simples oligofrenia, sempre foi a forma clássica e sutil através da qual na esquerda se justificava a insensibilidade social – *falta de caridade*, na terminologia cristã – ou se manifestava o ódio contra os que não colaboravam (!!!)

com a revolução e o desconforto esquizoide de, ao mesmo tempo, pertencer à burguesia e alimentar ideias que não eram as dela.

Resumindo tudo: parta do PT, da *nova classe*, do PPB, do PFL ou seja lá de quem for, no Brasil o antiassistencialismo e o anticomunitarismo, programáticos ou não, são crime social e manifestação de barbárie, não importa sob que nome e com que desculpas sejam eles praticados.

• *Visão conspirativa da História*

Moeda corrente e de alto valor entre a esquerda jurássica marxista-leninista, a concepção do processo histórico e, obviamente, político como um imenso complô conscientemente montado e comandado pela "burguesia" e seus asseclas foi sempre um instrumento de doutrinação dos militantes neófitos e uma arma tática para desmoralizar o inimigo, jamais alcançando – a não ser entre ingênuos e tolos – o *status* de uma teoria interpretativa do mundo real. Nos campos irredentes do Rio Grande do Sul e nas mentes obtusas da *nova classe,* porém, ela degenerou em teoria totalizadora, capaz de explicar desde o simples voto de um vileiro adepto de Sérgio Zambiasi até as, digamos, sofisticadas análises de um jornalista como eu, desde a revolta espontânea dos colonos na CEASA até as pesadas operações de grandes corporações como a Globo, a RBS e outras na óbvia defesa de seus interesses no cassino globalizado do capitalismo brasileiro, que mal está deixando para trás a era dos *robber barons*. Para os integrantes da *nova classe*, tudo, não importa de que natureza e em que nível, é fruto de movimentos conspiratórios concebidos, elaborados, planejados e executados coordenada e cronometradamente. Quando fatos evidentes se chocam contra tal reducionismo absurdo ou quando as "conspirações" fracassam, aqueles e estas são ignorados e rapidamente esquecidos. Afinal, não se enquadravam na teoria...

Como explicar esta irrefreável obsessão pela teoria conspiratória quando é sempre mais fácil e mais eficiente fazer a velha e boa pergunta dos romanos: *cui prodest?* (ou seja: quem ganha? quais os interesses em jogo?). A explicação é simples: a obsessão pela teoria conspiratória é fruto do hábito, da ingenuidade e da incapacidade. Do hábito, porque os integrantes da *nova classe* transformam seus métodos de conspiradores e revolucionários de fancaria em craveira absoluta da realidade. Da ingenuidade, porque confundem um instrumento tático-operacional com uma categoria analítico-interpretativa. Da incapacidade, finalmente, porque não podendo, por sua limitação e ignorância, compreender adequada e corretamente os fatos, utilizam a teoria conspiratória como panaceia que tudo engloba e tudo explica. Sendo tal teoria basicamente falsa ou, quando menos, insuficiente, não é de admirar que frequentemente os integrantes da *nova classe* deem com os burros n'água... A sorte deles é que as mentes dos integrantes da oposição também não se destacam exageradamente pela ilustração intelectual...

• *Charlatanismo pedagógico*

Seria uma enorme injustiça afirmar que o charlatanismo pedagógico que se espalhou qual praga incontrolável pelo Rio Grande do Sul e pelo Brasil – até pelo mundo, segundo alguns – é criação do PT e da *nova classe*. Muitos de seus membros e integrantes nem eram nascidos ou ainda usavam fraldas quando o charlatanismo pedagógico já imperava absoluto nos corações e nas mentes das/dos que comandavam a Faculdade de Educação da UFRGS na segunda metade da década de 60, onde e quando se difundiram as obtusas, confusas e esdrúxulas teorias importadas, mal traduzidas, mal interpretadas e aplicadas a uma realidade estranha àquela na qual haviam sido geradas. Lá, ainda que em solo diverso do de hoje, foram plantadas as sementes do charlatanismo pedagógico, cujas espécies principais são: o populismo irresponsável, o coitadismo debiloide e o pacto da mediocridade. O populismo irresponsável, que pretende "dar liberdade ao aluno", "respeitar suas opções", "convidá-lo ao diálogo" e quejandas idiotices, se baseia sobre uma monumental ignorância a respeito dos processos civilizatório e pedagógico, que exigem e impõem regras, limites e sanções, em cuja ausência o indivíduo da espécie não elabora e/ou perde os referenciais éticos, mergulhando na desagregação psíquica. Como bem o provam os *marginais de elite* que pululam hoje por toda parte, deixando claro que o fenômeno independe do nível socioeconômico. O coitadismo debiloide, que rejeita as regras, os limites e as sanções, quer "proteger o aluno", que "deve falar como quer", "fica complexado se sua redação for corrigida com caneta vermelha" e "se sente infeliz se a gente o critica"... Sandices semelhantes nascem da mente de tolos pretensiosos e pseudopedagogos ignorantes que não sabem que o mundo é uma guerra e a escola é o cadinho em que se forjam as almas de crianças e adolescentes, necessitadas inapelavelmente de justiça, sim, mas também, e ao mesmo nível, de disciplina, rigor e dureza. O pacto da mediocridade, neste tripé infame que sustenta a pedagogia "moderna", talvez seja o menos maléfico, ainda que também desastroso. Afinal, ele apenas gera ignorantes, à semelhança dos charlatães da pedagogia "moderna" e da didática "avançada". O professor, coitado, mal formado e quase sempre mal pago, apenas tenta sobreviver, assinando com os alunos o famigerado pacto, expresso na não menos famigerada fórmula: eu faço de conta que ensino e vocês fazem de conta que aprendem. E, tudo bem, lá vamos nós rumo ao terceiro milênio...

Não, não foi o PT ou os integrantes da *nova classe* que inventaram o charlatanismo pedagógico, mas é preciso admitir que, como eles diriam, é um "discurso" altamente – ou seria baixamente? – adaptado ao nível de sua ignorância e ao seu objetivo de partidarizar e ideologizar o ensino, fazendo dele um instrumento de perpetuação no poder. Mas não sejamos tão pessimistas! Dentro de pouco tempo, todos os problemas da educação, pelo menos no Rio Grande do Sul, serão resolvidos com a Constituinte Escolar, a ser convocada pela nova secretária da Educação e da qual participarão com voz ativa e voto as merendeiras, as faxineiras, os porteiros e todos os demais funcionários. Talvez seja esta uma ideia brilhante, pois, integrantes de grupos sociais que lutam duramente por sua sobrevivência, eles poderão dar lições de realismo e objetividade aos charlatães da pedagogia e aos populistas e demagogos da *nova classe*. Que Deus salve o Rio Grande!

3 – Estratégia e táticas

Estabelecido e aceito como pressuposto óbvio que toda organização e toda ação de natureza política têm como objetivo, por definição, a busca e o exercício do poder, podemos passar diretamente às perguntas: *para que* e *como* o PT e a *nova classe* buscam o poder?

A resposta à primeira pergunta é tão simples quanto evidente e é natural decorrência da ideologia: a *nova classe* e o PT – na versão atual do partido no Rio Grande do Sul – buscam o poder para instaurar o socialismo segundo o modelo soviético-cubano, isto é, um sistema econômico e político no qual todos os meios de produção (terra, máquinas etc.) sejam propriedade do Estado e no qual o poder seja exercido de forma absoluta e totalitária por um único partido – o PT, por suposto –, com exclusão e/ou eliminação de todos os demais. Não vem ao caso se tal projeto possa ser considerado delirante e folclórico, nem se ele é mera tática ou firme convicção dos que o sustentam. Decisivo é apenas o fato de estar presente na retórica e nos métodos de ação da *nova classe* e do PT, o que é coerente com as duas principais matrizes ideológicas do partido no Rio Grande do Sul: o marxismo juvenil dos grupelhos estudantis na virada das décadas de 70/80 e o trotsko-leninismo clássico que se incrustou no partido a partir de meados da de 80, os quais absorveram e/ou instrumentaram o sindicalismo corporativista e o jacobinismo profissional-liberal bem-comportado dos "históricos" do início da mesma década. Esta análise, ainda que simplificada em seus termos, é essencialmente correta em seus fundamentos. Negá-la é pretender encobrir o sol com a peneira e/ou subestimar a capacidade de percepção de boa parte da opinião pública do Rio Grande do Sul. Portanto, a segunda pergunta a ser feita é: como o PT e a *nova classe* pretendem alcançar seu objetivo, ou seja, qual a estratégia e quais as táticas desenvolvidas e aplicadas por eles para tanto? Segundo afirma com adequação o senso comum, não raro é difícil ou até impossível distinguir com precisão os limites entre estratégia (objetivos de longo prazo e métodos padronizados de ação) e tática (objetivos de curto prazo e métodos circunstanciais de ação). Isto considerado e suposto, é possível identificar no PT e na *nova classe* uma estratégia de dupla face e um conjunto de táticas variadas, sendo duas delas fundamentais.

As duas faces desta estratégia são:

• A utilização do sistema legal existente: isto é, o modelo soviético-cubano será implantado – pelo menos enquanto outros métodos não forem necessários – pela conquista progressiva, pelo controle total e pela operacionalização adequada do aparelho burocrático do Estado (cargos e funções dos três poderes) via mecanismos legais vigentes (eleições, concursos, nomeações, seleção, votações etc.). Em outros termos, é a estratégia da tomada do poder pela via pacífica, da qual o século XX fornece dois exemplos clássicos: Hitler na Alemanha e Allende no Chile.

• O solapamento e a destruição progressiva do sistema vigente através da prática contínua, intensa e crescente de ações de natureza legal, para-, extra- e ilegal, nesse último caso encobertas sempre que possível pelo manto da pseudolegalidade. Esta estratégia abrange duas áreas diferenciadas no que tange ao aparelho burocrático do Estado: a área interna a ele e a área externa a ele. Ambas, porém, possuem o mesmo e único objetivo: a destruição e a substituição do sistema legal vigente.

Tão antigas quanto as dos Gracos em Roma e as de Cleon e seus comparsas em Atenas, as duas estratégias referidas substituem-se, combinam-se e identificam-se de acordo com as conveniências e as necessidades e se materializam num amplo espectro de táticas a seguir descritas. Entre as utilizadas de maneira mais persistente e visível pelo PT e pela *nova classe*, duas são fundamentais: o "centralismo democrático" e o orçamento participativo.

• *"Centralismo democrático"*

Expressão e prática de origem bolchevique-leninista, o "centralismo democrático" é simplesmente a aplicação de alguns princípios elementares de racionalidade à organização e à ação políticas com o objetivo de alcançar o máximo de resultados com um mínimo de custos. Muito semelhante ao *brainstorming*, técnica de gerenciamento empresarial americana, o "centralismo democrático" propõe a discussão livre e exaustiva, em todos os órgãos, em todos os níveis e em todas as instâncias, de todas as questões relevantes para a organização e para a ação do partido, sendo a decisão, ao final, tomada pela maioria dos votos e adotada e seguida monoliticamente por todos. Em resumo, o "centralismo democrático" é uma tática ou técnica organizacional que, pelo menos na teoria, pressupõe, admite e propõe a discussão, a divisão e o conflito no interior do partido em questões controversas até o momento da tomada de decisão, rejeitando-os e negando-os radicalmente depois disto.

Neutro e eficiente como técnica organizacional, o "centralismo democrático" nos partidos de matriz marxista-leninista tornou-se, em âmbito interno, um eufemismo para a anulação e a eliminação dos dissidentes. Em âmbito externo, isto é, no processo político global, ele passou a ser um eufemismo para ditadura e totalitarismo, configurando-se como negação de todos os princípios que fundamentam as sociedades democráticas modernas, tais como o pluralismo ideológico, a alternância no poder, a liberdade de credo e culto, a livre manifestação de ideias etc.

Lógica e obviamente, como herdeiros tanto do marxismo juvenil dos grupelhos estudantis quanto dos ideais e métodos trotsko-leninistas da esquerda jurássica, a *nova classe* e o PT, pelo menos no Rio Grande do Sul, adotaram o "centralismo democrático" como princípio fundamental de ação interna. Se terão ou não êxito em seu projeto de aplicá-lo à sociedade como um todo, não vem aqui ao caso. O fundamental é compreender que no solo fértil das "condições objetivas" a tática do "centralismo democrático" fez do PT a mais eficiente organização política de toda a história do Rio Grande do Sul, só encontrando paralelo no PRR, talvez não por mera coincidência assemelhando-se a ele no seu viés sectário, intolerante e totalitário e tendo trocado apenas a matriz ideológica positivista pela marxista-leninista. O que, nesta província dos confins do Império e neste final de milênio, adquire um sabor de nostalgia e de folclore. Mas também isto não vem aqui ao caso. O importante é salientar que no arcaico, caótico e caro sistema político-partidário-eleitoral brasileiro, a eficiência organizacional embasada sobre o "centralismo democrático" deu ao PT, particularmente no Rio Grande do Sul, a possibilidade de identificar, buscar e obter o *voto barato*, transformando-se em poucos anos em um dos maiores fenômenos da história dos partidos políticos do país e do estado. A expressão *voto barato* não possui aqui qualquer conotação pejorativa. É simplesmente um dado econômico-financeiro. Deixando à parte o custo físico (cansaço, desgaste, riscos etc.) e o moral (exposição, riscos etc.), que de alguma forma e em algum nível sempre estão presentes na atividade pública, no Brasil o voto é economicamente caro, absurdamente caro. A ausência de partidos organizados aliada a um sistema eleitoral simplesmente maluco – em nível que talvez em nenhum outro país exista – transformaram a disputa eleitoral em privilégio de ricos, demagogos, corruptos, ingênuos, incompetentes e energúmenos, levando a que os quadros mais qualificados intelectual e eticamente da classe média e da alta classe média abdiquem em massa da carreira política. O PT e a *nova classe* são em grande parte produto desta situação. As classes dirigentes brasileiras do sul, centro-sul e sudeste – o país moderno – ainda não compreenderam que o atual sistema político-partidário-eleitoral as priva dos melhores quadros, que cruzam os braços indiferentes enquanto o PT avança sobre elas – e rapidamente –, reunindo de cambulhada corporativistas ensandecidos, demagogos abonados, estatocratas privilegiados, arrivistas totalitários, intelectuais semianalfabetos, messiânicos desarvorados, jurássicos desorientados e a gigantesca massa de deserdados do campo e das cidades, que se multiplicam como coelhos, sob o olhar interesseiro da esquerda e com a bênção irresponsável da hierarquia católica.

• *Orçamento participativo*

Se o "centralismo democrático" identifica o PT, no plano ideológico e organizacional, como um partido de origem leninista-totalitária, o *orçamento participativo* se filia operacionalmente ao populismo revolucionário clássico, matizando, portanto, a reivindicada – ainda que raramente reconhecida em público – natureza marxista do partido. O que é o orçamento participativo? Tecnicamente, numa definição simples e direta, ele é um eufemismo que designa instrumentos e métodos para-, extra- e até ilegais de ação política que possuem o objetivo de contornar, solapar, anular e destruir uma ordem legal instituída cuja solidez não permite vislumbrar a possibilidade de êxito a curto prazo num enfrentamento direto. Nascida nos albores da democracia ateniense no século VI antes de Cristo e larga e eficientemente utilizada pelos Gracos em Roma no século II a.C., esta tática tem por base o desinteresse do cidadão comum pela discussão política e, ato contínuo, institucionaliza a manipulação das assembleias populares que convoca. Foi assim que a *nova classe,* em algumas das principais cidades do Rio Grande do Sul, avançou devastadoramente sobre o populismo tradicional já claudicante e sem lideranças do PDT e sobre o clientelismo fisiológico do PTB zambiasiano, que, aliás, resistiu melhor ao embate por seu forte enraizamento *lúmpen* e, portanto, paradoxalmente, pela maior autonomia de seu eleitorado e de suas lideranças.

Surpreendentemente eficiente (v. "condições objetivas"), o orçamento participativo assumiu a forma de um clientelismo modernizado (não-personalizado e não-corrupto, ainda que usando recursos públicos) e deu ao PT do Rio Grande do Sul seu traço mais original e mais significativo: um neopopulismo solidamente organizado e eleitoralmente vitorioso, produto, sem dúvida, da dedicação e da disciplina da *nova classe* e de sua inserção orgânica nas camadas de média-baixa e baixa renda da população urbana do estado. Como no caso da tática do "centralismo democrático", aqui também o produto final é o *voto barato.* Segundo foi visto, o "centralismo democrático" e sua eficiência organizacional e operacional permitiram e permitem ao PT e à *nova classe,* num contexto de desordem e confusão político-partidário-eleitoral, capitalizar a seu favor quantidades substanciais de votos a um custo médio muito baixo. Trata-se, pois, de um *voto barato*, mas no sentido genérico. Através do orçamento participativo, porém, o voto barato o é em sentido diretamente econômico, isto é, contabilizado em moeda. Como no caso dos Gracos em Roma, a ação do PT e da *nova classe* via orçamento participativo adquire a forma de um clientelismo modernizado que busca o poder através de uma resposta organizada às reivindicações de grupos sociais excluídos ou semi-excluídos, cujas exigências, por definição, são poucas e limitadas: uma calçada aqui, uma rua asfaltada lá etc. Um *voto barato,* portanto, literalmente falando, produto do abandono e da carência em todos os sentidos: material, moral e política. Produto, portanto, da realidade. O PTB zambiasiano resistiu melhor que o PDT ao avanço avassalador do PT exatamente por dar atenção a tais carências.

O "centralismo democrático" e o orçamento participativo são as *peças de resistência* do PT e da *nova classe*, mas não as únicas. Na impossibilidade – e até no desinteresse, já que são táticas usuais e conhecidas – de analisar as demais em minúcias, elas serão apenas listadas e sumariamente comentadas:

• Pressão contínua, intensa e implacável sobre o governo através de sequências de greves, manifestações, protestos, denúncias etc. Idealizada e praticada originalmente contra governos monárquicos/ditatoriais, esta tática se revela problemática e até contraproducente num contexto em que a alternância no poder é a regra. Pois a impossibilidade de utilizá-la a partir do momento em que esta alternância se materializa a desmascara, expondo-a à opinião pública como simples manipulação política comandada por lideranças sindicais e outras interessadas em chegar ao poder e não como posições coerentes e consistentes das bases. No Rio Grande do Sul o caso do CPERS é paradigmático.

• Demonização e desmoralização do governo via denúncias infundadas, ataques pessoais etc. Componente natural – ainda que eticamente baixo – da luta pelo poder desde os primórdios da civilização, esta tática também tem se revelado pouco eficiente e até contraproducente em ambiente democrático, servindo apenas para expor, no caso do PT e da *nova classe* no Rio Grande do Sul, o perfil infantiloide, rançoso, totalitário e até doentio de muitos de seus integrantes, em brutal contraste com a pretensão de civilidade, honestidade e ética tão cultivada pelo *marketing* do partido. Para ficar no poder, a *nova classe* terá que aprender que quebrar pratos em casa, tomar um bom trago na esquina e levar um belos bofetões do marido são coisas que acontecem nas melhores famílias (inclusive na minha, à parte a última, porque manifestou-se invertida e marcada pela leveza do amor incontido...). E nos melhores partidos! Mas, que fazer?, aos neófitos falta sempre espírito esportivo...

• *Marketing* da superioridade dos objetivos, da exclusividade das soluções e da invenção e do monopólio da probidade administrativa.

Utilizada com alta e inegável eficiência pelo PT de todo o país e do Rio Grande do Sul, esta tática também revela seus pés de barro no contexto brasileiro. Numa sociedade caótica e injusta, gerada ao longo das décadas e dos séculos, as boas intenções não raro se tornam inúteis, as soluções são sempre difíceis e sempre haverá, aqui e ali, um pobre coitado para quem R$ 100,00 sejam uma fortuna ou algum esperto que adote os métodos tradicionais (afinal, "companheiro é para estas coisas") e aceite a ajuda de algum empresário para mandar um filho estudar no exterior. E não há sarcasmo nestas afirmações. Simplesmente o país é assim. O problema do PT e da *nova classe* não é o de alguns de seus integrantes – e já há casos, inclusive recentes, no Rio Grande do Sul – serem eventualmente afetados por mazelas endêmicas à sociedade brasileira – e à própria espécie. O irritante é vê-los se considerarem, idiota e arrogantemente, a elas completa e permanentemente imunes. A tendência inevitável no caso destes falsos Catões é aplicar – como já aconteceu – a dupla moral clássica, segundo a qual o fim justifica os meios, expressa em afirmações como: "Nós podemos fazer isto porque nossos objetivos são melhores", "O que é legal é ético" etc. Assim, com um pouco mais chegaremos a Maquiavel, que parece já ter estrênuos aprendizes entre os integrantes da *nova classe* que operam no Palácio Piratini. *That's life...*

• A autovitimização, tática também clássica e quase imemorial na arte da guerra e da luta pelo poder, é uma variante da demonização do adversário e consiste em, com razão ou sem ela, atribuir a ele toda a culpa e toda a responsabilidade pela impotência, pelas limitações e pelos obstáculos enfrentados, inclusive pelos próprios erros cometidos. Hábeis em utilizar esta tática na oposição, o PT e a *nova classe* perderam o norte ao assumirem o poder no estado. *Novos no pedaço,* desperdiçaram a melhor arma tática de que dispunham. Já que – *relax and enjoy it!* – reconhecidos como juridicamente perfeitos, era aconselhável, mesmo fazendo das tripas coração, cumprir os contratos com a Ford e a GM e evitar assim o desgaste resultante da recusa e das críticas e passar depois os próximos quatro anos lançando a culpa de todos os males, e mais alguns, sobre o governo que os assinara e sobre a necessidade inelutável de os ter de cumprir. E pelas bordas, claro, atribuir-se a si próprios os benefícios resultantes de tais investimentos (empregos etc.). Atacados de repentina miopia no ambiente adverso do exercício do poder, o PT e a *nova classe* optaram por seguir o caminho incerto e áspero delimitado pelo sectarismo ideológico, pelo rancor doentio e pela partidarização do governo. O mesmo pode ser dito do comportamento adotado na questão da dívida do estado com a União. Onde este caminho dará ninguém sabe. Mas também não faz parte de nosso interesse neste ensaio.

• Criação, organização e cooptação de entidades, grupos e personalidades "independentes", que atuam como forças-tarefa auxiliares (os famosos "companheiros de viagem"). Na história das organizações políticas brasileiras apenas o velho PCB mostrou-se nisto tão eficiente quanto o PT e a *nova classe.*

No Brasil e no Rio Grande do Sul as duas últimas décadas apresentaram-se como altamente propícias a tais práticas, às quais são particularmente sensíveis intelectuais (escritores, artistas, jornalistas, poetas e assemelhados) mais ou menos competentes e mais ou menos famintos, sempre prontos a catar as migalhas que caem da mesa do poder para alimentar seus hábitos refinados – nada *populares*, aliás – e suas pretensões à imortalidade. Produto da necessidade – e da própria natureza do PT e da *nova classe* –, esta tática tem desembocado no patrulhamento feroz e na intensa demonização dos que não rezam pela cartilha vulgar e *politicamente correta* de lúmpen-intelectuais ignorantes e de subilustrados arrogantes, que com seu totalitarismo de subúrbio e seus ademanes de falsas vestais têm a pretensão de encerrar a todos no serralho da subserviência e do silêncio.

VI
As eleições de 1998:
o jogo, as fichas e o resultado

No segundo turno das eleições de 1998 para o governo do estado do Rio Grande do Sul enfrentaram-se de forma polarizada e feroz dois projetos: o primeiro era representado pelo governador que terminava seu mandato e postulava outro, sustentado pela coligação PMDB/PPB e tendo como força auxiliar e importante o PTB; o segundo era representado pelo PT, tendo como apoio o ainda eleitoralmente significativo PDT. Dando sequência ao projeto deste ensaio, analisarei neste capítulo, brevemente, os projetos em jogo, as fichas de cada um dos contendores e o resultado final.

1 - Os projetos

O projeto da coligação PMDB/PPB e do governador-candidato podia ter todos os defeitos e receber os piores qualificativos mas, inegavelmente, era explícito, claro e coerente. Colocado à luz do dia em palavras e atos, o projeto tinha por objetivo a reordenação das funções do poder público, retirando-o do setor de produção de bens e serviços considerados não-específicos dele e, via recursos obtidos através das decorrentes privatizações, alterar radicalmente a matriz produtiva do estado e transformá-lo assim, a médio prazo, no segundo pólo industrial da América Latina, depois de São Paulo, fazendo com que ele retomasse o trem da História e, beneficiando-se de sua posição estratégica no Mercosul, fosse catapultado nos próximos anos à posição de segunda unidade mais importante da Federação. Ambicioso, arrojado e talvez avançado demais para a tacanhez provinciana de um Rio Grande do Sul atavicamente irredente, cronicamente pastoril e paroquialmente colonial, o projeto tinha, conscientemente ou não, suas raízes ideológicas fincadas no solo do desenvolvimentismo clássico brasileiro de base rostowiano-juscelinista. E, *ça va sans dire*, nutria-se – em seu traço mais sutil e arguto – da própria situação do Rio Grande do Sul como economia periférica e de seu atraso recente em relação a outros estados da

Federação, fazendo disto as alavancas capazes de catapultá-lo a uma nova etapa. Historicamente defasado – como o próprio Rio Grande do Sul – ou não, socialmente vantajoso ou não, o certo é que o projeto era viável, como ficou provado com a decisão de megaempresas transnacionais de se instalarem no estado, atraídas não apenas pelos incentivos fiscais e financeiros mas também pela infraestrutura adequada e pela mão de obra qualificada ali existente.

Mas quem disse que o Rio Grande do Sul, irredente, pastoril, colonial, burocrático e estatizante, aceitaria pagar o preço de uma modernização forçada e acelerada ao estilo daquela iniciada por JK na década de 50 e levada a termo pelo bonapartismo militar nas de 60 e 70?

Pois o segundo projeto em jogo nas eleições de 1998 era exatamente isto: uma recusa, um não-projeto, um antiprojeto, pelo menos se comparado com o primeiro. Se descartarmos como histrionismo involuntário, delírio agudo, alucinação coletiva ou simples tática a visão dos que preconizam a implantação do modelo soviético--cubano num Rio Grande do Sul irredente, autônomo e socialista, o que resta, concretamente, do projeto do PT para o estado? Em essência, quatro itens:

• Interrupção do processo de privatização das empresas ainda em poder do setor público.

• Proteção aos funcionários públicos e aos das empresas estatais.

• Apoio à pequena e à média empresa.

• Reforma agrária.

Dos quatro itens, o primeiro está referido apenas a uma decisão de caráter político-administrativa, tomada por simples ato burocrático. O segundo é, como princípio operacional – não como favorecimento *à outrance* –, simples obrigação do poder público empregador e, portanto, de qualquer governo. O terceiro, se considerados os projetos federais e estaduais em andamento, nada tem de novo, ainda que, como tudo indica, sua execução possa ser mais adequada e mais eficiente. O quarto, o único que, pelo menos em teoria, merece o qualificativo de *projeto,* será abordado em capítulo à parte. Aqui basta dizer que, segundo o modelo em que é apresentado em público, ele seria viável há meio século ou há um século atrás, mas não agora.

Em resumo, dos dois projetos em confronto nas eleições para governador do Rio Grande do Sul em 1998, o primeiro poderia até ser defasado e de alto custo, mas tinha existência e coerência e era exposto de maneira clara, ainda que eleitoralmente talvez não de forma adequada. O segundo, por sua vez, à parte pressupor a implantação do modelo soviético-cubano no estado, não tinha existência efetiva nem coerência visível.

2 – As fichas

Na mesa do jogo político, projetos raramente são trunfos, sejam eles sólidos como rocha, sejam da matéria de que são os sonhos feitos. O que importa mesmo são as fichas que lhes dão cacife. E nas eleições para governador do Rio Grande do Sul em 1998 elas eram muitas e variadas, e nem todas tinham o valor que lhes atribuíam os jogadores. As de maior valor foram, sem dúvida, a identidade ideológica das partes em confronto, a inserção social/generacional dos projetos (independente de sua consistência), a capacidade operacional de sensibilizar as bases, a eficiência do *marketing*, as condições circunstanciais e o carisma pessoal dos candidatos.

• Identidade ideológica

A indiscutível e até surpreendente habilidade com que o governador-candidato soube, logo no início de seu mandato, construir a frente PMDB/PPB, que deu eficiente sustentação a seu governo, não foi suficiente para construir e muito menos para cimentar a identidade ideológica da coligação que o apoiaria desde o primeiro turno em 1998. O processo de redefinição, realinhamento e repolarização das forças políticas no estado, representado, provocado e exigido pela rápida consolidação do PT, era por demais recente e suas consequências não haviam sido ainda e não foram até hoje absorvidas. Marcado indelevelmente por suas origens na década de 70, o PMDB tivera que abandonar, a partir de meados da de 80, sua confortável retórica oposicionista ao governo federal, que combinava às maravilhas com o atávico irredentismo antissudeste do Rio

Grande do Sul. E, como se tal não bastasse, via agora, impotente, o PT arrancar-lhe a alma, roubar-lhe a identidade e apossar-se de suas bandeiras. Generacional, retórica e taticamente, o PT era o PMDB ontem e o encurralou, obrigando-o tanto a assumir uma posição pró-governo central quanto, por via de consequência, a aliar-se com seu tradicional adversário/inimigo dos anos duros do regime castrense, a ARENA, isto é, o PDS, isto é, o PPB. Foi um processo traumático em que o velho MDB/PMDB quase desapareceu, sobrevivendo apenas graças à capacidade gerencial e à argúcia política de seu candidato e depois governador em 1994. Mas os danos eleitorais mostraram-se irreparáveis. No interior, a coligação com o adversário/inimigo de ontem foi absorvida apenas onde o PT os ameaçava a ambos, PMDB e PPB. Contudo, no estado inteiro, peemedebistas históricos – e seu nome era legião –, em particular nos influentes setores da classe média e média-alta abonada e ilustrada, fascinados pela nova estrela que despontava providencialmente no horizonte de sua ingenuidade interiorana e de seu bom-mocismo ofendido, cristianizaram o governador-candidato, que, unindo-se à besta mortal dos tempos da ditadura, a seus cândidos olhos traíra os ideais de uma geração e do velho e heroico MDB, cuja bandeira envilecida já não arrastava multidões e cuja luz fora lentamente se embaçando ao longo da tormentosa década anterior. Diante disto tornou-se evidente que razão tinham aqueles que tenazmente se opunham à coligação com o PPB no primeiro turno das eleições de 1998. Numa análise *a posteriori,* ela foi um erro brutal e irreparável. Para os ingênuos "históricos" do PMDB, a coligação no segundo turno seria vista como concessão e aceita como inevitabilidade. Mas no primeiro ela carregava o amargo travo de uma traição.

Quanto ao PT, o partido assumiu sem rebuços seu arcaísmo ideológico e seu irredentismo gaudério e, beneficiado pelas ondas da História, consolidou definitivamente sua identidade, apesar dos abalos sofridos pelos *processos de Porto Alegre,* nos quais foi executado o *grande expurgo branco* dos *lights* e cassada a vitória – apenas estatutária, é verdade – de seu candidato a governador.

• Inserção social/generacional

O fenômeno já se revelara em 1988, na surpreendente vitória do PT para a Prefeitura de Porto Alegre, se ampliara na quase vitoriosa campanha para governador em 94 e foi decisivo na de 98: o PMDB perdia rapidamente inserção social/generacional e mais rapidamente ainda o PT o substituía. Nascia a *nova classe*, formada e sustentada basicamente por um jovem e numeroso proletariado intelectual gerado nas médias e grandes concentrações urbanas do estado a partir da década de 80. Para a *nova classe*, PMDB, PDT e PPB nada mais significavam – a não ser por rejeição. O PT representava para ela mais, muito mais do que o fascínio de uma nova *griffe*, como o era para os filhos de uma abastada e ilustrada classe média e média-alta de profissionais liberais e burocratas. Era mais, muito mais também do que o caminho para – finalmente! – chegar ao poder, como o era para a esquerda jurássica marxista-leninista. Era mais, muito mais ainda do que o único substitutivo à mão para um cristianismo abalado e devastado pela avassaladora laicização da sociedade brasileira, como o era para a hierarquia católica atarantada, para as congregações religiosas dizimadas e para o luteranismo em crise das igrejas evangélicas tradicionais.

Para a *nova classe*, o PT era simplesmente a sua geração, o seu campo de visão, o seu pequeno mundo provinciano, acanhado e subilustrado, a sua possível sobrevivência econômica e social. Era, enfim, seus limites e sua chance, seu *ethos* e seu *epos*. Para a *nova classe*, cujo horizonte político não vai além do subúrbio de hoje e da roça de ontem e cuja ambiciosa visão alcança, se tanto, as ribanceiras do Mampituba, o PMDB/PPB, e tudo o mais, era o passado e a barreira. E o PT o futuro e o caminho. Desde meados da década de 80 fora assim e assim o foi em 1994, para a *nova classe* e para o PT e para boa parte do eleitorado flutuante que em 1992 e em 1996 deram ao partido vitórias decisivas na capital e em algumas cidades importantes. Em 1998 o PT continuou mantendo sua nítida vantagem na capacidade de inserção social/generacional, principalmente entre setores influentes da opinião pública urbana, à parte o grande empresariado. As características de personalidade dos dois candidatos viriam a acentuar ainda mais, a favor e contra, a importância destes fatos.

• *Capacidade operacional*

Convicção cega, organização sólida e disciplina elevada são o tripé que dá alta eficiência operacional ao PT, em particular no Rio Grande do Sul, onde os *aparatchiks* da esquerda jurássica marxista-leninista encontraram solo fértil entre a *nova classe*, instrumentada através da tática do "centralismo democrático", conforme analisado anteriormente. A conjunção destes dois elementos – o fator socio-generacional e o "centralismo democrático" – produziu um dos fenômenos mais importantes e mais interessantes da história política recente do Rio Grande do Sul e do Brasil, materializado exatamente na emergência desta *nova classe* que tomou de assalto o aparelho burocrático da capital, de várias outras cidades e agora do próprio estado. Politicamente ingênua e intelectualmente pedestre mas ideologicamente convicta e socialmente raivosa, a *nova classe* faz política com o estômago – mesmo porque cabeça raríssimos de seus integrantes a têm. Afinal, só têm fé os que têm fome, literal e metaforicamente. Assim, sua indiscutível eficiência nasce da inabalável convicção de quem julga estar transformando o mundo quando de fato está apenas protagonizando um amplo movimento de ascensão social de indivíduos e grupos que tentam desesperadamente encontrar um lugar ao sol num mundo cada vez mais competitivo que raros ou nulos empregos oferece aos geneticamente pouco dotados e intelectualmente mal formados.

Esta é a força e a fraqueza desta *nova classe* que marca hoje a política sul-rio-grandense: sua ignorância dos limites históricos é o penhor da sua ação política, transformada assim em prosaico arrivismo social.[35] Mas, afinal, o que há de novo nisto? Quantos no passado e na espécie apenas puderam acreditar estar mudando o mundo por não terem consciência de que era impossível fazê-lo!...

À parte divagações sociológicas e filosóficas, é este *élan* de desesperados semi-ilustrados à beira de um abismo social que

---

[35] Para o analista e historiador, é um privilégio raro poder assistir – ainda que, no caso, em escala menor e quase anedótica – a um fenômeno como este, quando caem os véus que comumente encobrem o processo histórico e fica exposto à luz do dia o hiato entre a *trama real dos eventos* e o convicto *discurso* das personagens nele envolvidas, que atuam como marionetes num drama cujo enredo não entendem.

move a vaga irresistível da *nova classe* e da militância petista em geral, compondo um fascinante fenômeno sociogeneracional que, aliado a outros, marca hoje e marcará por várias décadas a política sul-rio-grandense. É também este *élan* de desesperados que lhes dá um diferencial tático positivo e decisivo diante do adversário nas campanhas eleitorais. Nisto também foi assim desde meados da década de 80 e foi assim novamente em 1998. Apenas no final da campanha, certos setores da classe média e média-alta de Porto Alegre acordaram da letargia e intuíram o desastre, para o qual eles e seus filhos vinham colaborando, e reagiram com vigor diante da maré montante rubro-estrelada. Mas era tarde. Os dados já tinham sido lançados.

• *Eficiência do marketing*

Por *marketing* entende-se aqui não ações e comportamentos genéricos e difusos mas especificamente as operações de publicidade e propaganda concebidas, planejadas, elaboradas e divulgadas com o fim precípuo de influenciar e convencer os eleitores em uma situação determinada. Como sempre, na impossibilidade de uma análise detalhada do fenômeno na campanha eleitoral de 1998, limito-me a afirmar que, à semelhança da *capacidade operacional,* este também foi um fator decisivo. O grupo de publicitários, diretores, atores e músicos responsáveis pelas campanhas eleitorais do PT no Rio Grande do Sul é indiscutivelmente competente – representando, aliás, neste sentido, um segmento isolado dentro dos "formuladores de política" do partido, reconhecidamente limitados, desinformados, ignorantes, arrogantes e sectários.

Mesmo considerada a inegável vantagem de trabalhar em condições histórico-político-culturais favoráveis, não se pode negar mérito ao grupo que, inseguro no início, foi eficiente, a partir de determinado momento, em atingir o imaginário arcaico, irredente e moralista de parte do eleitorado sul-rio-grandense. Contrariamente, o *marketing* da coligação PMDB/PPB – talvez até por ser elaborado por um alienígena, e além disso baiano – foi incompetente para trabalhar o óbvio que estava à mão: *a aliança entre a modernidade desenvolvimentista, personificada pelo governador-candidato, e a tradição irredentista e autonomista do estado.*

Por isso, considerando os projetos em confronto, analisando-a sob o ângulo da competência e da não-competência em atingir o eleitorado e expressando-me em termos publicitários/mercadológicos – e não éticos/morais –, a campanha para governador do estado do Rio Grande do Sul em 1998 foi histórica, exemplar e paradigmática da força da mentira bem arquitetada e da fraqueza da verdade mal apresentada. Afinal, publicidade *é isto*.

• Condições circunstanciais

Entre as condições circunstanciais que tiveram óbvia influência na eleição para governador em 1998, três podem ser referidas como as mais importantes.

– A desordem burocrático-administrativa do setor público estadual. Sem dúvida, esta desordem é preponderantemente estrutural (v. próximo capítulo). Contudo, a tentativa do governo PMDB/PPB de saná-la a curto prazo gerou reação imediata e violenta dos setores atingidos ou supostamente atingidos, transformando-a em questão política circunstancial e elevando a rejeição do governador-candidato a nível praticamente total ente a burocracia, até mesmo, conforme já foi visto, nos extratos superiores dela. Em consequência, o PT conquistou entre o funcionalismo público, e não apenas estadual, a reduzida faixa que ainda não o sufragava.

– Coerente com seu perfil não-provinciano, com seu passado político e com seu projeto modernizador e, ao mesmo tempo, diante da apropriação do irredentismo gaudério e do arcaísmo atávico pelo PT, o governador-candidato assumiu integralmente e sem pejo a defesa do governo federal, da estabilidade monetária e do próprio presidente. Mesmo porque, nas condições dadas, não havia outra alternativa. É impossível dizer, na ausência de pesquisas empíricas, se o governador-candidato foi beneficiado ou prejudicado por tal posição. Certamente, ela foi considerada coerente e corajosa pela opinião pública, mas, levando em conta o *marketing* equivocado, possivelmente foi eleitoralmente mais prejudicial que benéfica.

– A questão agrícola/agrária, em termos estruturais, será tratada em capítulo a parte. Como elemento conjuntural – sobreposto ao estrutural, potencializando-o, não há dúvida de que, em virtude do baixo preço, para o produtor, dos cinco itens agrícolas mais importantes (soja, carne, arroz, milho e leite), ela teve significativo e, em minha análise, talvez decisivo peso no resultado eleitoral (v. adiante), pois permitiu ao PT obter votos em setores antes impermeáveis e mesmo hostis ao seu discurso (empresariado rural médio e médio-superior, em particular nos importantes segmentos produtores de soja, arroz e carne).

• Situação econômica global

Da mesma forma que no caso anterior, mas com repercussão maior entre a população urbana, a situação econômica global do país – recessão, desemprego etc. – também influiu na decisão do eleitorado de sufragar o PT, em particular porque os benefícios proporcionados pela estabilização da moeda aos grupos sociais mais pobres já haviam sido absorvidos, passando a ser considerados "naturais".

• Carisma pessoal

Por *carisma pessoal*, que é fator circunstancial, mas recorrente quando são os mesmos os candidatos em pleitos sucessivos, entende-se aqui a capacidade pessoal de ter empatia com e/ou de despertar simpatia entre faixas do eleitorado permeáveis a um ou mais atributos específicos. Neste item, a desvantagem do governador-candidato tornou-se evidente. Seu perfil de *gerentão* competente, avesso a qualquer concessão populista e determinado a perseguir a eficiência a qualquer custo – somado ao natural desgaste resultante do exercício do cargo e aos rumores, com ou sem base, da duvidosa probidade de alguns integrantes do círculo palaciano –, levou água ao moinho do candidato do PT, que fazia um perfeito contraponto com sua figura clássica de populista gaudério, índio grosso talhado a facão e apreciador de um largo trago de boa canha no bolicho da esquina ou na pulperia do povoado. E, portanto, próximo dos eleitores e merecedor de sua confiança. E, claro, do seu voto.

3 – O resultado

Contadas, medidas e pesadas as fichas em jogo, na eleição de 1998 o que surpreende não é a derrota do governador-candidato mas o fato de o PT ter vencido por margem tão ínfima que o resultado se configurou como um empate, deixando o Rio Grande do Sul cindido ao meio.

Se parece óbvio que este – apesar do fracasso – bom desempenho da coligação PMDB/PPB foi garantido pela vitória na populosa, desenvolvida e moderna Serra do Nordeste e pelo entusiasmado apoio dos setores dirigentes e médios de muitas comunidades interioranas, e até de algumas da Grande Porto Alegre, ao ambicioso projeto desenvolvimentista do governador-candidato, fica à livre escolha de cada um especular sobre quais dos fatores adversos teriam sido decisivos para o resultado final negativo. Isto porque a evidente presença de *vários* fatores adversos torna difícil e até impossível quantificar, ainda que de modo aproximado, o peso específico de cada um deles. De um ponto de vista, porém, creio ser viável dirimir a questão, mesmo correndo o risco de tal procedimento ser qualificado de parcialmente sofístico, por não poder, obviamente, ser testado sob outras condições. Vejamos.

O pressuposto que deve ser aceito logo de início é o de que já no segundo turno das eleições de 1994 estavam presentes todos os fatores que definiram o resultado das de 1998. Tecnicamente, o pressuposto é pelo menos aceitável *in limine,* pois os *candidatos eram os mesmos e as forças políticas alinhadas de parte a parte também.* Mais do que isto: os números do segundo turno de 1994 e 1998 foram praticamente idênticos, ainda que a diferença, no de 1998, fosse algo inferior e obviamente invertida. Não seria, portanto, logicamente fora de propósito afirmar que:

a – Se o resultado foi nos dois pleitos aproximadamente igual no conjunto do estado como um todo, deveria sê-lo também nas regiões e nos municípios.

b – Se, na comparação entre o segundo turno de 1994 e o de 1998, em determinada região ou determinado município os números indicarem alteração significativa, neste caso poderemos afirmar estar diante de um fenômeno provocado pela ação de fatores conjunturais, os quais, hipoteticamente, poderiam ser identificados e considerados responsáveis pela variação. Um exemplo ajudará a esclarecer melhor a proposição. Imaginemos que no segundo turno de 1994 o candidato X obteve 50% dos sufrágios no município Y e que este percentual caiu para 25% no segundo turno de 1998. Poder-se-á concluir daí que um ou mais fatores conjunturais importantes devem ter atuado sobre o eleitorado para reduzir o índice do candidato X em 50% (de 50% para 25%). Supostamente, pelo menos, não deveria ser difícil então identificar tal ou tais fatores, bastando para tanto analisar as características econômicas e/ou sociopolíticas do referido município.

Resumindo: segundo esta proposição, o fator ou os fatores mais importantes que levaram o governador-candidato à derrota por margem mínima no segundo turno de 1998 poderão ser identificados a partir das condições econômicas e sociopolíticas daquelas regiões e/ou municípios nos quais, em comparação com o segundo turno de 1994, seu desempenho caiu significativamente e o do candidato do PT melhorou, também significativamente. Inversamente e por óbvia inferência, o mesmo raciocínio vale para os resultados obtidos pelo candidato vitorioso.

Uma rápida análise comparativa dos dados do mapa eleitoral do segundo turno dos pleitos de 1994 e 1998 não deixa margem a dúvidas: a derrota do governador-candidato em 1998 foi definida nas Regiões Noroeste e Fronteiras Sudoeste e Sul. Nas duas últimas, se considerada a reduzida dimensão do colégio eleitoral, os números são verdadeiramente impressionantes: computados os votos dos 12 municípios mais importantes que as integram, a diferença negativa para o governador-candidato – e a quase correspondente positiva para o candidato do PT – foi de pouco menos de 40.000 votos! Quer dizer, quase metade da cifra final que representou a vitória/derrota de um e outro candidato! A mesma e nítida tendência, ainda que em níveis menos significativos, pode ser observada nos municípios de médio e grande porte da Região Noroeste e da fímbria das Missões. Enfim, resumindo e concluindo o raciocínio: *em comparação como o pleito de 1994*, a vitória do PT para o governo do Rio Grande do Sul em 1998 foi produto do grande contingente de votos obtidos em regiões do estado caracterizadas por uma economia decadente, com rentabilidade baixa, nula ou até negativa: a pecuária tradicional e a produção de soja em pequenas e médias propriedades. Os números são claros. E têm lógica: tais regiões, já então em situação de decadência crônica, foram brutalmente penalizadas com a sobrevalorização da moeda a partir da implantação do Plano Real em 1994.

Sem dúvida, o tema exigiria uma análise mais acurada e detalhada, aqui impossível. Contudo, a conclusão dificilmente pode ser contestada, em particular se levarmos em conta que em 1998 o governador-candidato – em comparação com 1994 – ampliou sua votação na capital, na Região Metropolitana e em algumas importantes cidades da Região Nordeste.

VII
A herança maldita

Logo ao assumir o governo em 1999, o PT deu início a uma intensa campanha de propaganda com o objetivo de convencer a opinião pública de que encontrara "um estado falido", por culpa, obviamente, do governo anterior. Quer fosse fruto de ingênua convicção – o que não é impossível, dada a ignorância e a inexperiência notórias da equipe do novo governo –, quer fosse tática consciente e/ou manobra diversionista, componentes naturais do jogo político, a verdade é que, na identificação do culpado, a afirmação era e é factualmente falsa. Da mesma forma que, se o governo do PT não tiver êxito em sanear as finanças do estado, falso será acusá-lo por isto. Por quê? Porque a questão não é pontual nem ideológica, embora possua forte componente ligada ao desastroso sistema político-administrativo brasileiro, como se verá. Para compreender a "situação falimentar" do Rio Grande do Sul – e da grande maioria dos estados e municípios do país e da própria União – é necessário responder, na forma sumária que este ensaio permite, às seguintes perguntas: Quando o problema tornou-se evidente? Quais suas origens? O que é possível fazer?

1 – O problema

O "estado falimentar" das finanças de estados e municípios tornou-se patente quando, após duas décadas de inflação elevada, a estabilidade da moeda foi alcançada, e de forma duradoura, pelo menos até agora. Por que isto ocorreu? *Porque a estabilidade monetária gerou a verdade fiscal, isto é, colocou a receita e a despesa frente a frente, sem o biombo perverso da inflação.* E então o desastre revelou-se à meridiana luz do dia: a receita era insuficiente para cobrir a despesa.

É simples, ainda que poucos tenham até agora se apercebido do problema, compreender a situação. Pois se considerarmos que de meados da década de 80 até meados da seguinte a inflação atingiu, num cálculo conservador, a média de 30% ao mês, conclui-se que a partir da estabilidade monetária a União, os estados e os municípios passaram a pagar, *em termos reais,* a seus funcionários dezessete e não treze salários anuais, pois um terço destes, ou seja, aproximadamente quatro, eram subtraídos dos contracheques via inflação, já que eram pagos sempre com um desconto médio mensal, ao longo dos anos, de 30%! Este valor, correspondente exato da inflação, ficava no caixa da União, dos estados e municípios rendendo juros e correção monetária! Ora, dirá alguém com alguma noção de economia, as pessoas, as famílias e as empresas também enfrentavam e enfrentaram depois a mesma situação. Exato! Apenas que elas tomaram medidas rápidas e drásticas para não ir à falência – e as que não as tomaram o foram. Pois foi justamente neste ponto, como se verá, que veio à tona a insolvência estrutural do setor público, por estar impedido de tomar tais medidas.

2 – As origens

Dissecar a fundo as causas da crise fiscal – ou "estado falimentar" – do Rio Grande do Sul exigiria análises técnicas alentadas, árduo trabalho e longo tempo de pelo menos alguns especialistas. Contudo, se deixarmos à parte o fenômeno da corrupção – dificilmente identificável e quantificável e geralmente com menor significação da que lhe é atribuída –, é possível apontar, em apanhado grosseiro, duas de suas causas estruturais básicas, a primeira genérica e a segunda específica.

Genericamente, o problema tem origem no caos geral e profundo provocado por cerca de duas décadas de inflação elevada, acopladas a um sistema político-administrativo desastroso. A inflação elevada e crônica, que desembocou em sucessivos planos e em outros tantos desastres econômicos, como também em sucessivas mudanças de moeda, destruiu todos os parâmetros e todas as craveiras de aferição da realidade e, portanto, a possibilidade de qualquer controle, fosse ele econômico, financeiro, legal ou social. Ninguém mais tinha noção exata do que era legal ou ilegal, de quanto valiam os produtos e os salários, de quem os pagava e de quem os merecia etc. Esta situação, que ao longo dos anos tornou-se estrutural, sobreposta a um sistema político-administrativo arcaico, confuso, nepotista, condescendente, patrimonialista e sem controle, produziu um desastre de proporções nunca antes vistas no setor público brasileiro, em todos os níveis, em todas as instâncias e em todos os poderes. Desastre, aliás, que é hoje o maior entrave à modernização do país, seja qual for o partido que estiver no poder, e que levará várias décadas para ser revertido. Se o for. No confuso e caótico sistema político-administrativo brasileiro – no qual a cada troca de governo centenas, milhares e possivelmente dezenas de milhares de cargos trocam de titular – e na alucinada dança de FGs, CCs, níveis, escalas, gratificações, incorporações, licenças, abonos, isonomia, irredutibilidade, apadrinhamentos, nepotismo, aposentadorias precoces, cedências, anuênios, triênios, quinquênios, direitos adquiridos e o diabo, o erário dos municípios, do estado e da União foi tomado de assalto por grupos ferozes de corporativistas e privilegiados que – por vias legais, paralegais, extralegais e até ilegais – fizeram seus salários subirem às nuvens, ao som e ao ritmo de uma inflação galopante e num contexto em que a possibilidade de controle social desaparecera. E foi assim que muitos funcionários públicos de todos os níveis, de todas as instâncias e de todos os poderes – e os das empresas estatais, evidentemente – passaram a receber salários e aposentadorias monstruosos, não raro duas, três, quatro e até mais vezes superiores aos maiores salários e aposentadorias do setor público dos países mais ricos do planeta. A estabilidade da moeda escancarou, diante de todos, este cenário de horror e este desastre. E a insolvência dos Executivos federal, estaduais e municipais. Mas havia mais!

Especificamente, a Constituição de 1998 está na origem do problema. Pois o que fizeram as pessoas, as famílias e as empresas para não ir à falência quando a inflação caiu abruptamente em 1994? Simplesmente cortaram gastos, realinharam e/ou reduziram salários, demitiram funcionários, negociaram com credores e fornecedores etc. O administrador público, porém, ficou de mãos amarradas, sem nada poder fazer, pois a pletora de direitos e privilégios concedidos pela Constituição de 1988 – potencializados pelas leis trabalhistas arcaicas – o impediram de tomar qualquer destas medidas. E foi obrigado a pagar daí em diante, como se viu, dezessete ao invés de treze salários por ano aos seus funcionários. Na verdade, a Constituição de 1998, com sua orgia de direitos, sem o correspondente estabelecimento de fontes de financiamento, pressupõe inflação crônica e elevada, sob pena de levar à insolvência a administração pública nas três instâncias e nos três poderes – ficando, como sempre, a bomba nas mãos dos Executivos.[36]

Promotor e defensor irredutível e irresponsável do corporativismo e de todos os privilegiados do setor público, o PT acabou provando o gosto de seu próprio veneno, no Espírito Santo, em Brasília e agora no Rio Grande do Sul. Mas é preciso ser justo: parcelas significativas do PMDB, do PSDB e até do PPB e do PFL – para nem falar do PDT e dos grupelhos da esquerda jurássica – foram tão irresponsáveis quanto o PT. Com a diferença de que, recorrendo às privatizações desde 1994, governadores e prefeitos de outros partidos puderam controlar momentaneamente a situação e/ou encaminhar a solução. Ideológica e programaticamente tal saída está vedada ao PT, pelo menos em princípio e por enquanto.

3 – O que é possível fazer?

O que fará o PT no governo do Rio Grande do Sul? É difícil prever, pois a situação, mais que complicada, é assustadora. Há evidente espaço para que, com uma gestão honesta e parcimoniosa dos recursos existentes – como é tradição do partido – e com afiado controle administrativo-financeiro, sejam reduzidas as despesas e aumentada a receita. Contudo, os números que revelam a "herança maldita" e o desastre anunciado há muitos anos são verdadeiramente estarrecedores. Eis alguns:

• A folha de pagamento consome mais de 80% do total da arrecadação.

---

[36] Montesquiu revirava-se na tumba, enlouquecido. Na Constituição de 1988, a autonomia do Judiciário foi entendida como autonomia administrativa e, portanto, financeira e salarial. Se já havia problemas, esta espantosa interpretação do princípio da separação dos três poderes simplesmente instaurou o caos.

- Cerca de 40% da folha representam despesas com inativos e pensionistas.

- Em torno de 2% dos contracheques absorvem pouco menos de 20% do total da folha de pagamento. E isto sem incluir o Judiciário! Se incluído, se chegará possivelmente a cifras inacreditáveis, espantosas: pouco mais de 2% dos contracheques consomem em torno de 20% do total da arrecadação do estado, que é a quarta economia da Federação, e em torno de 25% do total da folha!

- Cerca de 7.000 contracheques apresentam valores superiores aos percebidos pelo governador do estado e pelo presidente da Assembleia Legislativa. E certamente – os dados não foram divulgados – centenas, talvez até milhares deles devem ser duas, três ou mais vezes maiores!

- De acordo com fontes da Secretaria da Fazenda, mesmo sem qualquer aumento e sem admissão de novos funcionários, a folha de pagamento cresce, vegetativamente, entre 7% e 10% ao ano, como resultado de gratificações, acréscimos por tempo de serviço etc.

- 15% do total da arrecadação são consumidos com os juros e a amortização da dívida com a União, dívida, aliás, que vinha das décadas anteriores e que foi negociada em condições razoáveis pelo governo anterior. O problema, obviamente, é que seu montante é elevado.

Diante desta verdadeira "herança maldita", o que pode o governo do PT fazer? Privatizar o que resta – basicamente a CEEE estatal e o Banrisul – para ganhar tempo até colocar a casa em ordem? Demitir funcionários? Ambas são medidas impensáveis para o novo governo em virtude do programa do partido e das promessas de campanha. Reduzir e realinhar salários? Esta solução legalmente é inviável e parece que só o novo secretário da Fazenda não sabe disso... Criar o Imposto de Renda estadual (alíquota máxima de 5%) sobre salários, que a Constituição prevê? Politicamente é uma alternativa problemática e pode até ser fatal. Estabelecer o salário do governador e do presidente da Assembleia Legislativa como teto? Eis uma alternativa legal e politicamente viável, mas diante dela a reação dos atingidos será feroz e perigosa para o PT e para o próprio governo, ainda mais se levarmos em conta a) que no segundo turno das eleições de 1998 os altos escalões de toda a burocracia estadual apostaram em peso no candidato vitorioso e b) que a revolta pode ter graves consequências no Judiciário, que continua disposto a facilitar a vida do novo governo, desde que não ameaçado por medidas "exóticas".

A situação se configura, portanto, como realmente complicada. E não apenas em termos aritméticos. Politicamente também, pois é desagradável e pode até ser mortal provar do próprio veneno, ainda que talvez venha a ser inevitável. E seria interessante especular sobre o possível estado de ânimo de conhecidas figuras de corporativistas e demagogos que agora, depois que assumiram cargos, vêm pateticamente a público anunciar – com a profunda convicção de quem descobriu a pólvora no século XX – que a toda despesa prevista deve corresponder uma fonte de financiamento definida! Mas que fantástico! Quer dizer então que, diversamente do que afirmam corporativistas, demagogos e ignorantes irresponsáveis, os recursos não são fornecidos em quantidades ilimitadas e a custo zero por algum ser celestial infinitamente benevolente e possivelmente filiado ao PT, mas que, ao contrário, são pagos por prosaicos contribuintes e recolhidos por cobradores de impostos para sustentar todos os funcionários públicos, inclusive os escandalosamente privilegiados? Ah, é? Mas que argúcia genial! Mas que percepção espantosa! Neste ritmo, é bastante provável que até 2002 pelo menos a máquina a vapor venha a ser descoberta no Rio Grande do Sul. Mais especificamente, no Palácio Piratini, talvez no IPE ou em suas adjacências...

Deve-se, no entanto, reconhecer que só o PT tem as condições para, pelo menos, iniciar o processo de reordenação do caos em que se transformou a máquina pública estadual nas últimas décadas. Estas condições, nenhuma das quais o governo anterior possuía, são três: mandato popular (por coerência com o discurso de campanha); base legal (graças à reforma administrativa aprovada recentemente pelo Congresso, contra o voto do PT!); e as limitadas exigências salariais de seus próprios quadros (os integrantes da *nova classe* se satisfazem com salários parcos, que em sua visão de suburbanos *parvenus* são verdadeiras fortunas – e, faça-se justiça a eles, o são de fato se considerarmos os níveis de vida de pelo menos um terço da população brasileira).

Mas não será fácil, pois o governo enfrentará a fúria da estatocracia privilegiada, que, por apostar todas as suas fichas no partido, foi em parte responsável por sua vitória em 1998. Contudo, se o governo do PT tiver êxito nisto, prestará inestimável serviço ao estado, pondo fim ao descalabro administrativo e salarial, e obterá o respeito de importantes segmentos da opinião pública esclarecida. Principalmente daqueles que seus militantes qualificam de *neoliberais...*

VIII
O PT, a agricultura
e o arcaísmo agrário

O grande problema do PT é que quando alguém fala em *matriz produtiva* seus integrantes julgam tratar-se de uma paróquia do interior em que o partido fez grande votação... Esta não é apenas uma *tirada* maldosa. Pelo contrário e pelo visto nos capítulos anteriores, ela tem sólida base na realidade da natural ignorância e da óbvia inexperiência de um grupo que, de forma precoce, inesperada e rápida, foi guindado ao comando de um estado historicamente *sui generis*, economicamente diversificado, socialmente complexo e politicamente avançado. Contudo, no setor específico da questão agrícola/agrária, seria injusto e, mais, seria falso atribuir o monopólio desta ignorância ao PT e à *nova classe*. O oposto é o verdadeiro e raros, raríssimos, são os que possuem algum conhecimento adequado e sólido do assunto no Rio Grande do Sul. O que é facilmente compreensível por três razões básicas:

• A agricultura – aí compreendidos também o pastoreio, a silvicultura e todas as atividades que exigem solo e água para sua produção – é hoje uma ciência de extrema e crescente complexidade, envolvendo fatores técnicos, tecnológicos, geográficos, climáticos e ambientais em geral, históricos, econômicos, comerciais, sociais, culturais e até psicológicos. Assim sendo, mesmo indivíduos bem dotados e bem formados em uma ou duas destas áreas desconhecem ou conhecem mal as demais, daí resultando uma visão insuficiente e inadequada, quando não distorcida e equivocada. Se a isto for acrescentado o fator político, nunca ausente, direta ou indiretamente, em tal assunto, não é difícil compreender o desconhecimento generalizado e/ou a balbúrdia que caracteriza as discussões sobre o tema.

• A velocidade das mudanças que atingiram o setor em épocas recentes bem pode ser qualificada de espantosa, sem receio de cairmos no exagero retórico. Em menos de duas décadas, apenas para dar um exemplo singelo, algumas áreas da chamada *agricultura colonial* do Rio Grande do Sul foram atingidas por transformações que na Europa ocorreram em quatro ou cinco séculos e nos Estados

Unidos em cerca de um. Nestas áreas, em alguns poucos anos, foram subvertidos e devastados não apenas o solo e a economia mas também as mentes e os corações de indivíduos, famílias e comunidades, lançados intempestivamente no torvelinho alucinado da comunicação instantânea e da subcultura alienígena e vulgar que a caracteriza.

• A ampla diversidade e a extrema heterogeneidade das atividades agrícolas – sempre em sentido amplo – existentes e/ou possíveis no Rio Grande do Sul são, paradoxalmente, o terceiro fator que dificulta a perspectiva, a análise e a compreensão adequada da questão. Pois se a diversidade e a heterogeneidade, tanto efetivas quanto potenciais, fazem do Rio Grande do Sul uma das áreas mais privilegiadas e mais ricas do planeta, inversamente, dados os limitados recursos humanos disponíveis, a transformam em setor problemático, não compreendido, mal gerido e confuso. Para ter uma visão ampla, ainda que rápida e sucinta, do cenário agrícola/agrário do Rio Grande do Sul, torna-se imprescindível debruçar-se sobre, pelo menos, cinco itens fundamentais: as mudanças recentes, a situação atual, a visão do PT, as ações possíveis e o MST e a questão agrária/fundiária. Consciente e convicto de que o tema exigiria, no mínimo, o espaço de uma obra de médio a grande porte e o concurso de especialistas de várias áreas – obra infelizmente não escrita até agora –, discorrerei brevemente e *à vol d'oiseau* sobre cada um desses itens.

1 – As mudanças recentes

A partir de meados da década de 60, as atividades agrícolas no Rio Grande do Sul sofreram violenta e quase instantânea transformação, alterando, literalmente, a face visível do estado, que se apresentava até então – com a única exceção da produção de arroz, já relativamente tecnificada – o predomínio praticamente absoluto de dois grandes setores, caracterizados por atividades e métodos milenares: o pastoreio extensivo de bovinos e ovinos (carne e lã) e a agricultura colonial, preponderantemente de subsistência e a tração animal (arado de bois e cavalos), dedicada a alguns produtos básicos e à sua transformação (milho/farinha, trigo/farinha, uva/vinho, porco/banha, feijão etc.).

E então, sustentados em abundante financiamento a juros baixos, quando não negativos, e pela abrupta e brutal mudança de patamar tecnológico representada por tratores, automotrizes e insumos modernos, a soja e o trigo cultivados em larga escala invadiram o solo sul-rio-grandense e avançaram avassaladoramente sobre as áreas de pastoreio e da agricultura colonial, devastando e subvertendo em anos ou meses, até onde as condições topográficas o permitiam, estruturas produtivas e formações sociais seculares e criando repentino e monstruoso fosso entre o passado e o futuro do Rio Grande do Sul. Foi um processo rápido, violento e traumático, que só pode ser adequadamente compreendido se inserido no cenário desenhado e montado pelo napoleonismo militar pós-68: industrialização forçada e inserção do país, a qualquer custo, no macrossistema produtivo e mercantil internacional sob hegemonia norte-americana.

E quando, por volta de meados da década de 80, os financiamentos minguaram ou desapareceram, o solo fora devastado e as máquinas estavam desgastadas, foi possível perceber a dimensão do desastre: o campo ficara quase deserto, as cidades haviam inchado velozmente, a favelização crescera a níveis inauditos, as propriedades haviam aumentado de tamanho e se reduzido drasticamente em número e a miséria econômica e social, a desagregação pessoal e familiar e a criminalidade crescente deixavam as periferias urbanas e alcançavam até o que restara da antiga sociedade rural sul-rio-grandense. As mudanças ocorridas em poucos anos tinham deixado atrás de si um cenário desolado e assustador, que continua até hoje, com a diferença de que as pessoas foram pouco a pouco se habituando à miséria, à violência e ao caos, nem mesmo lembrando mais os tempos – não idílicos mas reais – em que, uma ou duas décadas antes, as portas ficavam abertas à noite e os roubos forneciam assunto por anos nas comunidades interioranas, tão raros o eram.

2 – A situação atual

Este é o Rio Grande do Sul atual, que deu a vitória ao PT, e é de surpreender que por margem tão estreita. Margem estreita, aliás, graças à votação obtida pela coligação PMDB/PPB na Serra do Nordeste, moderna e desenvolvida, não por acaso a região que, devido às suas características topográficas – que impedem ou dificultam a mecanização intensa e a reconcentração fundiária –, sobreviveu quase incólume ao terremoto devastador dos anos 60/70. Mas, restringindo-me ao tema proposto, é necessário perguntar: qual é atualmente a situação agrícola/agrária do Rio Grande do Sul? Esta situação pode ser descrita a partir da análise das condições genéricas e específicas do setor.

• Condições genéricas são as decorrentes de fenômenos e/ou tendências que atuaram em passado recente e atuam no presente sobre as atividades agrícolas/agrárias no Rio Grande do Sul, no Brasil e no mundo inteiro. Entre estas condições genéricas, algumas podem ser listadas como principais e decisivas.

– Tendência irreversível ao abandono do campo pela população ainda aí residente. Fenômeno universal, a redução da população rural/camponesa é uma componente explosiva da realidade socioeconômica dos países do Terceiro Mundo, pois a concentração populacional nas áreas urbanas e a permanência, pelo menos por uma ou duas gerações, de taxas elevadas de natalidade e de crescimento demográfico formam o conhecido cenário de desemprego, pobreza, miséria, desagregação, violência e criminalidade. Não há nem alternativa visível nem reversão possível a curto prazo, e os índices demográficos são claros: nos países industrializados ou em vias de industrializar-se, a população rural camponesa tende a cair rápida e drasticamente a níveis baixíssimos (entre 10% e 2,5%). O conceito de *idiotia rural* (Marx) parece ter-se universalizado e contaminado irreversivelmente a população do planeta, independente de seu nível econômico, de sua posição social e de suas características culturais. Mais do que nunca, as luzes da cidade atraem irresistivelmente as novas gerações, não importa se filhas de latifundiários, granjeiros, colonos ou boias-frias. Mais do que nunca, permanecer e trabalhar no campo tornou-se para as novas gerações símbolo de desprestígio social e de atraso cultural. O fenômeno suscita a impressão de uma revanche histórica das civilizações agrárias/camponesas, milenarmente exploradas pelas civilizações urbanas, desde que estas nasceram. Pois agora o campo está ficando deserto e a civilização urbana abarca tudo e a todos. As cidades já não podem mais explorar o campo. Ele está extinto, ou em vias de extinguir-se!

– Tecnificação crescente e célere de todas as atividades agrícolas, em todos os setores e em todos os níveis, com suas óbvias decorrências: menor necessidade de mão-de-obra, maior necessidade de capital e aumento dos custos, fatores que, combinados, permitem e impõem a expansão da escala de produção – isto é, produzir mais para, mesmo com margem de lucro menor por unidade produzida, poder lucrar mais em termos absolutos.

– A transformação da terra – como extensão de solo – em fator secundário de produção *em todas as atividades agrícolas*, e em algumas em nível impensável há apenas alguns anos. O conhecimento científico e os recursos da tecnologia avançada tornaram-se fatores decisivos para a produção agrícola, que marcha, inexoravelmente, para tornar-se atividade industrial.

– Completa inviabilização da pequena e da média propriedade em atividades em que a escala do solo continua fundamental: leguminosas, oleaginosas e gramíneas (soja, girassol, trigo, milho, arroz etc.) e pecuária de corte, pelo menos a de bovinos. Segundo anteriormente foi visto, a tecnologia disponível e o consequente aumento dos custos de produção permitem e impõem a ampliação da área cultivada. Nos setores referidos, por exemplo, as atividades agrícolas tornam-se economicamente inviáveis (isto é, dão prejuízo e não lucro) em áreas inferiores a várias centenas ou milhares de hectares.

– Crescimento inevitável do número de micro e pequenas propriedades altamente tecnificadas, geralmente, mas não necessariamente, integradas diretamente a unidades industriais de transformação e comercialização (casos típicos: frangos, leite, uva, suínos, frutas variadas etc.).

– Decadência e/ou miserabilização e desaparecimento das propriedades familiares não-tecnificadas, independente do tamanho que possuam e do setor em que operem.

• As principais condições específicas das atividades agrícolas do Rio Grande do Sul atual revelam a presença de fortes traços herdados de seu passado, marcado pela pecuária extensiva e pela agricultura colonial, mas indicam também uma rápida, ainda que desordenada e quase caótica, adaptação às condições genéricas do setor no país e no mundo. Grosseiramente, pode-se afirmar que o cenário apresenta algumas características marcantes.

– Forte e numericamente significativa presença de um empresariado rural de médio e grande porte com perfil moderno, inclusive gerencialmente, altamente tecnificado, relativamente capitalizado e capaz de produzir grãos (soja, arroz, milho, trigo etc.) em escala e com produtividade que permitem competir em nível mundial. A maior concentração deste empresariado rural moderno está no Planalto, no Planalto Médio, na Depressão Central e nas Missões, além de núcleos importantes nas Fronteiras Sudoeste e Sul. Este setor tem buscado nos últimos anos integrar a pecuária em suas atividades como forma de aumentar a rentabilidade dos empreendimentos. No entanto – basicamente pelo pisoteio e pela consequente compactação do solo –, esta alternativa mostra-se problemática em propriedades de menor porte, acidentadas e/ou que adotem a técnica do *plantio direto* (sem aração prévia).

– Extensas e numerosas áreas dedicadas ainda à pecuária tradicional e decadente, em propriedades pequenas, médias e grandes, com solo exaurido e/ou acidentado e pouco profundo (pedregoso, como é o caso de grande parte da Serra do Sudeste). Não tecnificadas, descapitalizadas e sem perspectivas, estas áreas vegetam agonicamente, parecendo possuir hoje a única função – além daquela de manter a duras penas seus proprietários e familiares, geralmente ausentes nas propriedades de maior porte – de gerar prolificamente gaiteiros e cantadores dedicados à tarefa de guardar a memória e excitar a nostalgia de um Rio Grande do Sul que em poucas décadas submergiu na noite da História e que se perpetua, idealizado e vivo, na obra de Teixeirinha, dos irmãos Bertussi, de Gildo de Freitas, dos irmãos Fagundes e suas malas, dos nativistas, dos adeptos da *gauxé music* e de toda a recente, variegada e incontável fauna de exóticas figuras que sob o metafórico capim santa-fé de sua infância entoam, com maior ou menor arte, sentidos lamentos ante os destroços deixados pela velocidade de um tempo que os pialou, desarvorados e acabrunhados, no contra-pé da vida, sem cincha, sem barrigueira e sem rabicho... Não por nada terra natal dos fundadores e promotores do MTG e dos CTGs, estas áreas – cujo futuro é incerto e sobre as quais o MST lança, ou lançou no passado, seu olhar guloso – situam-se nas periferias da Depressão Central, na Serra do Sudeste, no Litoral e nas fímbrias das Fronteiras Sudoeste e Sul, dos Campos de Cima da Serra e das Missões.

– Número reduzido, porém marcante, de famílias e empresas dedicadas à pecuária moderna e tecnificada, que, dando continuidade à tradição dos raros desbravadores do século XIX (Assis Brasil e outros), baseiam suas atividades sobre o tripé clássico que lhes dá sustentação: genética, alimentação e manejo. Exigindo, pelo menos em parte, solos profundos e planos – pois presupõe a aração para cultivo de gramíneas no inverno – e relativamente férteis ou fertilizados, estas unidades de produção, quando bem gerenciadas, são ilhas de eficiência, produtividade e lucro, mas exigem certa disponibilidade de capital e áreas de média a grande extensão. Situam-se preponderantemente nas Fronteiras Sudoeste e Sul, mas com alguma presença na Depressão Central e no Planalto Médio.

– Extenso e desolador cenário de decadência, devastação e miséria em dezenas de milhares de pequenas e médias propriedades situadas nas Regiões Noroeste, Norte, Alto Uruguai, Missões e até Planalto, propriedades para as quais a cultura da soja transformou-se de milagroso maná nas décadas de 60/70 em devastadora praga bíblica nas de 80/90. Esgotado o solo – o Banco do Brasil financiava então o desmatamento até em encostas íngremes e nas margens dos rios! – e seca a fonte de dinheiro abundante a juros baixos ou negativos, desgastadas as máquinas, arrasado o que restara de matas e capões, postos abaixo os últimos pés de erva-mate nativa e arrancadas até, com fúria ímpia, as enegrecidas lápides dos velhos cemitérios de campanha, estas regiões, sem passado e sem futuro, sem lideranças e sem perspectivas, mergulharam rapidamente na voragem da pobreza sem retorno, da desagregação familiar e social, no abandono completo, na favelização irreversível e na criminalidade crescente das periferias urbanas. E os que ficaram no campo insistem – como se sobre eles pesasse a negra maldição de uma divindade ultrajada – em plantar soja, encarapitados em suas velhas geringonças sobre o solo calcinado e tórrido, quais estranhos caranguejos pré-históricos prontos a desabar na próxima volta em meio ao fragor de ferro corroído pelo tempo. E assim desperdiçam os minguados tostões obtidos com seus parcos litros de leite e seus esquálidos terneiros em uma atividade inviável que a cada ano faz crescer seu prejuízo, sua dívida e sua pobreza. E em sua ignorância alimentada pelos demagogos que lhes falam no *écran* de suas tevês preto-e-branco e nas tristes capelas cobertas de brasilite em que ressoa o duro sotaque de jovens padres – coitados! – fascinados pela impenetrável gororoba populista da "teologia da libertação", culpam o governo, os bancos e os ricos. E diante de suas casas a ruir apodrecidas pelo tempo sorvem seu mate, não raro requentado, à espera de um milagre divino, ou de um cineasta ou romancista que conte suas histórias de Jecas pós-modernos, que têm nome imigrante, acompanham a cotação do *bushel* da soja na Bolsa de Chicago e conhecem pelo nome as coristas do Gugu e do Programa H... E votam no PT...

O cenário atual dessas regiões as aproxima daquelas da pecuária tradicional decadente. Mas com uma diferença: enquanto nestas seriam necessários considerável capital e longos anos para tirá-las da estagnação, o cinturão de miséria da soja pode transformar-se em pouco tempo e com baixo investimento em zona de prosperidade pela ação de lideranças esclarecidas amparadas em vontade política, conhecimento técnico e imediata reconversão das atividades produtivas. Malfadadamente, lideranças esclarecidas com vontade política é a mercadoria mais rara hoje nestas regiões.

– Núcleos modernos e dinâmicos de unidades produtivas integradas diretamente a unidades industriais de transformação e comercialização (frangos, uva, leite, suínos, fumo etc.). Atividade típica de pequenas propriedades que a topografia protegeu da maldição da soja e que os avanços técnicos permitiram tornar produtivas e rentáveis, esta integração ocorreu predominantemente na Serra do Nordeste e adjacências, formando uma paisagem ideal com a qual o viés arcaico e messiânico do PT e da *nova classe* sonha romanticamente, ainda que – como é óbvio – não a entendam tecnicamente e sejam por ela rejeitados politicamente.

– Núcleos avançados e tecnificados – por ora limitados em número e produção – de fruticultura variada, nos quais sobressaem cítricos em geral, maçã, uva, morango, pêssego, ameixa, melão, kiwi etc. Junto com a horticultura, a olericultura, a floricultura e a produção tradicional de mandioca (aipim), batata inglesa, batata-doce, milho verde etc., a fruticultura vem se impondo em micro-, mini-, pequenas e até médias propriedades (é o caso da maçã), evoluindo rapidamente com o uso de técnicas, insumos e manejo modernos. Típicas de regiões próximas da capital, de outras grandes concentrações urbanas e das encostas e dos vales da Serra do Nordeste – mas já alcançando o Alto Uruguai e até a Fronteira e as Missões –, estas atividades têm possibilitado a preservação e a modernização de velhas unidades produtivas da agricultura familiar, de origem colonial-imigrante ou não, graças à geração de razoável excedente destinado à comercialização, com benéficos e amplos efeitos sociais para regiões caracterizadas antes por uma agricultura decadente e tendendo à extinção.

– Revitalização, modernização ou implantação de pequenas unidades de produção, familiares ou semi-familiares, capazes de agregar alto valor ao seu produto ou serviço, com destaque recente para as pequenas cantinas e para a hotelaria da Serra do Nordeste, sem esquecer a piscicultura, a fungicultura, a produção de carnes exóticas, de cachaça e de embutidos variados, além de doces, derivados do leite e utensílios diversos. Com características quase sempre artesanais e portanto em escala reduzida, estas atividades se desenvolvem, como as anteriores, em micro-, mini- e pequenas propriedades, via de regra em regiões próximas dos grande centros consumidores ou em regiões afastadas nas quais a lenta ou nula introdução dos modernos métodos de cultivo e produção colaborou, junto com a topografia e a não-disponibilidade de capital, para mantê-las vivas.

3 – A visão do PT

Supondo, indulgentemente, que o PT e a *nova classe* tenham alguma visão coerente – além daquela de usar politicamente os sem-terra – sobre os problemas agrícolas/agrários do Rio Grande do Sul, pode-se afirmar de saída, sem medo de errar, que ela é arcaica, nostálgica, voluntarista, ingênua e desinformada.

• Arcaica

A visão do PT e da *nova classe* sobre o tema é arcaica ideológica, histórica e tecnicamente.

– Ideologicamente, o arcaísmo desta visão só pode ser percebido ser for levado a sério seu projeto de implantar no estado um modelo econômico socialista de perfil soviético-cubano. Pois segundo este projeto, delirante ou não, nos próximos anos as atividades rurais no estado seriam desenvolvidas em *sovkhozes* (fazendas coletivas estatais) e *kolkhozes* (fazendas coletivas de trabalhadores cooperativados), supervisionados por comissários políticos da *nova classe,* possivelmente com predomínio do grupo jurássico-estalinista que controla o Piratini sobre o grupo jacobino-ilustrado dos *lights* – que purga longe do poder depois do *grande expurgo branco* –, fazendo assim renascer, nos pampas irredentes e na virada do milênio, os velhos ideais marxista-leninistas, agora encarnados no *homo novus gauderius...*

– Historicamente, esta visão é duplamente arcaica. O PT e a *nova classe* pensam as atividades rurais do estado segundo parâmetros de uma época em que, em primeiro lugar, *terra* era sinônimo de riqueza econômica e poder político. E era também, em segundo e por decorrência, a espinha dorsal da estrutura econômica sul-rio-grandense. Os integrantes da *nova classe,* em particular os da linha jurássico-estalinista, precisam urgentemente ser informados de que este Rio Grande do Sul deixou de existir há seis ou sete décadas. À época, Leonel de Moura Brizola, que representaria a suma modernidade em meados do século, fazia pouco deixara de usar fraldas...

– Tecnicamente, esta visão, por provir da era pré-industrial e pré-mecanização/tecnificação das lavouras, é também, duplamente arcaica. Em primeiro lugar, a terra não é mais, isoladamente, fator fundamental de produção, pois ela já pouco ou nada significa sem o concurso das técnicas e tecnologias desenvolvidas e implantadas nas últimas três ou quatro décadas. Mesmo na pecuária de corte e na produção de grãos, atividades em que a terra, como extensão de solo, continua sendo fator fundamental de produção, mesmo aí ela será improdutiva e inútil na ausência dos demais fatores. Em segundo lugar, os patamares técnicos/tecnológicos em que atualmente se desenvolvem as atividades agrícolas no Rio Grande do Sul alteraram radicalmente a natureza e o perfil de algumas delas. Segundo foi visto, é hoje inviável cultivar e produzir com rentabilidade oleaginosas e leguminosas (soja, girassol etc.) e gramíneas (arroz, milho, trigo etc.) sobre pequenas extensões de terra e/ou sem grande aporte de tecnologia (máquinas, implementos, insumos e conhecimento técnico) e, portanto, de capital. Em outras palavras, não é mais possível hoje, em virtude dos custos, produzir grãos em geral – com a única exceção, por enquanto, do feijão preto e assemelhados – com rentabilidade em áreas inferiores a várias centenas e até milhares de hectares. Estas são culturas específicas em que a escala – ou seja, o tamanho – é fundamental. Um exemplo servirá para esclarecer melhor a questão. Há 40 ou 50 anos era altamente rentável produzir milho e soja, por exemplo, em dois ou três hectares. Por quê? Porque todo o trabalho (aração, capina, colheita e debulha) era, como há milênios, feito manualmente pelas pessoas, com a ajuda de implementos a tração animal. Por isso o custo de produção era baixíssimo e a margem de lucro era altíssima por unidade produzida. Plantados, colhidos e debulhados assim, digamos, 100 sacas de milho ou soja representavam uma verdadeira fortuna e é bem possível que a margem de lucro, a preços e a valores de hoje, alcançasse, pelo menos no caso da soja, mais de R$ 10,00 por saca! Principalmente se levarmos em conta que quem produzia estas 100 sacas não tinha geladeira, não gastava com luz elétrica, não consumia combustível, não comprava comida no supermercado e usava tamancos, quando usava, e roupas remendadas... "Ora – dirá um integrante da *nova classe* –, pois este é o nosso projeto! Também hoje R$ 1.000,00 obtidos sobre dois ou três hectares em quatro ou cinco meses são uma fortuna!" É verdade, mas apenas em termos monetários abstratos. Pois o problema é que este é um exemplo romântico, válido apenas no passado, como romântica e ultrapassada é a visão que o PT e a *nova classe* têm da agricultura, a não ser, é claro, que os integrantes do grupo jurássico-estalinista do Piratini e os jacobino-ilustrados da Secretaria de Cultura se disponham a pôr em prática sua teoria e a plantar soja e milho nas condições em que eu o fazia há 40/50 anos atrás. Neste caso, se for para o bem coletivo, aceito até ser comissário do povo para a agricultura em Catuípe e prometo tratar a todos de forma ideologicamente adequada e politicamente correta. Ou seja, se necessário se fizer, manejando com destreza o bom e velho *knut* russo contra folgados, dissidentes e rebeldes...

• *Nostálgica, voluntarista e ingênua*

A visão que o PT e a *nova classe* possuem das atividades agrícolas/agrárias do Rio Grande do Sul é nostálgica, voluntarista e ingênua, tanto sociológica quanto culturalmente. O que é compreensível, já que boa parte dos seus integrantes, com ou sem suas famílias, são emigrados recentes de áreas rurais. Sociologicamente impregnados da visão de mundo em que se formaram, idealizam o campo como um paraíso perdido, destruído pela modernização e pela mecanização, mas que pode ser reconquistado pela imaginação e pela ação políticas. Este é um fator importante que, ao lado da forte influência dos esquemas mentais da esquerda jurássica marxista-leninista, permite compreender a grande componente de arcaísmo e messianismo que caracterizam a ideologia do PT e da *nova classe*. Seus integrantes, bloqueados pelo luto da perda recente e intempestiva de seu mundo, negam-se a admitir que as gerações mais novas não mais querem lavrar a terra com bois e cavalos, plantar soja e milho manualmente, colhê-los a facão e foicinha e debulhá-los a mangual, nas velhas maquinetas manuais ou – grande progresso meio século atrás – nas primitivas trilhadeiras movidas a motores estacionários fabricados na Inglaterra e nos Estados Unidos. Este mundo acabou! Talvez infelizmente, mas acabou! Um emprego de R$ 150,00 na fábrica de calçados de uma cidade qualquer do Vale do Sinos ou do Paranhana é bem melhor!

Culturalmente também, portanto, esta visão é nostálgica, voluntarista e ingênua. Ninguém mais quer dedicar-se às atividades agrícolas, sinônimo de trabalho pesado, de atraso e de ignorância. Não o querem nem mesmo os filhos de pequenos e médios proprietários relativamente tecnificados e razoavelmente bem situados. Civilizatoriamente, a cidade sempre fascinou, como a fatal Circe da lenda, o camponês sofrido e incauto e a mocinha ambiciosa e ingênua, sempre foi o supremo ideal e, não raro, o mortal sumidouro das ilusões juvenis. E continua sendo hoje, mas em escala e em intensidade jamais antes imaginadas. Nas condições econômicas e sociais do Brasil – e do Terceiro Mundo em geral – o fenômeno é uma verdadeira catástrofe, que nas últimas décadas adquiriu velocidade espantosa, deixando o campo praticamente deserto. E não será, infelizmente não será, a visão nostálgica, voluntarista e ingênua de um mundo rural mítico e idílico que fará despovoarem-se as periferias miseráveis das grandes concentrações urbanas. Aliás, o deslocamento e a transformação dos movimentos dos sem-terra para os dos sem-teto são clara indicação da irreversibilidade do processo.

• *Desinformada*

Diante do cenário descrito, seria insanidade explícita opor-se à preservação, ao fomento e à implantação, por todos os meios e por todas as formas possíveis, de pequenas e médias propriedades no Rio Grande do Sul e no Brasil, segundo anunciam os programas e os governos do PT. O problema é que, como se não bastassem as condições adversas antes descritas, a análise e as propostas que o partido e seus integrantes fazem publicamente revelam profunda e crônica desinformação sobre os aspectos econômicos e técnicos que envolvem a questão. Na impossibilidade de analisar exaustivamente o problema, serão apenas sumariamente referidos e comentados alguns itens fundamentais.

– Determinadas atividades agrícolas, segundo já foi visto, são economicamente inviáveis em propriedades pequenas e médias. Devido à estrutura atual de custos, tais atividades, se praticadas sobre propriedades de extensão reduzida, geram prejuízo e não lucro.

– As pequenas e médias propriedades manejadas corretamente podem permitir a confortável sobrevivência de uma família – e, pelo acima visto, é desejável, importante e fundamental que o façam. Contudo geram reduzido ou nenhum excedente econômico (sobras para comercializar) quando pouco tecnificadas e/ou voltadas a atividades tradicionais, próprias da agricultura de subsistência e/ou de unidades familiares de produção. Em outras palavras, geram pouca riqueza e, quando a geram, o fazem a um custo elevado, o que não interessa para uma sociedade com altos índices de urbanização. Em termos bem simples: para as autoridades e para mais de 80% da população do Rio Grande do Sul não interessa que uma família de Catuípe ou Bossoroca produza dez galinhas em um mês e venda cinco delas na sede do município a R$ 2,00 por unidade e com um lucro, também por unidade, de R$ 1,00. Interessa é que ela produza 5.000 frangos a um custo que lhe permita vendê-los a R$ 1,00 por unidade e possa, mesmo com um lucro de apenas R$ 0,10 por unidade, manter-se e manter sua produção mensal, que abastecerá os supermercados da região e lhe renderá R$ 500,00 de lucro líquido no mesmo período. E não R$ 5,00 apenas, como no caso das cinco galinhas. "Antigamente não era assim", dirá, num pouco frequente lampejo de inteligência, um integrante da *nova classe*. Claro que não! E daí? Nestes casos, é difícil saber se a visão arcaica, nostálgica, voluntarista e ingênua da realidade econômica resulta da desinformação ou esta daquela.

– As pequenas e médias propriedades rurais são, portanto, economicamente importantes para sociedades com alto índice de urbanização apenas no caso de gerarem grandes excedentes de produção a um custo baixo (é o caso referido do aviário) ou se puderem agregar alto valor ao produto, isto é, se a diferença entre o custo total de produção e o preço final por unidade vendida for elevada. Este é o caso de algumas atividades específicas, como a produção artesanal e semiartesanal de mercadorias de qualidade diferenciada (vinhos, carnes exóticas, conservas, mel, embutidos etc.).

– A manutenção, o fomento e a implantação de unidades agrícolas familiares de pequeno e médio porte dedicadas a atividades tradicionais – grãos, por exemplo – é desejável e aconselhável mesmo quando sua rentabilidade for baixa ou até negativa. Por isso, tais atividades, nos países desenvolvidos, são em grande parte bancadas pela sociedade – por interesse social e/ou estratégico – via incentivos e financiamentos em condições altamente favorecidas. E de onde vêm estes recursos? Obviamente, dos impostos pagos pelos setores avançados e modernos da economia. Mais uma vez, em termos bem simples: por gerarem alguns empregos e por produzirem alimentos básicos, pequenas e médias propriedades agrícolas podem e devem ser mantidas, mesmo quando produzem pouco e a um custo alto. Contudo, o preço de tal decisão é pago pela sociedade como um todo, porque é esta que paga os impostos. O que o PT e a *nova classe* ainda não têm condições de entender, por desconhecerem o assunto, é que a manutenção, o fomento e a implantação de pequenas e médias propriedades rurais dedicadas a atividades tradicionais só será possível se o Tesouro – que é o caixa da sociedade – for abastecido com os impostos gerados pelos setores de ponta da economia: indústria de automóveis, laminadoras de aço, siderúrgicas etc. Esta não é uma questão ideológica ou de opção. É uma questão de aritmética e de necessidade. Por isso, foi estarrecedor ouvir um integrante da *nova classe* afirmar, com a ingenuidade espantosa da ignorância, que "em princípio todas as empresas são suspeitas". Mas, afinal, quem paga os salários de todos os funcionários públicos, dos professores, dos médicos e inclusive do governador, do vice-governador, dos secretários etc.? E quem tornará possível financiar projetos de apoio à pequena e média propriedade rural? Não são por acaso os contribuintes e, entre estes, preponderantemente as empresas? E entre estas não são as grandes empresas as que mais contribuem para abastecer o Tesouro?

Diante de semelhantes afirmações, a alternativa é dramática: ou, estarrecidos e estupefatos, exclamamos, como Joseph Conrad, em *O coração da trevas*: "O horror! O horror!"; ou, melancólicos e conformados, constatamos, como o Barão de Itararé: "Este é o estado a que chegamos!"

4 – A ação possível

Considerando que as migrações para outros estados, a inércia das instituições, o passar do tempo, as inovações tecnológicas e as mudanças socioculturais do último meio século resolveram definitivamente o problema agrário/fundiário (v. abaixo) no Rio Grande do Sul, torna-se evidente que o único ainda a existir é o agrícola, o qual, sob alguns aspectos é amplo, complexo e grave, devendo ser enfrentado de forma adequada e urgente. Seria muita pretensão alguém acreditar poder oferecer soluções mágicas para uma questão que pressupõe análise competente, criteriosa, profunda e multifacetada de todas as partes envolvidas e que exige a elaboração e a execução de projetos de curto, médio e longo prazo sustentados por – além de consideráveis recursos financeiros e humanos – uma vontade política que tenha coerência e continuidade, não se alterando ao sabor das mudanças políticas e das idiossincrasias pessoais.

Ainda que o cenário hoje se apresente como desanimador – e, por enquanto, não por culpa do PT e da *nova classe* –, talvez não seja de todo inútil, pelo menos como subsídio à discussão, indicar algumas linhas de ação possível.

• *Paz no campo*

Os proprietários rurais que produzem com um mínimo de eficiência, seja qual for a extensão de suas propriedades e o ramo a que se dedicam, devem ser deixados em paz, sem serem perturbados pela ação irresponsável, demagógica e deletéria de governos, partidos e organizações cuja ação visa apenas a objetivos políticos, estranhos à questão específica da produção e das atividades rurais. A paz é a condição básica e suficiente para que fazendeiros, granjeiros e todos os demais proprietários rurais razoavelmente tecnificados e modernizados produzam com eficiência, tenham boas condições de vida e obtenham adequada rentabilidade, cumprindo assim sua função social, que é a de produzir alimentos e de sobreviver de sua atividade.

• *Operações de reconversão e modernização*

As atividades rurais decadentes e as extensas áreas por elas ocupadas estão a exigir ações de envergadura, imaginação política e capacidade técnica para que possam ser reconvertidas, reorientadas e tornadas eficientes a um custo baixo, quando possível. Em alguns setores isto é viável, ainda que difícil, pois são necessárias vontade política, competência técnica e ação integrada e simultânea de instituições, órgãos e instâncias diversos (Ministério e Secretaria da Agricultura, Prefeitura, EMATER, Cooperativas etc.), quase sempre tropeçando em limitação intelectual, idiossincrasias pessoais e interesses políticos conflitantes. Mas, de qualquer forma, não é admissível que na virada do milênio pequenos proprietários continuem, no Rio Grande do Sul, plantando soja em 10/15 hectares de terra, não tenham um galpão barato para abrigar suas vacas de leite nos longos meses de inverno e nem recebam assistência contínua e gratuita de técnicos e agrônomos das Prefeituras.

• Ações de sustentação, fomento e financiamento.

As propriedades rurais dedicadas a atividades rentáveis, independente do tamanho, do setor e de suas características específicas – integradas ou não a indústrias de transformação e comercialização –, exigem, para terem rentabilidade e continuidade, ações de sustentação, fomento e eventualmente financiamento. As ações de sustentação e fomento se caracterizam por recuperação e implantação de estradas, abertura e ampliação de mercados (turismo e ecoturismo, por exemplo), assistência (Secretaria da Agricultura, EMATER e Prefeituras), incentivo ao associativismo e à ação comunitária entre produtores etc. Quanto ao financiamento a juros aceitáveis, o problema não é o montante necessário, geralmente baixo, mas sua aplicação adequada. É um crime, por exemplo, financiar vacas leiteiras de alta linhagem e lançá-las em potreiros miseráveis e ao sabor das intempéries. Como não foram destinadas a viver sob tais condições mas em boas pastagens e, pelo menos no inverno, em estábulos cobertos, o resultado é que sua produção se reduza e até morram. E o pobre Jeca pós-moderno, de sobrenome imigrante, lá fica pagando financiamento... Como é um crime também que pequenos proprietários, mais por ignorância que por irresponsabilidade, cortem suas últimas e raquíticas árvores junto às fontes d'água porque a Prefeitura não os impede – e porque não os obrigou a plantar pelo menos uma centena de pés de eucaliptos para lenha de fogão.

• A educação imprescindível

A educação básica e a informação adequada é, com raras exceções, o produto mais em falta nos campos e nas lavouras do Rio Grande do Sul, o que – dado o patamar técnico/tecnológico em que se desenvolvem atualmente as atividades agrícolas – representa um grande desastre e forma um cenário desanimador, pois os avanços no setor demandam persistência e tempo. O mais desolador, porém, depois do que foi aqui analisado, é que a única réstia de esperança a raiar no horizonte do futuro dos campos sul-rio-grandenses é a mítica infusão do Espírito Santo nas necessitadas mentes da *nova classe*, num ardente pentecostes gaudério, *democrático e popular*, que possa indicar a seus integrantes, literalmente, o caminho da roça e a salvação da lavoura... Por ora, eles parecem mais preocupados em manter sob controle o MST e os sindicatos apelegados. Com razão, já que houve troca de guarda no Piratini. Mas, quem sabe, quem sabe, a esperança talvez seja mais que fumo vão, pois o Espírito sopra onde quer...

5 – O MST e a questão agrária/fundiária

O Movimento dos Trabalhadores Sem-Terra (MST) – hoje transformado, segundo fontes fidedignas, em organização paramilitar –, sua origem, sua ideologia, seus métodos de ação, suas fontes de financiamento e seus objetivos reais são temas à espera de um estudo criterioso, que até agora nem mesmo foi tentado. Pelo menos com a imparcialidade possível e o rigor necessário. No limitado âmbito deste ensaio cabem apenas algumas observações.

• Pressuposto que os termos *agrário/fundiário* digam respeito a questões que envolvem ocupação, posse, propriedade e arrendamento do solo e a direitos sobre o uso produtivo do mesmo e pressuposto também o respeito à ordem legal vigente, a primeira constatação é que no Rio Grande do Sul, e já há muito tempo, não existe questão agrária/fundiária (e se, pontual e eventualmente, existir ou vier a existir, sua solução será obrigatória e necessariamente encontrada no quadro do ordenamento jurídico em vigor). Afinal, todo o solo do estado está legalmente ocupado e é produtivo, ainda que se possa discutir em que nível. Na verdade, o que de fato existe, segundo a análise antes feita, é um *quadro agrícola* complexo e, em algumas regiões, extremamente grave, potencializado por uma ampla gama de condições históricas adversas.

• Portanto, desde que não se o considere como tropa irregular/ guerrilheira disposta a entrar em ação a qualquer momento – sob a liderança, obviamente, de algum representante da nova classe –, o MST, em termos rigorosos e respeitada a ordem legal vigente, parece não ter futuro no Rio Grande do Sul. Surgido no estado na virada das décadas de 70/80, em seus primórdios o MST era composto preponderantemente por pequenos agricultores e/ou filhos de pequenos agricultores recém-emigrados do campo em consequ-ência das grandes transformações então ocorridas no setor rural, os quais buscavam desesperadamente uma alternativa para a ameaça de favelização e a consequente miserabilização. Ao longo dos anos e pela evolução da própria entidade, o MST chegou ao que é hoje: um misto de organização paramilitar e meio de vida para milhares de desempregados, tenham eles ou não ligações próximas ou remotas com o campo.

• Seja como for, a seu modo o MST – sempre pressuposto o res-peito à ordem legal vigente – exerce duas funções positivas. De um lado, agrega e dá, de uma ou de outra maneira, condições de sobre-vivência a milhares de pessoas que, sem ele, teriam na favelização completa e na miséria absoluta sua única alternativa. De outro – e isto, paradoxalmente, tende a fazê-lo esgotar-se em si mesmo, salvo se for visto como futuro núcleo de guerrilhas –, pressiona proprietá-rios e arrendatários a tornarem suas terras efetivamente produtivas ou a se desfazerem delas – se é que ainda existe alguém suficientemente idiota para considerar terra improdutiva como reserva de valor...

• Em resumo, analisando a questão sob todos os ângulos, a impressão que se tem – por mais absurda que ela possa parecer à pri-meira vista – é que o MST, nas condições presentes e com sua atual estrutura, possui uma concepção apocalíptico-messiânica da Histó-ria e está à espera de uma futura e hipotética situação de conflito em que possa atuar como força militar irregular.

Só um irresponsável, insano ou deficiente mental pode ver em tal assunto matéria para riso ou ironia. Mas, já que agora o PT e a *nova classe* estão no poder, não deixa de ser estranho imaginar os integrantes do MST, brandindo suas reluzentes foices e suas virgens enxadas, cerrando fileiras ao lado de Irton Marx e profligando estrê-nuos pela instauração da República do Pampa! E desta vez com o apoio das forças da OEA – versão latino-americana da OTAN –, sob o comando dos generais do Império, em luta contra FHC, o grande Satã e procônsul do Sudeste, apoiado por Fidel Castro, inimigo fe-roz da balcanização do continente... Delírio? Talvez. Mas apenas tal delírio está à digna altura do delírio que assola o Rio Grande do Sul no último ano deste milênio que está a findar...

IX
A vitória do passado
e o futuro da *nova classe*

A vitória do PT para o governo do estado em 1998 representou para o Rio Grande do Sul, ideológica e politicamente, a vitória de um passado complexo e multifronte, marcado pelo irredentismo, pelo arcaísmo, pelo paroquialismo, pelo corporativismo, pelo estatismo, pelo messianismo cripto-marxista, pelo salvacionismo cristão desgarrado e pelo elitismo feroz dos estratos superiores da burocracia pública. A vitória do PT em 1998 levou ao lamentável e desastroso desmonte de uma concepção estratégica que, mesmo tendo seus defeitos, trazia a marca inegável de um talentoso aprendiz de estadista que da fraqueza haurira forças para desenhar um ambicioso projeto capaz de marcar a economia e a sociedade sul-rio-grandenses pelo menos por meio século, fazendo-as reconquistar sua antiga posição de destaque no contexto da Federação brasileira e da própria América Latina.

Tudo isto, porém, é passado. E não cabe ao analista e ao historiador vestir a arrogante toga de juiz da História e dos eventos que a tecem, como os fios à túnica de Clio. Ao analista e ao historiador cabe apenas buscar constatá-los friamente e tentar explicá-los adequadamente. Por sobre o vale de lágrimas da história humana, como diria W. Jaeger, levanta-se soberana a consciência, penhor da espécie, simbolizada no mocho de Minerva, *a levantar vôo apenas quando a noite vem cair.* Ao futuro, porém, a ninguém cabe aceder, ainda que sobre ele, descrentes de dons apocalípticos, nos seja permitido especular. Sobre o tema-objeto deste ensaio, que, ainda que não intencionalmente, estendeu-se além do previsto e talvez até além do oportuno, o que é possível dizer ainda? Apenas três observações.

1 – As administrações do PT em Porto Alegre, em doze anos de governo, pouco ou nada fizeram de efetivo, urbanisticamente falando, a não ser asfaltar ruas nas vilas, pintar o meio-fio das calçadas, varrer e recolher o lixo etc. Além, é claro, de praticar com extraordinária eficiência sua política neopopulista através do orçamento participativo e produzir belíssimas peças de propaganda que

mostram uma cidade idílica e irreal, construída sobre o inegável talento de seu núcleo de marqueteiros. No entanto, o PT tende a perpetuar-se na Prefeitura, e por vários motivos. Em primeiro lugar porque colocou em ordem a administração e as finanças do Município (ainda que nisto auxiliado pelos amplos recursos carreados depois da Constituição de 1988). O que não é pouco, se considerada a situação anterior. Em segundo, porque, seja por convicção ingênua, por necessidade de sobrevivência ou por simples falta de hábito em achacar empresários e desviar recursos públicos, as administrações do PT se destacam por uma probidade bastante acima da média no país – ainda que nos últimos anos, inclusive no Rio Grande do Sul, seus integrantes pareçam ter aprendido o que, mais do que em qualquer outra parte do mundo, no Brasil é considerado normal e intrínseco ao poder, sendo portanto tolerado sem problemas: governar com e para os amigos. Mas, em resumo, pesando e medindo tudo, o eleitorado flutuante da capital – que é sempre o fator decisivo nas eleições – tem sufragado em massa o partido, tendo como implícitas duas premissas: não há porque não votar no candidato do PT e não há porque votar em outro candidato. Afinal, no acanhado horizonte municipal, os integrantes da *nova classe* desenvolveram – com esforço ingente e depois de muitas trapalhadas – comportamentos que revelam uma adequada, ainda que simplória, eficiência de *tarefeiros*. O que, no caso, é suficiente para ter o beneplácito da população, e seu voto. Principalmente porque a oposição é frágil e nenhum de seus segmentos possui, nem mesmo de longe, a organização e a disciplina que são marcas do partido e da *nova classe*.

2 – O governo do Estado não é a Prefeitura de Porto Alegre, nem a Ford e a GM operam ao nível da Associação de Camelôs da capital. Em consequência, nos primeiros seis meses praticamente não se passou um dia sem que o novo governo estadual não fizesse um esforço concentrado para demonstrar a verdade desta assertiva. Intelectualmente ignorantes e arrogantes, ideologicamente arcaicos e totalitários, politicamente incivis e raivosos e taticamente incapazes e desastrados, os integrantes da *nova classe* e do grupo jurássico-estalinista que controla o Palácio Piratini praticaram nestes seis meses uma tão espantosa e compacta sucessão de erros que – se adotada sua conhecida teoria conspirativa da História – dever-se-ia

acreditar na ação maléfica e deletéria de um agente *neoliberal* infiltrado... Contudo, apesar da dimensão do desastre – a que seus próprios eleitores assistem estarrecidos –, o PT guarda ainda muitas fichas, inclusive a eventual participação no governo de alguns integrantes do grupo *light,* indiscutivelmente seus melhores, na verdade, seus únicos quadros competentes. Além, é claro, do ambiente não muito adverso propiciado por uma oposição ainda desarticulada, também limitada, sem norte e principalmente sem lideranças fortes. Por isso, e porque, nas complexas e burocratizadas sociedades industriais modernas, o exercício do poder político perdeu a importância, a dimensão e o fascínio que possuía no passado,[37] não é impossível que o PT e a *nova classe* venham a se perpetuar também no governo do Rio Grande do Sul nas próximas décadas. Se sobreviverem a si próprios no próximos três anos... Mesmo porque, no horizonte dos integrantes da *nova classe* já se desenha, implacável e fatal, o esfíngico dilema: ou lançar ao mar a tralha arcaica da esquerda jurássico-estalinista e seus asseclas, garantido assim os bons salários conquistados, ou afundar com ela, solidários e contritos, provando ao mundo pelo martírio que nos pampas irredentes da Província de São Pedro, nos confins do Império, nasceu enfim o desejado de todas as nações, o *homo novus gauderius,* não sob os míticos céus iluminados da inefável noite de Belém mas sob o providencial manto rubro-estrelado do PT nos campos de barba-de-bode da prosaica Bossoroca!...

3 – O PT do Rio Grande do Sul, em que pese a *operação terra-arrasada* comandada pelo grupo jurássico-estalinista e por seus êmulos da *nova classe* nos primeiros seis meses de governo, não corre o mínimo risco de cisão. O grupo jacobino-ilustrado dos *lights* não apenas não possui nem mesmo a sombra de uma alternativa política fora de seu partido atual como também, em seu hamletiano

---

[37] Os estudos de Max Weber a respeito são clássicos. No Brasil, obviamente, o fenômeno é recente, mas revela a mesma tendência: o poder político passa a ser uma função delegada e transitória, formando uma espécie de biombo protetor, atrás do qual a verdadeira elite dirigente – econômica, administrativa e intelectual – se oculta, beneficiando-se de um relativo anonimato e, consequentemente, reduzindo seus riscos e ampliando sua liberdade. E, é óbvio, seu poder.

conflito entre o *terror* e a *civilidade*, seus integrantes não podem dispensar a fúria visceral e o ingênuo cinismo dos *parvenus* da *nova classe*. Estes, por sua parte, já aprenderam a lançar aqueles na linha de fogo sempre que, diante de trapalhadas monumentais, a mídia e a opinião pública ameaçam partir para *ações desestabilizadoras*. Assim, o casamento de interesses parece indissolúvel, ainda que a relação continue tempestuosa no futuro. Como a esquerda menchevique a partir de 1912, os jacobino-ilustrados do grupo *light* estão irremediavelmente condenados a sobreviver ou naufragar solidários com a indestrutível aliança tática entre os jurássico-estalinistas e a *nova classe*.

X
Epílogo

Durante longos meses, contra mim mesmo, resisti, estrênuo. Luta vã, que ao encerrar-se deixa atrás de si as páginas que aqui se fecham e que eu não projetara. Nada ganhei e possivelmente nada ganharei ao escrevê-las, a não ser a inútil concordância de uns e a compreensível sanha de outros. Contudo, três décadas e meia como testemunha, ainda que marginal, e como analista, ainda que eventual, da história política regional e nacional, cobram preço e impõem tarefas. Não cumpri um dever. Livrei-me de um fardo. A alguém cabia – e coube-o a mim – ser a voz das ruas, o intérprete da perplexidade e o arauto de uma certeza: encerrou-se, enfim e definitivamente, um ciclo da história política regional.

Liberto do seu passado e consciente do seu presente, o Rio Grande do Sul pode agora enfrentar a esfinge de seu futuro, iniciado em 1999 com um desastre adequado à dimensão da longa noite de quatro décadas de anomia, de incerteza e de caos. Será, pois, se o for, um lento renascer, a que as próximas gerações assistirão e às quais caberá a tarefa de analisá-lo. Supondo, evidentemente, que a luz radiosa da fronte de Atena não abandone para sempre os campos irredentes do Rio Grande e que o solene mocho, símbolo da consciência e do saber, não ceda definitivamente lugar ao rasteiro *dorminhoco* da tacanhez e da ignorância.

Porto Alegre, em junho de 1999.

O PT em 2015:
O passado no presente

No patamar tecnológico da Terceira Revolução Industrial — com a instantaneidade universal do texto e da imagem —, *jornalismo* pode ser definido como *História on line*. Em sua essência, não há nada de novo nisso. Afinal, à parte a exemplaridade e a transcendentalidade de suas obras, foi exatamente o que Tucídides, Xenofonte, Júlio César e Euclides da Cunha fizeram — delimitados todos pelos recursos tecnológicos disponíveis em suas respectivas épocas.

Isto considerado, os textos reunidos neste volume não carecem de qualquer justificativa quanto à sua natureza. Eles são o que são, e sob tal perspectiva sua importância, presente ou futura, corresponderá exatamente à importância dos fatos neles registrados e à precisão com que os mesmos tenham sido analisados. Importância e precisão que serão julgadas no implacável tribunal da posteridade. Pois assim foi, assim é e assim será "enquanto a natureza humana for a mesma", conforme ditou o primeiro dos autores supracitados, aliás lembrado pelo último no prefácio de sua obra máxima.

Contudo, no referente aos fatos registrados e analisados e às circunstâncias em que o foram, não são totalmente despiciendas algumas observações preliminares e sucintas.

1 – É antiquíssima no pensamento político ocidental a constatação de que o surgimento de uma liderança política é produto da conjunção simultânea de três fatores: um grupo social que busca ser

representado, um talento individual adequado e o momento propício — *kairós*, em grego — à ocorrência do fenômeno. Invertendo o sentido do vetor e substituindo *grupo social* por *partido*, talvez não seja equivocado afirmar que na história do Brasil pós-República são três os exemplos que podem ser considerados os mais paradigmáticos deste fenômeno: o Partido Republicano Riograndense (PRR), o Partido Trabalhista Brasileiro (PTB) e o Partido dos Trabalhadores (PT).

Ainda que disperso e nem sempre satisfatório, no caso do PRR e do PTB parece já existir material suficiente para algumas conclusões seguras, aqui telegraficamente expostas:

— No primeiro caso (PRR), a facção mais ilustrada e europeizada de uma rica e já secular elite rural/urbana do extremo Sul[38] — operando no histórico vácuo de poder, característico da formação de um país subcontinental, vácuo sensivelmente agravado com o advento da República — elabora, no final do século XIX, um, para a época, ambicioso projeto de modernização, com o objetivo de aproximar sua unidade da Federação das mais avançadas nações da Europa, que já começavam então a ingressar na era da Segunda Revolução Industrial (centralização administrativa, educação pública, transportes, eletricidade etc.).

— No segundo caso (PTB), mais uma vez operando num vácuo de poder, então agravado pela crise sistêmica da economia do Sudeste (café), a segunda e última geração daquela elite do extremo Sul, aliando-se às elites de algumas unidades periféricas da Federação e contando com o apoio de uma incipiente classe-média urbana e com a ânsia modernizadora da *geração tenentista*[39], *funda o Estado Nacional brasileiro moderno centralizado e lança as bases necessárias para colocar o país definitiva e irreversivelmente no patamar da Segunda Revolução Industrial. Para as condições da época, esta era uma "tarefa para titãs", tarefa que não por acaso seria completada, a ferro e fogo, no interregno castrense, pelos herdeiros diretos dos tenentes* — claro que sob a égide de seus próprios interesses geopolíticos e estratégicos no contexto da Guerra Fria,

---

[38] Júlio de Castilhos foi sua mais destacada liderança.
[39] Formada nas Escolas Militares fundadas depois da Guerra do Paraguai.

e dos interesses de uma já poderosa burguesia urbana do Sudeste, personificada e representada intelectualmente por economistas e planejadores de longo tirocínio e indiscutível competência.

Foi neste curto arco de tempo que nasceu e — junto com seu fundador e mentor — morreu o Partido Trabalhista Brasileiro. Da mesma forma que ele, Getúlio Vargas, no passado, sepultara o Partido Republicano Riograndense ao cruzar os lindes de seu estado natal para transformar-se em mentor de um projeto nacional.

O caso do Partido dos Trabalhadores apresenta — no que aqui interessa — características muito diversas, por várias e variadas razões.

1 – Em primeiro lugar, pelo acaciano fato de ter origem em condições históricas e econômicas radicalmente diversas daquelas em que haviam surgido seus antecessores antes referidos. Com efeito, o Partido dos Trabalhadores não nasceu como produto da visão prospectiva de elites civis e militares de um país continental de economia basicamente agrária e com raros, ainda que importantes, núcleos urbanos localizados, quase todos, ao longo da extensa faixa litorânea. O Partido dos Trabalhadores surgiu como produto da visão imediatista, difusa e inorgânica de novos e diversificados segmentos sociais gerados no contexto da inserção intempestiva do país na era da Segunda Revolução Industrial e de suas consequências diretas e imediatas: urbanização veloz e caótica, explosão demográfica, laicização, aumento vertiginoso da miséria e do crime, expansão desordenada e decadência qualitativa do ensino etc.

2 – Em segundo lugar, por decorrência tanto da heterogeneidade dos segmentos sociais que o compunham quanto dos interesses específicos e não raro contraditórios que representavam, o Partido dos Trabalhadores, ao contrário do PRR e do PTB, caracterizou-se, e não apenas em seus primórdios, por uma orientação ideológica difusa e confusa, na qual se mesclavam caoticamente obreirismo sindical, esquerdismo utópico, messianismo cristão desgarrado, corporativismo burocrático, intelectualismo lúmpen, alpinismo social, revoltajuvenil etc. Como escrevi em 1995[40], o partido, na realidade, não passava de um conjunto espantoso de corporativistas ensandecidos,

---

[40] V. adiante, p.

adolescentes desorientados, arrivistas lépidos, totalitários enrustidos, messiânicos desarvorados, camponeses desesperados, lúmpen
-intelectuais arrogantes, sindicalistas mais ou menos ignorantes, ingênuos bem intencionados e demagogos ilustrados que haviam se
transformado numa espécie de compacto rebotalho de vinte e cinco
anos de profundas, caóticas e vertiginosas mudanças econômicas,
tecnológicas, sociais e culturais. Em resumo, os petistas se apresentavam — e eram aceitos — como os novos cátaros, quando, na verdade, não passavam de um subproduto monstruoso e disforme de
uma sociedade doente, sem norte e revolvida até as entranhas por
um processo brutal e avassalador de modernização tecnológica, de
produção e concentração de riquezas, de universalização do ensino e
de um explosivo e rápido crescimento populacional.

3 – Em terceiro lugar, os fatores até agora mencionados deram como resultado — e nem poderia ser diferente — um partido
marcado fundamente pela completa ausência de individualidades
intelectualmente sólidas e/ou ideologicamente definidas, ausência
esta patética e dramaticamente evidenciada na deprimente fragilidade das lideranças do partido, personificada hoje na figura de um
ex-presidente da República, do qual não se sabe se surfa hábil e
consciente sobre o caos, representando apenas a si próprio como
talentoso *parvenu*, ou se, perdido na voragem das sucessivas tor-
mentas e nos solavancos da incerta fortuna, tenta, desesperado e
furibundo, sobreviver a um destino que não entende.

4 – Em quarto lugar, diferentemente do PRR e do PTB, o Partido dos Trabalhadores nasce sob a influência circunstancial mas
decisiva de duas forças exógenas que, operando em ponto de inflexão, representaram poderosa alavanca tanto no momento de sua
surpreendente formação quanto na subsequente e rápida consolidação
como fenômeno político e eleitoral de âmbito nacional.

A primeira destas forças exógenas, de natureza geopolítica,
foi a brusca alteração da política externa dos Estados Unidos em
relação ao Brasil durante o mandato do democrata Jimmy Carter
(1976-1980). Como escrevi em outro lugar[41]:

---

[41] V. *Marx enganou Jesus... e Lula enganou os dois*, Porto Alegre: BesouroBox, 2ª ed.,
2014, p. 52. V. também id. p. 31.

[...] a inserção forçada do Brasil na Segunda Revolução Industrial gerou um inesperado — e taticamente decisivo — efeito colateral, ao qual, por motivos compreensíveis, quase não se fazem referências: a ação desencadeada pelos Estados Unidos com o objetivo de afastar os militares do poder, ação provocada pelo temor de um acidente nasserista/nacionalista no continente, com suas graves e imprevisíveis consequências. O temor era fundado, como o haviam comprovado as iniciativas dos militares no período Geisel, em vários setores (política externa, política nuclear etc.). Esta foi a real mola propulsora da "política de direitos humanos" patrocinada pelo casal Jimmy e Rosalyn Carter, simpáticos e competentíssimos operadores da política imperial norte-americana em sua versão democrata: depois da CIA, a sutileza fria. Os militares, limitados pelas viseiras ideológicas do anticomunismo de caserna, sentindo-se traídos, mostraram-se perplexos e amargurados. E nada entenderam. O maniqueísmo simplório da Guerra Fria era seu elemento natural. O xadrez da tortuosa estratégia imperial do Departamento de Estado estava acima do poder de compreensão de suas mentes. E das de muitos outros. Este era o cenário geopolítico.

A segunda das forças exógenas que favoreceram o crescimento e a consolidação do Partido dos Trabalhadores a partir de meados da década de 1980 foi a ação das igrejas cristãs tradicionais, em particular da Igreja Católica, a qual, diante da vertiginosa perda de influência em virtude da modernização e da laicização da sociedade, buscou recuperar espaço através do ativismo social e até mesmo do engajamento política direto, transformando-se assim em *companheira de viagem* dos grupelhos marxista-leninistas que logo viriam a controlar o partido[42].

5 – Em quinto lugar, finalmente, pela grande heterogeneidade social e pela decorrente fluidez ideológica, o Partido dos Trabalhadores — ao contrário do PRR e do PTB, que nasceram e desapareceram íntegros — caracterizou-se, como se verá, por mutações radicais, as quais, por um lado, prolongaram sua existência para muito além do

---

[42] Para uma análise um pouco mais abrangente, v. id., p. 11 – 34.

que parecia provável e, por outro, o levaram a um final caracterizado, parodiando T. S. Elliot, não por um sussurro mas por uma implosão.

Deixando a historiadores futuros a tarefa de confirmar ou negar as afirmações aqui telegraficamente feitas, é imprescindível listar ainda, para encerrar este breve adendo, os momentos cruciais de inflexão em que, na visão de hoje, o Partido dos Trabalhadores, ao longo do período decisivo de sua existência, revelou, qual Proteu mutante e disforme, diferentes e conflitantes naturezas e novas e surpreendentes faces. Estes momentos cruciais são, basicamente, a fundação, a mutação, o projeto e a implosão.

A fundação

A fundação do Partido dos Trabalhadores em 1980 — como também, posteriormente, a do Partido da Social-Democracia Brasileira (PSDB), do Partido da Frente Liberal (PFL) e do Partido do Movimento Democrático Brasileiro (PMDB) — foi parte fundamental das tentativas da sociedade brasileira — ou de suas elites — reinventar-se politicamente no momento em que se encerrava o processo de sua inserção definitiva na Segunda Revolução Industrial, processo que se prolongara, a partir de 1930, por cerca de meio século. Com efeito, exterminadas as tentativas de resistência armada e encerrado o prazo de vigência — mais ou menos auto-estabelecido — do regime castrense, este deixava atrás de si um país radicalmente diverso daquele de duas décadas antes, e por isto mesmo economicamente instável, socialmente complexo e sem novas lideranças. E, por consequência, sem qualquer rumo, a não ser o de "ter escolhido a democracia", segundo afirmou recentemente um jornalista, utilizando um conceito tecnicamente idealista mas historicamente concreto e correto.

Neste contexto e como fruto de seu tempo, o Partido dos Trabalhadores caracterizava-se, ao nascer, por estrutura frágil, composição heterogênea, ideologia confusa, projeto difuso e força eleitoral quase nula, além de estar limitado — à parte os segmentos médio e baixo da área pública/estatal em geral — basicamente apenas a São

Paulo. Intempestivamente, já adiantada a segunda metade da década de 1980, este panorama havia se alterado radicalmente. O partido começara a ganhar eleições, adquirira dimensão nacional, conquistara as ruas e a opinião pública e tinha grande influência na mídia. Afinal, o que acontecera? E por que tão rapidamente?

A mutação

A coruja de Minerva levanta voo apenas ao cair do crepúsculo — disse Hegel. *No meio da travessia eu não via* — diz João Guimarães Rosa, pela voz de Riobaldo, em *Grande sertão: veredas*. *O presente só é percebido depois do futuro* — poderia ser outra versão, não muito brilhante, da mesma ideia.

Em raso resumo: hoje, em 2015, o futuro já chegou, líderes do próprio Partido dos Trabalhadores já decretaram seu fim e é mais do que hora de começar a analisar a fundo e metodicamente o impressionante fenômeno, único na história dos partidos no Brasil, que foi a repentina mutação e quase instantânea consolidação de uma organização política pouco ou nada promissora em seus primórdios. Deixando, mais uma vez, a historiadores metódicos tal tarefa, como simples observador e jornalista posso afirmar que dei-me conta do fenômeno por volta de 1992 e dei minha versão final em 2006, quando escrevi que tudo começara no final da década de 1960, quando o regime militar, acuado,

> [...] viu-se obrigado a endurecer e vários grupos da esquerda, então formados ou ainda remanescentes das décadas anteriores, mergulharam na clandestinidade e tomaram o caminho da contestação armada. Impiedosamente massacrados e completamente derrotados, tais grupos perderam o rumo e passaram a atuar a reboque da oposição civil ao regime ou voltaram à velha tática da infiltração em sindicatos, igrejas, organizações estudantis etc.

Estes grupos, porém, já não tinham qualquer perspectiva de poder, pois pertenciam a um passado que jamais retornaria. Em menos de duas décadas o Brasil alcançara o patamar da Segunda Revolução Industrial e um outro país nascera, o Brasil da urbanização caótica, da intensa migração interna, da explosão demográfica, dos cinturões fabris, como o ABC com seu operariado moderno, dos transportes rápidos, das comunicações instantâneas, da concentração de renda, da miséria de milhões e do crime em ascensão. Mas também o Brasil de uma classe média próspera, privada e estatal, que nada queria saber de comunismo ou socialismo mas apenas de consumismo e de turismo.

Naqueles dias, para os remanescentes dos grupos de esquerda, o futuro era um paredão negro e instransponível, bem à sua frente.[43]

Mas tempos depois, lá pela metade da década de 1980, estes mesmos grupelhos, em sua maioria absoluta de linha marxista-leninista, perceberam que havia surgido um partido que

> [...] tinha tudo o que eles não tinham: um líder carismático, muitos votos e bom trânsito entre os sindicatos, a Igreja, o funcionalismo público, a classe média (pseudo)ilustrada e os formadores de opinião na mídia. E que eles, os grupos de esquerda, tinham tudo o que o PT não tinha: uma ideologia definida, um projeto de poder e quadros preparados, treinados e experientes. E decidiram então tomar de assalto o partido, operação completada por volta do final da década de 1980. Assim, pensavam os mentores desta bem-sucedida estratégia, aplicando a velha tática leninista dos *dois partidos* — o clandestino e o legal — poderiam logo adiante tomar de assalto o poder pela via eleitoral, como Hitler o fizera, já que a via armada fracassara miseravelmente. [44]

E assim aconteceu. O velho e ainda tão jovem Partido dos Trabalhadores desapareceu para sempre. E o novo PT, com seus quadros preparados e disciplinados — ainda que nada brilhantes — e suas várias e conflitivas tendências[45], adquiriu abrangência nacional, cresceu meteoricamente e passou a vencer mais e mais eleições. Por quê?

---

[43] *Marx enganou Jesus... e Lula enganou os dois*. Porto Alegre: BesouroBox, 2014, 2ª ed. p. 36.

[44] Id., p. 37.

[45] Estas *tendências*, hoje de reduzida importância, foram decisivas, à época, para garantir a unidade operacional do partido, pois elas eram simplesmente a forma pela qual os vários e variados grupos e grupelhos que o haviam canibalizado procuravam manter, dentro dele, sua identidade e sua influência. Provindas da esquerda clássica (PCB, PC do B), dos movimentos de guerrilha (VAR-Palmares, Colina etc.) e até da Igreja (Ação Popular/AP), estas *tendências* não raro divergiam radicalmente no plano ideológico e tático. Aliás, ao perceber, no início da década de 1990, a real natureza delas, compreendi que o "velho" Partido dos Trabalhadores de fato deixara de existir.

Porque — desconsideradas as "condições objetivas", como diria Lênine, das quais não trataremos aqui — o novo PT passou então a instrumentalizar seus quadros e seus "companheiros de viagem" com as clássicas táticas revolucionárias leninistas, conquistando "os corações e as mentes" de ingênuos, pobres-diabos, bem-intencionados, escroques ideológicos, arrivistas lépidos e todo o tipo de milenaristas desarvorados e mais ou menos insanos — estivessem eles onde estivessem. E, em um país convulsionado, a colheita foi generosa.

E quando a União Soviética desintegrou-se e o Muro de Berlim ruiu, o novo PT julgou ter soado sua hora. Sim, Marx e Lênine tinham razão! Apesar de tudo, tudo fazia sentido! Tomar de assalto o Partido dos Trabalhadores fora um golpe de mestre! A revolução estava às portas! E com uma Frente Ampla Revolucionária Internacional seria possível, a partir do Brasil, "conquistar na América Latina o que fora perdido no Leste Europeu".

E então, à maneira dos possessos do romance de Dostoyévski, um projeto começou a ser elaborado.

O projeto

Quem conhece a história da Europa do século XX, leu as obras clássicas de matriz marxista-leninista — em particular aquelas do próprio Wladimir I. Ulyanov — e deu uma olhada nos textos preparatórios e nas *teses* conclusivas dos Congressos do PT do fim da década de 1980 em diante, não tem qualquer dúvida: ao longo da década de 1990 foi gestado e desenvolvido no Brasil um projeto de revolução bolchevique — centrado sobre o providencial e então recente surgimento de um líder político primitivo mas hábil e carismático — cujo desenho tático-estratégico era, grosseira mas seguramente, o seguinte:

1º - Manter o controle férreo sobre o partido, isto é, o PT.

2º - Controlar todos os sindicatos e todas as organizações da chamada *sociedade civil*, expressão que na terminologia marxista-leninista quer dizer mais ou menos "aqueles que não sabem o que queremos".

3º - Utilizar o partido como via de acesso à presidência através do líder carismático.

4º - Transformar o líder carismático em marionete do Partido — agora com maiúscula, porque este já seria marxista-leninista e portanto único e absoluto.

5º - *Aparelhar o Estado*, isto é, ocupar todos os postos-chave da administração pública com militantes e simpatizantes — sempre os famosos *companheiros de viagem*.

6º - Dar o golpe no momento oportuno e transformar o Brasil em uma República sindical-popular de perfil cubano-soviético, mas preservando por algum tempo um pluripartidarismo de fachada.

7º - Finalmente, como última etapa, eliminar a burguesia, os latifundiários e todas as classes proprietárias, instalando o socialismo e o partido único.

O plano (de bolchevização do país), tosco e ingênuo em sua concepção mas espantoso e demente em dimensão, fracassou em sua desastrada execução e encerrou-se funebremente com a Ação Penal 470, mais conhecida como *Processo do Mensalão*. Não vale a pena rememorar aqui este episódio, historicamente patético, que saturou jornais e revistas ao longo de anos — e que envolvia, segundo um ministro do Supremo Tribunal Federal, "um projeto criminoso de poder". Mas o que aconteceu depois?

Simplesmente, o Partido dos Trabalhadores passou por uma segunda mutação, em certo sentido ainda mais radical do que a primeira.

A implosão: a astúcia da História

O filósofo alemão Hegel — creio que em *A fenomenologia do espírito* — fala da *astúcia da Razão*. Ele afirma que a História tem um *sentido*, isto é, algo como um *objetivo final*. E que a entidade denominada *Razão* utiliza determinadas táticas para alcançá-lo.

Em história da filosofia tal concepção é qualificada de *idealismo*. Em termos simples, pode-se dizer que esta visão de Hegel é uma espécie de laicização da Divindade. Ou de glamurização do conceito milenarista/cristão de *fim do mundo*. Marx disse mais ou menos a mesma coisa, mas reduzindo tudo ao conceito de *proletariado*, uma entidade bem mais real e inteligível, mas também quase divina, que quando tomasse o poder criaria o Reino dos Céus na terra. Então a Humanidade alcançaria seu objetivo, e não haveria mais História. Isto é, nada mais mudaria e todos seriam camaradas e felizes para sempre... José Dirceu talvez acreditasse nisso. Mas certamente seu chefe não, pois este sempre preferiu coisas bem mais prosaicas, envelhecidas doze, vinte cinco ou trinta anos... Mas deixemos de lado as ironias e os filósofos alemães e fiquemos com uma velha lenda grega, muitas vezes já comprovada diante dos olhos dos humanos. Inclusive com a ajuda do PT.

Esta lenda, ou *mito*, diz que há nove *musas*, ou divindades femininas padroeiras das principais atividades humanas nas letras e artes (música, dança, poesia etc). Uma delas tem o nome de Clio, a padroeira dos que escrevem *história*. E, das nove, Clio é a única que veste uma túnica inconsútil — inteiriça, sem costuras. O sentido desta lenda é mais ou menos o seguinte: o processo histórico — isto é, o caminho dos grupos humanos ao longo do tempo — se alimenta sempre de seu passado, nunca ocorrendo uma ruptura radical com ele. Um exemplo bem recente e claro de que os gregos tinham razão é a Rússia atual.

Putin e o PT

Por variadas e complexas componentes — é sempre assim em tais fenômenos —, a Rússia formou-se ao longo dos séculos como uma sociedade fundamente marcada por tendências autoritárias, autocráticas e expansionistas, herança indiscutível, pelo menos em parte, do *despotismo oriental*, recebido via Bizâncio e presente desde Ivã, o Terrível, continuado com o czarismo e os facinorosos Lênine e Stalin e hoje evidente com Putin e sua *nomenklatura* empresarial pós-socialista.

A tal ponto a túnica de Clio se revela inconsútil na sociedade russa que, tão logo ruiu o Estado soviético, a Igreja Ortodoxa determinou a imediata *canonização* de todos os membros da Família Romanov assassinados na Revolução de 1917. É um episódio fantástico, uma vingança implacável e uma lição inolvidável! E com um simbolismo de clareza meridiana: o cristianismo foi, é e será sempre um marcador genético da sociedade russa, o ateísmo marxista-leninista foi um *intermezzo* criminoso — um ponto fora da curva histórica, na expressão agora em moda — e a Igreja Ortodoxa fez, faz e fará para sempre parte das estruturas de poder da Rússia, como é da natureza do cristianismo oriental desde Constantino, o Grande!

Não é esta uma espantosa lição de História? Não tinham razão os gregos com o mito da inconsútil túnica de Clio? Sim, mas o que tem o PT a ver com tudo isto? Tudo, é claro! Não o PT como simples sigla mas o PT qual metáfora de forças sociais próprias de um determinado momento político e ao mesmo tempo herdeiras de um processo histórico específico e secular. Enfim, o PT como marionete nas hábeis mãos da astuciosa História — como diria Hegel poeticamente...

Todos juntos, misturados...

Sim, ele tem tudo a ver. Pois eis que tão logo exposto à luz do dia o estrondoso fracasso do tenebroso e espantoso plano de bolchevização do Brasil e da América Latina, o Guia Genial dos Povos — sem nunca ter ouvido falar da túnica de Clio! — saca da cartola da História um plano brilhante e infalível. Tivesse ele tomado consciência ou não de que os *aloprados* bolcheviques pretendiam expurgá-lo depois de usá-lo, instintivamente ele percebera que o fracasso deles se devera ao isolamento: experiente, ele sabia quem mandava no país, sabia que eles conheciam o nome do jogo e que jamais o bancariam, pois tinham, literalmente, tudo a perder.

Então, vendo o poder lhe fugir das mãos, o Guia Genial dos Povos, qual Proteu da lenda, com seu golpe de mágica transmuta-se em *capo de tutti i capi*. Chama à mesa novos parceiros e com eles monta "o maior sistema de corrupção da história da Humanidade" — de acordo com o historiador Marco Antônio Villa, baseado nas cifras astronômicas, absurdas, quase irreais dos roubos e desvios.

Mas como isto foi possível? Foi este um plano urdido às pressas, sob pressão das circunstâncias, por um indivíduo acuado e desesperado? Obviamente que não! Tal seria um absurdo, uma impossibilidade. O palco, na verdade, começara a ser montado muito antes, quando o "velho" PT — com cinco anos, ou pouco mais! — sofrera sua primeira mutação radical ao ser canibalizado pelos vários e variados grupelhos marxistas-leninistas.

A seguir, com a vitória de 2002, os *aloprados* bolcheviques deram imediatamente início à execução da última parte do plano, elaborado na segunda metade da década de 1980: *aparelhar* o Estado e colocar seus homens de confiança nos setores estratégicos da máquina pública — particularmente os de maiores orçamentos —, nas empresas e nos bancos estatais e nos fundos de pensão de seus funcionários. Sim, com a crise do Mensalão tudo ruiu, como um castelo de cartas. Mas os homens de confiança permaneceram lá, quase todos, em seus postos, firmemente plantados.

E foi neste momento que, acuado e desesperado diante da crise que se aprofundava e o ameaçava, o Guia Genial dos Povos convocou os pesos-pesados do setor privado — particularmente os mais dependentes (empreiteiras e similares) dos Ministérios e das empresas estatais — e seus representantes políticos no Parlamento. Assim, com o Estado *aparelhado* e com os gigantes do setor privado como convidados, todos juntos e misturados deram início à grande festa.

O menino e a moça grega

Sim, a corrupção sempre existiu, existe e existirá. É da natureza humana apropriar-se de bens de outros, e muito mais de bens que supostamente não têm dono — como os bens públicos e/ou coletivos. Nos Estados de tradição ibérica esta *pleonexia* — ambição, arrogância, vontade de ter tudo para si —, como diziam os gregos, foi sempre controlada pela mão férrea do Estado, que, vigiando os agentes privados, cuidava para que eles agissem, digamos, civilizadamente, com cautela e com medida. Mas no Brasil, depois da crise do Mensalão, os agentes privados e seus prepostos políticos receberam *licença para roubar*, sob a proteção e com a participação dos que controlavam o Estado. A situação era inaudita. E mais inaudita ainda foi a dimensão adquirida pelo fenômeno, explicável por dois fatores.

Em primeiro lugar, o Brasil está entre as dez maiores economias do planeta. Em segundo lugar, as velhas oligarquias econômicas e políticas receberam de quem a *licença para roubar*? De um partido que dizia ter o monopólio da moralidade e da ética e que detinha o poder! Era açúcar no mel! Não era mais necessário ter receio, ter cuidado ou ter medida! As porteiras tinham sido abertas pelo inimigo! E, sob o guarda-chuva deste, todos juntos e misturados foram à forra no Baile da Ilha Fiscal! Na madrugada, o mundo começou a vir abaixo! A breve era dos *aloprados* bolcheviques chegara definitivamente ao fim. Como os sovietes na Rússia, eles haviam sido apenas um *intermezzo* — um ponto fora da curva.

E foi assim que o menino — assistindo de longe à peça que contava, mais uma vez, a história daquela moça grega chamada Clio — viu o PT transformar-se na metástase irreversível do que de pior o secular processo histórico brasileiro produziu: o patrimonialismo de rapina, o estatismo corruptor, o arcaísmo orgânico, o paternalismo paralisante, o corporativismo elitista, o populismo safado, o esquerdismo compensatório e o messianismo insano.

A volta ao normal

No momento exato (primeiros dias de outubro de 2015) em que vou encerrando esta crônica de um futuro há muito anunciado — não, a natureza humana não mudou! —, o Guia Genial dos Povos tenta, pela segunda vez, seu golpe de mágica, chamando o PMDB e quem mais vier, para salvar a si e salvarem-se todos. Mas a festa acabou há muito tempo. E não se sabe como será a ressaca. De qualquer forma, por que admirar-se? Como disse com precisão Arnaldo Jabor há meses, finalmente agora tudo voltou ao normal. Porque, pode-se acrescentar, os *aloprados* bolcheviques foram apenas personagens de um pesadelo meu. Substituído pelo sonho daquela moça grega pairando etérea, hegelianamente, sobre o pétreo mistério da vida neste vale de lágrimas que é a terra.

Mas e a nação, profeta? — perguntou o menino. A nação? Bem, respondeu o velho, ela continua, como há meio século, entre o milagre e a tragédia. E com seus 70 mil assassinatos por ano.

— Mas ela resistirá, profeta? — insistiu o menino.

— Talvez, por enquanto, porque, como disse o Padre Vieira há quatro séculos, o Brasil é tão rico que aqui se pode roubar vinte e três horas por dia, pois na única hora em que todos dormem ele cresce o suficiente para que no dia seguinte tudo recomece... E ele conhecia apenas Salvador, Recife e São Luís do Maranhão!

— E o juiz Sérgio Moro, prof...

— Mas que criança impertinente! Eu narro o passado! Não o futuro! Mas, sim, talvez ele também seja apenas um ponto fora da curva histórica...

Valete, fratres!

SEGUNDA PARTE

O PT, MARX E O CRISTIANISMO

NOTA PRÉVIA

I – O PT, MARX E O CRISTIANISMO:
   Entrevista a Cezar Busatto

II – O PT E A MINHA UTOPIA 47
   Entrevista a Juremir Machado da Silva

III – O PT E A ESQUERDA
   LATINO-AMERICANA
   (ou: ensinando os cegos a ver)

O PT,
MARX E O
CRISTIANISMO

NOTA PRÉVIA

As duas entrevistas a seguir foram publicadas em novembro de 1999, na esteira do grande impacto provocado no Rio Grande do Sul pelas edições sucessivas de *A nova classe*, em agosto e setembro do mesmo ano. Posteriormente, em meados de 2.000, foram reunidas em livro, sob o título de *O PT, Marx e o cristianismo* (Porto Alegre: Soles). Na primeira delas, concedida ao deputado Cezar Busatto, tive a oportunidade de corrigir – tarde mas ainda em tempo – o involuntário lapso de não ter lembrado, ao publicar *A nova classe*, que o título era uma duplicata, óbvia e intencional, da obra homônima do iugoslavo Milovan Djilas (*A nova classe*. Rio de Janeiro: Agir, 1958), publicada originalmente em 1957 (*The new class – an analysis of the communist system*. New York: Frederick A. Praeger, Publisher).

Quanto a "O PT e a esquerda latino-americana na era pós-soviética (ou: ensinando os cegos a ver)", é um texto um tanto repetitivo na parte inicial. Na segunda parte, porém, ao analisar a possibilidade de um *tournant* radical na estratégia imperial norte-americana em relação aos países ao sul do Rio Grande depois da derrocada do "socialismo real", o texto pode ter algum valor. Pelo menos, não parece hoje, em 2015, totalmente descabido. Ou como anunciava recentemente a manchete do *Gramna*, no dia seguinte ao do retorno dos espiões cubanos que estavam presos em Miami: ELLOS VOLVIERON! Com ou sem ironia, "no hay duda que *ellos* volvieron"...

Porto Alegre, 2015.

O PT, MARX E O CRISTIANISMO:
Entrevista a Cezar Busatto

Cezar Busatto – Em primeiro lugar gostaria de dizer da minha satisfação e alegria de poder ter este diálogo contigo, numa hora em que te tornaste uma referência política e ideológica do nosso estado com a tua contribuição no livro *A nova classe – o Governo do PT no Rio Grande do Sul*. Queria tentar aprofundar um pouco mais a avaliação que se faz do atual momento político do estado e, em função disso, a primeira questão desse nosso diálogo é a seguinte: o que chama a atenção é que o livro *A nova classe* não só esgotou a primeira edição em pouquíssimo tempo como já vai para a terceira edição. Em tua opinião, a que podemos atribuir esse verdadeiro fenômeno? Afinal, não é comum um livro de análise política ter tanta repercussão e tanto público – geralmente é assunto para um público mais restrito. O que haveria de novo, fora o fato de o PT ter conquistado o governo do estado do Rio Grande do Sul?

José Hildebrando Dacanal – Também eu, em primeiro lugar, queria agradecer sua presença aqui, o que para mim é surpreendente, porque, na verdade, ao escrever este texto – que chegou a deixar-me doente durante alguns meses, tendo em vista que eu resistia a escrevê-lo – julguei simplesmente que ocorreria uma das duas alternativas: o livro seria completamente demonizado ou seria completamente esquecido.

Eu não tinha segurança alguma do que viria – o que escrevi baseava-se exclusivamente, ou quase exclusivamente, na minha percepção e na minha sensibilidade de jornalista. E hoje parece, pela sua própria presença aqui, que este meu texto já é um ensaio superado, no bom sentido. Quer dizer, o que o texto coloca, o que ele diz, já foi confirmado pelo processo social num nível e numa dimensão muito superiores ao que ele revela e apresenta. Isso para mim é surpreendente, pois foi um processo doloroso, difícil de ser levado adiante. Mas o que aconteceu indica que o texto não caiu num vácuo e que de fato a sociedade viu-se refletida nele.

Mas, respondendo à sua pergunta, o que há de novo além do PT ter conquistado o governo do estado – o que dentro do sistema não é nada de novo nem de imprevisível – é que, de fato, do ponto de vista do fazer política e de um ponto de vista da explicitação dos objetivos, o governo do PT revelou-se por um lado de extrema incapacidade, tendo em vista seus próprios interesses; e, de outro, revelou-se muito mais radical, muito mais sectário do que aparecia para o eleitor normal. Inclusive, até eu, que tinha noção dessas coisas, teria votado em alguns, não citarei nomes, eu teria votado em candidatos do PT na última eleição. Talvez hoje me pergunte se isso ainda é possível, porque o processo que está ocorrendo no Rio Grande do Sul é preocupante, tem um rumo que indica, talvez, uma situação de sectarização cada vez mais violenta, de confronto, que me deixa perplexo.

CB – Entrando um pouco no conteúdo da tua análise, depois de toda essa reflexão que fizeste nesse livro, qual foi a principal causa da vitória do Olívio e a principal causa da derrota do Britto? Até porque não era previsível isso. Por mais que tu hoje digas assim, na época havia um sentimento de que o Britto ganharia a eleição. Até poucos dias antes das eleições havia um sentimento de que o Olívio perderia a eleição. Mas isso tudo não foi assim e vimos tudo o que aconteceu. Na tua reflexão, se tivesses que apontar uma grande causa para a vitória do Olívio e uma grande causa para a derrota do Britto, quais seriam?

JHD – Na minha análise, e coloco isso muito bem num capítulo técnico do livro – *As eleições, o jogo, as fichas e o resultado* – é difícil identificar e individualizar uma só causa tanto para a derrota quanto para a vitória. As causas são variadas. Mas se formos ao limite extremo e a partir dos dados do TRE do segundo turno de 1998, comparados com os do segundo turno de 1994, se fizermos as comparações possíveis, diria que, do ponto de vista dos números, o que não quer dizer que essa seja a causa principal da vitória de um lado ou da derrota de outro, o grande problema e a grande responsável foi a alteração da proporção dos votos nas Fronteiras Sudoeste e Sul e nas principais cidades da Região Noroeste.

Com o levantamento dos dados que o TRE me forneceu, tabulados lado a lado, fica claro. Os dados são claros. Nas Fronteiras Sudoeste e Sul, por exemplo, se tomarmos as 10, 12 principais cidades, temos uma diferença de votos invertida em relação a 1994 de cerca de 40 mil votos. Se lançarmos esses 40 mil votos no segundo turno de 1998, veremos que, se esses 40 mil votos tivessem ficado, eles dariam quase a vitória a Britto e provocariam quase a derrota do PT. Nas Fronteiras Sudoeste e Sul e em parte da Região Noroeste ocorreu uma alteração de votos tão importante que só essa alteração provocaria a mudança do resultado.

CB – Quando tu fazes essa análise, identificas a causa dessa alteração de votos nessa região?
JHD – Duas.

CB – Entendi que tu colocas, principalmente, o problema de uma reação, de um protesto contra a política federal para a agricultura.
JHD – Não diria que é uma questão da política federal para a agricultura no seu sentido genérico mas sim de um ponto de vista muito específico e pontual – que até foi genérico, em certo sentido, mas muito específico e pontual naquela época. Hoje já é um elemento que se alterou: a sobrevalorização do real. Portanto, foi nas duas áreas de decadência crônica na atividade agrário-pastoril do Rio Grande do Sul – a pecuária de corte, e a pecuária de lã, mas principalmente a pecuária de corte, e a produção de soja nas pequenas e médias propriedades. Elas foram altamente afetadas, negativamente atingidas pela sobrevalorização do real. Como elas já vinham de um processo de decadência muito grande – e continuam nesse processo

de decadência –, foram brutalmente afetadas pela sobrevalorização do real e pela correspondente subvalorização do dólar.

Esse é um processo que, do ponto de vista da situação econômica conjuntural, alterou-se agora um pouco, mas que do ponto de vista da situação que eu chamaria de *estrutural* ainda não. As duas regiões continuam decadentes, porque, como digo no livro, hoje não é mais possível produzir soja em 20 ou 30 hectares, ou mesmo em 100 ou 150 hectares. A soja só é economicamente viável, dado o seu custo de produção, em áreas no mínimo não inferiores a 200 hectares. Só então ela pode render o suficiente para atender às necessidades de reposição de máquinas, atender ao pagamento de insumos e à manutenção dos trabalhadores e dos próprios proprietários.

Então, esse foi o elemento fundamental. Mas há outro. Aliás, nisso fui alertado por um empresário da região de Dom Pedrito, que me disse: "Mas o PT ganhou!" E respondi: "Olhe aqui os dados, foi na região de vocês. Por que aconteceu isso?" E ele me disse que grande parte dos proprietários de lá ficaram irritados com a presença dos fiscais do INCRA – e como sempre isso é atribuído ao governo local.

CB – A questão dos índices de produtividade. Esse foi um fator relevante?

JHD – Sim, ele disse que sim. Veja, com os fiscais, com a polícia defendendo os fiscais, ele disse: "Esse elemento foi fundamental para nós". Em minha visão, acho que foi periférico, mas foi importante. Basicamente, o fenômeno está ligado à questão da decadência crônica da pecuária tradicional, acentuada conjunturalmente pela sobrevalorização do real.

E há um outro elemento, que eu chamaria de pessoal, que é a do *facies*, da própria identificação da figura de um candidato com a fronteira, um tipo caboclo-português. O outro candidato era também originário da fronteira, mas não tem o *facies*, o visual caboclo-português. Este seria também um elemento fundamental naquela região. Em meu ensaio analiso, também, a questão do carisma, do perfil psicossocial dos candidatos.

CB – E o papel do *marketing* tu também colocas muito bem em teu livro.

JHD – É, eles vão ter que me pagar isso, vou querer uma comissão. Os marqueteiros, artistas, diretores, músicos etc. da Casa de Cinema são muito competentes e eles identificaram desde 1994 aquilo que era possível fazer. Mas, na verdade, como eu digo, num certo sentido eles foram empurrados para isso. Sei, por exemplo, que no início eles não acreditavam absolutamente na possibilidade, não tinham a menor ideia, não tinham a menor esperança na possibilidade da vitória do candidato do PT.

Assim, diria que eles foram empurrados historicamente para fazer isso. Veja bem, não só do ponto de vista pessoal, mas pelo próprio processo histórico, na medida em que o projeto da coligação PPB/PMDB favorecia uma integração tanto nacional quanto internacional e tinha como meta a modernização e a alteração da matriz produtiva e da economia do Rio Grande do Sul – e, mais, se colocava a favor do Sudeste –, o que restava para o PT como *marketing*? Restava o outro lado.

E qual era o outro lado? É o crônico irredentismo, a crônica visão autonomista, que vem desde antes da Revolução Farroupilha e que a embasou. O Rio Grande do Sul é um estado com características próprias e que tem uma vontade autonomista que hoje me parece bastante prejudicada pela globalização. A coligação PMDB/PPB não soube explorar aquilo que, digo no meu livro, era exatamente a ligação entre o projeto desenvolvimentista do ex-governador, e então governador-candidato, e o irredentismo e o autonomismo sul-rio-grandenses.

CB – Fiquei muito impressionado com esta tua avaliação, porque participei da coordenação política do programa de televisão no segundo turno, depois de minha eleição, e me irritou muito, quando assisti aos programas do primeiro turno, a dificuldade que teve o nosso *marketing* de colar com o projeto do governador Britto as cores da bandeira, o sentimento farroupilha, a necessidade que este estado sempre teve de se afirmar nacional e até internacionalmente. Lembra, o nosso hino diz: *"Sirvam nossas façanhas de modelo a toda Terra"*, quer dizer,

há todo um sentimento gaúcho de orgulho, de afirmação. Se tivéssemos oportunidade de refazer esse filme de novo, como é que tu farias essa ligação entre o projeto desenvolvimentista e o irredentismo gaúcho?

JHD – Conforme a ideia de um amigo meu, eu ataria o então governador-candidato em cima de uma jamanta percorrendo o Rio Grande. Percorrendo principalmente as regiões mais pobres, aquelas que sofriam mais os efeitos daquela crise, e juntaria, a essa visão, um bom marqueteiro fazendo um apelo exatamente ao irredentismo clássico do Rio Grande do Sul – e o governador, em cima de uma jamanta, anunciando o outro lado. A ideia básica seria esta.

CB – Isto poderia ter dado a vitória ao Britto?

JHD – Não, não *poderia!* Certamente *teria dado* a vitória! Isso entendi antes das eleições. Mas nunca me liguei muito, só quando esse meu amigo disse que o Britto deveria sair em cima de uma jamanta, aí sim vi tudo: "O processo global é esse aqui", pensei. Na medida em que isso não foi feito, o projeto de modernidade pairou no ar, descolou-se da sociedade e de toda a tradição política do Rio Grande do Sul. Tanto isso é verdade que, se tomarmos a tabulação dos resultados, veremos que, em oposição ao que aconteceu na Fronteira Sudoeste e em determinadas regiões do Noroeste, em Porto Alegre e na Grande Porto Alegre o ex-governador aumentou sua votação.

Por quê? Porque aqui e na Serra do Nordeste repercutia mais o projeto, pela própria proximidade e pela própria identificação desses setores com esse projeto. Esta é que é a questão fundamental. Identificação de forma direta! O problema foi nas outras regiões. E, nesse ponto, é preciso, enfim, ver o perfil do próprio governador Britto. É um perfil pessoal, psíquico e social que não se adequava muito a esse tipo de comportamento.

E o contraponto era feito, como digo no livro, exatamente pela figura, por um *facies* de índio grosso, talhado a facão, popular. Isso a Casa de Cinema soube explorar muito bem. Só que num confronto de igual para igual, dentro do mesmo *marketing*, certamente o PT não teria ganho. Possivelmente ganharia da próxima vez, porque algum dia o Rio Grande do Sul teria que passar por isso, não tinha saída. Mas nessa vez, possivelmente, não teria ganho. A tabulação dos resultados é bastante clara sob esse ângulo.

CB – Por essa tua análise, então, dá para dizer que quem realmente derrotou o projeto de Britto e, portanto, deu a vitória ao projeto de Olívio foram os setores atrasados e de certa forma decadentes, não no sentido pejorativo, mas de economia desarticulada em relação ao processo de globalização.

JHD – Evidente! E não é de fato uma visão pejorativa, como julgaram quando escrevi um artigo sobre os arcaicos. É uma visão sociológica. É normal que seja assim, porque aqueles que estão satisfeitos não protestam, quem protesta são aqueles que não estão satisfeitos, independente de o candidato ser culpado ou não disso. Veja a questão da Região Noroeste e da produção de soja... Aquela é uma região decadente e vai continuar sendo decadente enquanto não se reconverter a produção. Porque não é possível continuar produzindo soja em 10, 15, 20 hectares de terra. A miséria será eterna se continuar assim.

Então, isto é independente da culpa de alguém – as campanhas políticas e o *marketing* das campanhas políticas se fazem assim, independente do candidato ter culpa ou não, ter mérito ou não ter. Isso independe dos candidatos. O que está em jogo são as propostas e a visão, a expectativa dos eleitores. E a expectativa dos eleitores dessa região era de que, continuando esse projeto, continuaria a sua miséria, que não é resultado do projeto do governador anterior ou do projeto de continuidade deste mesmo governo anterior, mas é resultado de uma estrutura histórica e econômica, de uma estrutura agrária específica e do fim do modelo da riqueza da soja, do ciclo da soja dentro dos parâmetros antigos. Mas explica para os agricultores da Região Noroeste isso!... Eles não estão interessados em ver isso, eles nem entendem isso! Como é que vou ir lá e explicar para eles o que em economia se chama de *economias de escala*? Eles não entendem isso!...

Governo do PT:
decepção, conflitos e autoritarismo

CB – Em função do que analisamos até aqui, qual a explicação que tu tens, como analisas esse conflito da Farsul, da Expointer com o governo do estado – houve, é claro uma ingerência do governo federal. Isso parece-me simbólico, porque a impressão que me dá agora é que houve um estremecimento desse setor com o governo do estado. Isso significa dizer que se as eleições fossem hoje o resultado poderia ser diferente?

JHD – Isso parece bastante claro: na situação atual o resultado das eleições seria totalmente diferente. E afirmo isso com bastante convicção, com convicção plena. Claro, é hipotético, na medida em que isto não pode ser testado objetivamente, mas minha convicção é total. Como jornalista, digo que o PT levaria hoje entre 30% a 35% dos votos, no máximo.

CB – Já houve um deslocamento de votos?

JHD – Total! Claro, não sou idiota, isso é momentâneo, circunstancial, como tudo o é em política, mas houve um deslocamento brutal da opinião pública. E diria que isso é produto não em si da opinião pública em relação ao governo como expectativa. Porque raramente no Rio Grande do Sul, pelo menos na minha vida, um grupo subiu ao poder com a opinião pública tão favorável a ele. Mesmo daqueles que tinham votado no outro candidato. E pelo que conheço nos 40 anos que tenho de vida ativa em jornal, ou pelo menos em leitura, nenhum governo em tão pouco tempo provocou um tal deslocamento do seu eleitorado para uma posição indiferente ou claramente contrária. Tenho provas disso em todo o lugar, mas isso é produto das próprias atitudes tomadas pelo governo, que considero altamente prejudiciais a ele próprio. A História é a História, e não sou eu que a comando e não vou – como digo no texto – vestir a arrogante toga de juiz da História, não posso fazer isso, mas é um fato hoje. O caso da Farsul e o fenômeno da Expointer refletem exatamente isso.[46] Grande parte desse povo, como se diz por aí, que estava na Expointer, é povo eleitor do PT, mesmo os grandes proprietários. E aí ocorreu um conflito, não pela posição dos proprietários, pela posição dos expositores, pela posição dos fazendeiros, mas ocorreu um conflito pela forma desordenada de atuar do governo. Veja bem, não estou criticando o governo do PT na medida em que coloca lá dentro a Fetag, os pequenos produtores, os pequenos proprietários. Isso é fundamental, isso é uma outra questão. Não é isso. Sou altamente a favor de favorecer a pequena propriedade, por uma série de razões que explico em meu texto.

Mas, fora isso, a forma como essas posições foram apresentadas e colocadas foi totalmente inábil. Digo no livro, ironizando, e mais uma vez na Expointer provou-se isso, que, na minha visão, adotando a teoria conspirativa da História própria dos grupelhos da esquerda jurássica que estão no PT, há um agente neoliberal infiltrado lá dentro fazendo essas barbaridades... Não há outra explicação! Alguém me disse: "Mas isso é tudo estratégia". Bom, então digo que se isso é estratégia minha avó foi general da Guerra do Peloponeso. Porque não existe estratégia na qual quem a aplica seja o único prejudicado!

CB – A partir dessa reflexão, parece-me que há uma questão de fundo, que não está clara, não está equacionada, que é a seguinte: se o projeto econômico anterior estava errado, não prestava, não servia, qual é o novo projeto econômico? Um governo para ter viabilidade histórica e se enraizar, além de um bom resultado eleitoral e de uma excelente capacidade de mobilização e militância política, ele tem que conseguir viabilizar um novo projeto, uma nova ideia. Isto até agora, para mim, não está claro. Qual a tua avaliação?

JHD – Em primeiro lugar vamos deixar claro que, pelo menos por enquanto, não faço política. Eles conseguiram me tirar da toca em termos de *posição política*, mas não faço *política*.

---

[46] Referência à *Expointer do conflito* (1999), não à *Expointer da aftosa* (nota de setembro de 2000)!

CB – Mas, se hoje te candidatasses, serias senador sem nenhuma dificuldade. Podes ter certeza disso!

JHD – Não quero ir para Brasília. Bastava ser governador aqui... Mas quero deixar claro que, por não ser político, tenho simpatias pelo PT e por determinadas pessoas com as quais trabalhei, por uma visão de favorecimento da pequena propriedade, da qual sou originário, e, dentro de uma visão estratégica da agricultura do Rio Grande do Sul, estaria disposto até a trabalhar dentro daquilo que chamo de "Carta de boas intenções do PT".

Mas o problema não é esse. O problema é que, na verdade, por deficiências, por confusão, por radicalismo extemporâneo sem qualquer base, na verdade o governo atual não tem um projeto coerente e exequível. As pessoas podem achar que é ironia, mas eu estaria disposto a colaborar com um documento do PT. Não tenho partido. Como cidadão já disse várias vezes, gostaria que o governo do PT desse certo, não tenho por função ser político e portanto ser oposição. Esta é função da oposição, seja de que lado for. Estaria disposto, sim.

O grande problema é que não há um projeto exequível. E estou perplexo por perceber agora de forma objetiva aquilo que antes para mim era uma dúvida. Porque eu conhecia aquela gente e pensava: "Será que eles têm um projeto, será que eles não têm?" Até, uma vez, um vereador tentou levar-me para o partido para tentar discutir algumas coisas e evidentemente fui barrado e qualificado de fascista, autoritário, direitista e neoliberal. Este último é o qualificativo menos ofensivo...

Enfim, esse é que é o problema. O governo não tem um projeto. E, pior, mesmo que tivesse, parece não entender que hoje a agricultura está em um estágio em que, em primeiro lugar, é uma ciência extremamente complexa e, em segundo, principalmente a pequena propriedade, quando não agrega muito valor ao produto, necessita de subsídios para que as pessoas fiquem no campo. Há quem diga: "Na França eles não dão subsídio". Não dão subsídio para quem produz vinho na região de Bordeaux, porque lá agregam tanto valor ao produto que não precisam de subsídio. Mas para plantar beterraba, aveia, cevada, o governo subsidia, porque senão eles vão embora, para cidade, isso é fatal.

E de onde vem esse dinheiro para subsídio? Vem dos setores de ponta da economia que contribuem com altas receitas tributárias. Isso é fundamental perceber. Na minha análise, hoje os setores que são os formuladores da política do PT – se é que se pode dar esse nome a eles, porque ninguém formula política contra si próprio – não têm uma visão dessa questão, que me parece fundamental para a realização do próprio projeto do PT, ao qual sou favorável e simpático. E mais, me parece fundamental, na medida do possível, manter as pessoas na terra, principalmente nos países subdesenvolvidos. Como faremos isso é que é a questão.

CB – Nessa linha, Dacanal, com essa tua capacidade de percepção, que revelaste com tanto brilhantismo no livro, o que estás visualizando para o futuro a partir dos dados de hoje?

JHD – Não sei, não sei. Profeta não é aquele que vê as coisas antes de acontecerem, mas aquele que vê antes que os outros aquelas que já aconteceram. Hoje tenho alguma dificuldade de ver antes que os outros. Até alguns meses atrás para mim era fácil, por todo um processo que não interessa agora, de ligação inclusive pessoal com boa parte das pessoas e lideranças do PT. Olhando hoje, confesso que não sei o que possa acontecer.

Projetando no limite – e já que não arrisco mais minha credibilidade profissional, porque meu texto hoje é moderado em relação aos acontecimentos que se sucederam nas últimas semanas e nos últimos dias – e, portanto, não arriscando minha credibilidade profissional, diria que o atual governo marcha para um golpe branco interno, em que os grupos mais pragmáticos e mais civilizados, mais ilustrados, da *nova classe* resolverão eliminar ou pelo menos congelar os mais radicais – o que seria a alternativa que julguei que aconteceria logo de início, como num certo sentido aconteceu na Prefeitura de Porto Alegre em 1988/89/90. Num certo sentido aconteceu isso, mas na Prefeitura não se necessita de visão estratégica, na Prefeitura necessita-se de fazer tarefas corretamente e isso foi feito, é feito. Ou então, no limite – o que me assusta e me deixa perplexo –, o governo do PT segue a rota atual e marcha para uma radicalização cada vez maior, o que levará a uma pré-convulsão no Rio Grande do Sul, com intervenção talvez até federal, e evidentemente a uma derrota nas próximas eleições. No limite, parece-me que é isso, mas não tenho bola de cristal e essas coisas não aconteceram ainda. As outras, que escrevi em meu ensaio, já tinham acontecido, só que os outros não tinham visto ou não queriam dizê-lo.

CB – Estamos talvez indo para um momento em que se vai poder melhor avaliar isso. O PT está vivendo um período de pré-congresso e há uma preocupação muito grande, que corrobora essa tua preocupação, de um avanço dos grupos radicais dentro do partido, inclusive no plano nacional. Se isso se confirmar, quem sabe, esses teus prognósticos possam até ficar mais claros.

JHD – Espero que a segunda alternativa não se confirme. Nenhuma pessoa que tenha mente sã e que tenha uma visão equilibrada, por mais radicais que sejam suas posições ideológicas, pode dizer o contrário. Seria insano dizer o contrário. Espero que prevaleça a primeira alternativa. Se não prevalecer, é de fato difícil dizer para onde é que se marcha.

CB – Mudando um pouco o eixo da conversa, que está sendo excelente, para mim pelo menos, queria que tu comentasses um pouco a questão democrática. Estamos todos muito preocupados com ela. Queria que analisasses por que, afinal de contas, essa sistemática rejeição do PT à legalização do Orçamento Participativo? Em Porto Alegre está há tantos anos implantado e não seria mais fácil para o PT, depois da experiência já estar consolidada, legalizá-la e com isso eliminar toda uma área de ataques, rejeição e até de suspeita contra o real significado desse instrumento, que na sua essência é positivo, com a participação popular e o envolvimento das pessoas nas decisões do orçamento e de investimentos da área pública? Por que essa obstinada rejeição à legalidade do instrumento?

JHD – As perguntas interessam a você e as respostas a mim, mas tudo bem, combinamos! A pergunta é muito bem formulada porque ela vai ao ponto essencial, que é o seguinte: o PT, os grupos radicais que comandam o PT, não é todo o PT, são grupos radicais que controlam a máquina, eles não estão interessados na legalização desse processo. Porque isto significaria a aceitação implícita daquilo que eles qualificam de *sistema burguês*, a democracia burguesa, a democracia liberal. Portanto, consequentemente, a eles não interessa a legalização desses mecanismos, porque a eles interessa exatamente – e isso está dito no texto e hoje não mais por mim, pois o meu texto é até moderado, num certo sentido, depois daquelas *13 teses* do PT gaúcho publicadas recentemente – a instauração de um modelo socialista de corte soviético-cubano no Rio Grande do Sul e no Brasil. Nisso, depois das *13 teses*, ninguém pode dizer que exagerei no texto.

Então é coerente. O PT não pode aceitar a legalização, dentro da sua atual visão – o que vai acontecer no futuro, não sei – é coerente a não-aceitação. E, mais do que isso, a não-aceitação da legalização desses mecanismos é fundamental para o PT porque, inversamente, na medida em que aceita essa legalização, ele passa a integrar como os outros partidos – na visão deles – o sistema do contrato, da convenção, da existência de uma estrutura legal, e os radicais não aceitam essa estrutura legal. Eles são claros, o que dizem nas *13 teses* é explícito. Eles não aceitam isso.

Vejo a Assembleia Legislativa, por exemplo, e até a Câmara de Vereadores, como órgãos e organismos que de um ponto de vista administrativo teriam que ser radicalmente alterados. Não é mais possível manter uma Assembleia Legislativa com estes custos. Só que uma coisa é a alteração radical do sistema político-partidário-eleitoral e inclusive da estrutura administrativa da Assembleia Legislativa como órgão. Outra coisa é a alteração do sistema político e legal vigente.

Então, o Orçamento Participativo e o centralismo democrático, que são as táticas básicas da máquina do PT no Rio Grande do Sul, entram como cunha no meio desse ponto. É necessária uma alteração de determinadas estruturas administrativas, políticas, de um lado. Isso é óbvio, qualquer pessoa que tenha uma visão adequada vai ter que aceitar isso, porque elas representam estruturas brutais de concentração de renda – o Judiciário é também um caso – que deixam pouco espaço para a existência de um *plus*, de um superávit de receita do estado para o atendimento dos projetos sociais.

Isso é um dado aceito por todos os que têm uma visão avançada da democracia e fazem uma análise fria da realidade política, partidária e eleitoral do Rio Grande do Sul e do Brasil. Mas uma coisa é isso, outra é a alteração do quadro legal vigente, do sistema democrático vigente, da alternância do poder, da existência de várias empresas de comunicação, da existência da liberdade de imprensa, da liberdade de expressão, isso é uma outra coisa. É um sistema que deve ser preservado, que "não é o ideal", como dizia Churchill, é ruim, "só que não tem um melhor". É aqui que eles colocam a cunha, é nesse ponto. Eles se utilizam das mazelas existentes e atribuem essas mazelas ao *sistema*, não ao *ordenamento* do sistema.

CB – Essa política de conflitos, que está tão forte nesse primeiro período do governo Olívio, estaria dentro dessa lógica, do rompimento da legalidade democrática?

JHD – Está, está dentro da lógica e isso faz parte, é próprio. As pessoas podem dizer que seja uma lógica insana e louca. Mais uma vez cito a personagem Polônio, em *Hamlet*, de Shakespeare: é uma lógica insana, louca, mas tem um método. E esse método é a visão totalitária, radical e exclusivista dos grupos que controlam a máquina do partido.

As duas faces de projeto totalitário

CB – Há um comentário, a cada dia mais forte, de que a democracia formal, a democracia burguesa, assim dita, tem sido usada pelo PT para chegar ao poder através do voto, mas uma vez no poder ela passa a ser empecilho. Daria para se dizer isso?

JHD – Essa é a visão, não apenas do PT, mas de todos os partidos que se dizem, sejam eles ou não, revolucionários, ou que se explicitam como tais. Essa é a visão historicamente normal. O que interessa é assumir o poder. Se não for possível assumi-lo por vias legais, ele será assumido por vias ilegais, pela rebelião e pelo rompimento do quadro legal. Evidentemente, como digo em meu texto, as táticas do centralismo democrático e do Orçamento Participativo são as fundamentais, elas buscam exatamente isso: a eliminação, a anulação e, no final, a destruição do sistema legal vigente. Um ex-petista perguntou-me: "De onde é que você tira tantas informações corretas?" "Ora – respondi – lendo Lênine e zapeando TV..."

CB – O PT brasileiro não assinou a Constituição Cidadã de 1988 e o PT gaúcho não assinou a Constituição Democrática de 1989.

JHD – Mais uma vez, não há o que dizer. Pode ser insano, mas tem método. E, ainda mais do que método, tem uma honorabilidade e uma candidez que se tem que admirar. Eles não estão dizendo ou fazendo nada do que não tenham dito antes. Eles não assinaram as Constituições. Isso é uma sinceridade que deve ser admirada, sem ironia. Por outro lado, é de uma terrível ingenuidade, num certo sentido. De incoerentes é a última coisa que o PT e a *nova classe* podem ser acusados.

CB – Talvez a gente não tenha tirado todas as implicações disso naquele momento.

JHD – Na época talvez sim, mas isso é extremamente coerente.

CB – Uma coisa que chama muito a atenção, sobretudo com a divulgação das *13 teses*, que não só corroboram a tua análise como vão além dela, a tal ponto que parece até moderado hoje o teu livro, é a revelação de duas linguagens impressionantemente diferentes. Uma linguagem para dentro, para a militância, para dentro da máquina partidária, e uma outra linguagem, completamente diferente, para fora, para o eleitor. Parece uma esquizofrenia, um partido com absolutamente duas caras. Qual tua avaliação sobre isso? Ou essa é uma percepção errada?

JHD – Não, e na minha visão essa é uma percepção extremamente correta, mas mais uma vez voltamos à questão do método. Isso é próprio em qualquer grupo insurrecional. De uma forma mais explícita, ou menos explícita, isso, para quem leu Lênine, é bastante evidente. Como ninguém, ele explicita a estratégia e as táticas para a tomada do poder nas suas obras. E a visão leninista, bolchevique, ou se se quiser chamar, marxista-leninista, este conjunto de estratégias e táticas definidas pelos bolcheviques a partir de 1910/1912, principalmente a partir de 1915, esse conjunto de táticas contêm uma que é fundamental: "Não assuste, procure trazer para si aqueles que podem ajudar, os *companheiros de viagem*". Quanto ao processo interno, é outra questão, mas os objetivos são conhecidos de todos os que Lênine chamava de *vanguarda revolucionária*.

E o PT, a máquina do PT, principalmente aqui no Rio Grande do Sul, se auto-atribui um papel que julga ser o de vanguarda revolucionária. Vanguarda não apenas do Rio Grande do Sul, mas do Brasil e do continente, e até – insanamente – alguns se julgam a vanguarda mundial. Eles têm essa autovisão. A máquina tem essa visão, porque eles foram educados pelos grupelhos da esquerda jurássica marxista-leninista. Digo isso no texto, também. A *nova classe* foi educada pelos grupelhos da esquerda clássica histórica brasileira, que vinham dos anos 60 e que lutaram contra o regime militar, contra a ditadura. Eles apenas transferiram para ela sua visão, que considero limitada, mas a História é a História, e não posso prevê-la. Eles apenas transferiram essas táticas e estratégias marxistas-leninistas para a prática da *nova classe*.

Eu digo que, temendo que meu texto caísse um pouco no vazio, sugeri que o PT publicasse as *13 teses*, o que me deu cobertura (foi tudo conspiração minha)... Mas, sem brincadeiras, o que ocorre é que pela primeira vez estas teses circulam em Porto Alegre, em folhetos, expondo de forma direta e explícita sua visão para a população, ainda que seus deputados não tenham feito isso, de forma explícita, no Parlamento – até aí a insanidade e a ignorância deles não chega. Mas nos textos eles fazem isso explicitamente.

Então, isso é uma tática. Uma cara para dentro, que é o estabelecimento de objetivos definidos, não interessam quais sejam para a sociedade, que está fora. E uma cara para fora, como se fosse um partido que trabalha dentro da legalidade. Pelo menos há uma tentativa de manter essa separação. Claro que isso é muito difícil, porque, por exemplo, assisti a dois deputados do PT, claramente, por ignorância ou por açodamento, como diriam antigamente, dizendo isso na TV. Uma deputada disse que "o governo do PT deve governar para aquela parte da população que votou nele, não para a outra parte." Então, isso é uma loucura dentro do sistema. E isso foi dito na TV às 11h da noite. No mesmo programa, não vou citar os termos exatos, porque seria aristocratismo idiota, já que eles representam uma conspiração contra a língua portuguesa (usarei o português clássico), um deputado disse: "Se é bom para o povo, as leis não importam". Ora, ambas são explicitações, ainda que ingênuas, da teoria insurrecional. Para quem zapeia TV não precisa mais do que isso.

CB – Estaria mais para estalinismo ou mais para fascismo?
JHD – As teorias são classicamente leninistas mas todo o partido totalitário, de uma ou outra forma, marcha para aquilo que se chama e que também qualifico de fascismo de esquerda. Que, aliás, foi o que disse, num determinado sentido, o deputado Rolim, num programa de que participei e que está gravado.

CB – Você definiria o PT como um partido só aparentemente democrático, mas essencialmente totalitário?
JHD – Não, eu diria que atualmente ele nem é mais aparentemente democrático. Não há mais por quê. Eles julgam, na visão estratégica deles, que atualmente não é mais preciso manter a aparência de democráticos. Eles são basicamente, pelas suas origens, um partido totalitário, principalmente, aqui no Rio Grande do Sul. Em São Paulo, ele não é, não foi e nunca será assim. Também o PT no Brasil. Tem uma diferença muito grande. Isso exigiria um estudo, uma pesquisa. No livro digo que o PT é um até 1988/89, até a vitória para a Prefeitura de Porto Alegre é um partido. Até podia ser, como digo no livro, corporativista, populista, até um tipo de brizolismo modernizado, mas ele não era totalitário. Convivi com esses grupos. Lá havia grupos de estudantes enlouquecidos, tudo bem, havia um que outro representante de grupos que tinham entrado para o partido em 1986/87, dos velhos grupelhos da esquerda jurássica, mas até 1988 ele era um partido totalmente diferente do partido atual.

Ele começa a se modificar exatamente a partir da tomada da Prefeitura de Porto Alegre. Aí começa aquilo que chamo de instrumentação política de um grupo sociogeneracional-cultural pelos grupos da esquerda histórica clássica brasileira dos anos 60/70. Isso está no livro.

CB – Queria exatamente que você comentasse esse ponto, que julguei impressionante, nunca tinha visto nada igual, mas acho que é extremamente pertinente. Vou te ler o trecho do teu livro que quero que você comente um pouco mais. Tu sabes que

159

teu livro está sendo lido com lupa, está todo mundo decorando ele, virou moda.

JHD – É a glória! Quem diria que eu ia chegar aqui...

O Rio Grande e a nova classe

CB – **Virou livro de cabeceira, de bolso. No texto dizes:** *"Assim, sua indiscutível eficiência nasce da inabalável convicção de quem julga estar transformando o mundo, quando de fato está apenas protagonizando um amplo movimento de ascensão social de indivíduos e grupos que tentam desesperadamente encontrar um lugar ao sol num mundo cada vez mais competitivo, que raros ou nulos empregos oferece aos geneticamente pouco dotados e intelectualmente mal formados"*. **Me fala um pouco da composição social desta** *nova classe* **e do que ela gera em implicações políticas, sociais, ideológicas.**

JHD – Como me disse alguém, cujo nome prefiro não citar: "Viu no que deu os militares darem educação para todo mundo?"

CB – **Essa é uma nota de rodapé do teu livro.**

JHD – Olha, ele sabe tudo! Estão decorando o meu texto!

CB – **Não te subestimes, Dacanal! Viraste no intelectual das forças orgânicas democráticas deste estado. Pensa grande, meu amigo! O Rio Grande precisa de ti!**

JHD – Mas eu não preciso dele! Vou me embora daqui. Domino oito línguas, não tem problema. Mas este é um processo fascinante e foi o que me levou, no limite, a escrever este texto. Este não é um texto contra o PT. Tentei entrar no PT algumas vezes, tentei duas vezes. Uma terceira vez fui convidado, recusei, e nas duas outras vezes em que tentei não fui aceito. Inclusive, na primeira vez que meu nome foi levado ao partido, o grupo dos corporativistas da Universidade Federal, no final da década de 80 ou no início da de 90, este grupo chegou e disse: "Ou nós, ou ele. Se ele entrar, nós saímos". Não julguei que eu tivesse tanta importância! Mas, enfim...

Então, este não é um texto contra o PT, não é um texto contra o grupo que governa o Rio Grande do Sul. Ele não surgiu como tal, ele até pode parecer, até tem partes que são, mas sou um democrata e me senti incomodado por determinadas atitudes, como essa do *"Governo Democrático e Popular, às ordens"*. Me senti pressionado, e até ameaçado. Por isto, pode ser até um texto que se tornou contra o PT. Mas, em sua origem, o texto surgiu pela minha não-compreensão, pela minha incapacidade de compreender o que estava ocorrendo. Na verdade, é um texto que escrevi com sangue, não contra o partido ou contra o governo, mas para compreender esse processo histórico, de caráter sociogeneracional-cultural, que identifico como sendo a *nova classe*. Porque eu olhava para o partido e para aquelas figuras que eu conhecia e pensava: "Como essas pessoas pensam assim? Por que elas pensam assim? O que é que elas são?" E não entendia como esse processo estava ocorrendo. Até que, ao longo de pelo menos dois, três anos, fui compreendendo. Até levei tempo para encontrar o título, e o peguei de Milovan Djilas, um escritor iugoslavo, que escreveu seu livro logo após Tito assumir o poder, na década de 50, sobre o que ele chamou de a *nova classe*.

Reconheci então um processo sociogeneracional-cultural que identifiquei como sendo a *nova classe*. O que é a *nova classe*? A *nova classe* é exatamente o que diz o texto. Ela é produto de uma série, de um conjunto de fenômenos impressionantes, ocorridos na década de 70 e principalmente na de 80, a cavaleiro da modernização da agricultura, da industrialização e da urbanização rápidas.

Primeiro: universalização, praticamente total no Rio Grande do Sul, do ensino de 2º Grau; segundo: desintegração e ausência de legitimidade dos velhos partidos, fossem eles, para usar a terminologia corrente, de esquerda ou de direita; terceiro: ingresso da mulher no mercado de trabalho; quarto: desorganização, em parte por causa da universalização, do ensino e redução brutal de sua qualidade; quinto: recessão econômica; sexto: inflação; sétimo: violento processo de globalização dos meios de comunicação e, portanto, de disponibilização universal das informações básicas; oitavo: a perda, resultante de tudo isso em grande parte, da legitimidade das lideranças das médias e pequenas cidades do interior (viu no que deu, Dr. Busatto, lutar pelo programa gratuito eleitoral?), cuja população passou a ter, a partir da televisão, acesso a todas as informações básicas e aos programas de todos os partidos, inclusive numa dimensão que considero hoje altamente autodestrutiva para a sociedade. Por exemplo, as propagandas de determinados partidos são a pregação da destruição e da negação do sistema legal vigente. Isso é um crime e é autodestrutivo para a sociedade.

Esses fenômenos são basicamente todos em nível nacional, só que dado, por exemplo, o nível de educação e de informação maior aqui no Rio Grande do Sul, tais elementos foram potencializados. Veja, por exemplo, o que é a geração CPERS? Na geração CPERS, 99% são mulheres. Na minha geração e um pouco depois, as mulheres até o final da década 60 não trabalhavam, a não ser na economia colonial imigrante, mas nas cidades elas não trabalhavam. Havia as operárias, nas classes de baixa renda. As mulheres de classe média só trabalhavam em casa. Na alta classe média não trabalhavam. Pois a partir do final dos 60 o mercado e a economia começam a se abrir. Na economia começam a crescer os setores secundário e terciário, a indústria começa a explodir e principalmente o setor terciário, de serviços, e a mulher começa a entrar no mercado de trabalho de uma forma – eu diria – avassaladora, ampla e quase universal. Isso ocorre aqui e ocorre em quase todo o País, mas os processos se dão aqui de forma mais intensa porque são potencializados pela base educacional, pela base social, inclusive cultural, do Rio Grande do Sul. Essa é que é a questão. Não é que eles não ocorram em todo o País e aqui tenham especificidade. Mas aqui eles têm a especificidade de terem ocorrido de uma forma muito mais intensa e aguda.

São esses fenômenos que levam a isso, e dentro desse contexto o que é que se cria? Um enorme, talvez em termos de centenas de milhares, no mínimo, ou até perto de um milhão, mas no mínimo centenas de milhares, um enorme exército de trabalhadores subilustrados, mas com formação básica, e sem emprego, o que chamo de *proletariado intelectual*, que é aquilo que também chamo, por uma questão jornalística, de a *nova classe*. Esse é o grupo que luta e que faz da política uma profissão.

Para mim, o que vai ficar do meu texto – se é que vai ficar alguma coisa, mas é um texto que já se tornou histórico, mais por culpa do PT do que por minha culpa – é a identificação deste fenômeno da *nova classe*. Isso vai ficar, porque fui o primeiro a referi-lo. Porque este é que é o fenômeno fundamental e é isso que a mim chamou mais a atenção e foi aí que começou o ensaio. Na verdade não começou tendo em vista uma relação com o PT, pró ou contra. Começou na análise desse fenômeno. Saiu exatamente no momento adequado e provocado pela ascensão do PT ao poder. Mas este fenômeno independe do PT e é maior que o PT, ainda que ele tenha viabilizado a ascensão do PT ao poder. Porque estes grupos, que chamo de *proletários intelectuais*, eles fizeram da política uma profissão e uma via de ascensão social.

CB – E assim fica uma barbada colocar 70 mil pessoas em Brasília. Tudo isso daria um belíssimo roteiro de pesquisa.

JHD – Sim, sim, é o que me dizem. A cada parágrafo dá um outro livro. Claro, este é que é o fenômeno. Na análise fria do historiador, do analista, este é um fenômeno fundamental. Quem não entendeu isso não entendeu o PT aqui no Rio Grande do Sul. Tanto que em outros estados ele é bem diferente, é totalmente diferente, ainda que todos estes elementos participem, mas aqui é que estes elementos se juntaram num determinado momento e fizeram isso.

E há o nono fenômeno, que levanto no livro, no capítulo sobre as condições objetivas, que é o sistema político-partidário-eleitoral maléfico, deletério, que favorece aqueles que são ou ingênuos ou mal-intencionados ou pouco competentes e afasta aqueles que, digamos assim, não sou piegas, que tenham interesse em fazer o seu *cursus honorum*, como se diz em latim, mas dentro de uma visão de poder trabalhar, poder ter uma estrutura que os proteja, de não se desgastar muito. Eu mesmo já teria concorrido pelo menos a deputado estadual, já fiz várias campanhas como jornalista, mas me dei conta que o custo pessoal, físico e de risco econômico, é um custo monstruoso. E quem vai enfrentar isso? Não posso, não tenho dinheiro para isso. Assim, este sistema é maléfico.

CB – Mas com o teu livro e com a repercussão dele a tua campanha está pronta. Não pensas, quem sabe, já nessa fase madura da tua vivência, não pensas em colocar em prática esse plano?

JHD – Não. Sou um político que não fiz carreira e sempre fui assim. Entrei em uma só eleição em minha vida, que foi no Centro Acadêmico do Seminário São José do Passo Fundo, e trapaceei e empreguei métodos nada amenos. Ganhei. Política é isso. Evidentemente, dentro da legalidade, daquilo que era legalidade na época, do quadro legal da instituição em que eu estudava. Mas creio que não me candidatarei. Até tenho pensado. Entrei e fiquei um ano no PSDB e depois saí. Até tenho pensado em entrar em algum partido com alguns intelectuais, mas um partido que não seja suficientemente grande para acicatar nossa ambição e seja suficientemente pequeno para nos dar liberdade. Mas, por enquanto, não penso não. Até, quando publiquei esse livro, pensei: "Agora virão todos dizer: Você será o próximo governador". E aí lembrei: "Mas tenho que entrar em um partido. E em qual entraria sem me prejudicar? Não tem!" Aí, dez dias depois, o Mangabeira Unger entrou no PPS, depois, esses dias, o Émerson Kapaz. Depois disso eu pensei: "Puxa... esse é o partido, foi fundado para mim, e até, inclusive, isso tira do PT o argumento de me chamar de fascista ou direitista".

CB – Olha só, será que estamos dando um furo aqui? São bons amigos nossos, tenho o maior carinho e respeito por eles.

JHD – Pode, pode publicar isso. Pois é um partido que se adapta a mim. Depois tem lá um meu colega dos velhos tempos da Caldas Júnior, que é o Lauro Haggemann. Mas, não, não penso em entrar agora. Acho que esse *cursus honorum* tem que começar aos 30, no máximo aos 40 anos. Depois não vale mais a pena. Mas, enfim, tem tantas coisas que eu disse em minha vida que não valiam mais a pena e depois as fiz. Os processos históricos são imprevisíveis. Por exemplo, não queria escrever esse texto, nunca resisti tanto. Me interessava mais a análise do surgimento da *nova classe*, mas o texto final foi o que acabou saindo. Eu não pretendia escrever isso no início. Resisti, mesmo porque não ganho nada com isso, a não ser a inútil concordância de uns e a compreensível sanha de outros.

CB – Talvez este seja o primeiro momento em que esteja discordando de ti, Dacanal. Acho que estás cumprindo um papel histórico neste momento tão peculiar de nosso Rio Grande.

Acho realmente fundamental e quero que saibas que é o que pensam muitas, muitas pessoas que hoje convivem pelo menos comigo. Mas quero te explorar mais um pouquinho, posso?

JHD – Nossa, isso vai sair um caderno!

Ideologia socialista, economia de mercado e as exigências históricas de justiça

CB – Quem sabe vai sair daqui *A Nova Classe 2*? Mas quero te colocar a questão do socialismo. Há toda uma crítica à experiência histórica do socialismo real, aos estragos que ela deixou. Dentro disso, você continua achando que a ideia de uma sociedade socialista, a utopia do socialismo continua atual, consegue sobreviver a essas experiências históricas que nesse século foram tentadas e que provocaram tantos custos, tantos prejuízos, vamos dizer, tantos fracassos?

JHD – Em primeiro lugar, vamos colocar uma questão básica. O sistema planetário vigente, principalmente a partir de 1990, não pode mais ser chamado de capitalismo, porque é simplesmente redundante. Ele é o único sistema existente. Na verdade trata-se de um sistema econômico, de um sistema industrial planetário. Onde vai dar isso em termos econômicos, não sei. Parece-me que Marx tem razão, ele se autodestruirá. Mas não pelo socialismo.

Portanto, temos um *sistema industrial* de ordem, de natureza capitalista. Não existe outro. Esse é um ponto fundamental. Existiu outro, que era o sistema industrial centralmente planificado, que era conhecido, vulgarmente, pela sigla Comecon, sob o comando da União Soviética na época. Mas hoje não existe mais. Hoje não se pode mais falar nem em capitalismo, nem em socialismo. O que existe é um sistema industrial dentro das regras de reprodução do capital, que Marx estudou e que tantos analisaram em suas obras e em seus textos. O primeiro ponto é esse.

O segundo ponto é que, se falarmos ideologicamente em socialismo, temos que dividir historicamente este socialismo, porque ele tem duas linhas e se desenvolveu, pela direita, através do etapismo social-democrata e, pela esquerda, através do marxismo-leninismo.

Ora, o marxismo-leninismo identificou-se a partir de determinado momento com o sistema industrial centralmente planificado e desapareceu. Consequentemente, só restou, e a questão é elementar hoje, só restou para a mudança social, para a distribuição de renda, ou seja lá o que for, só restou a alternativa do etapismo social-democrata, o que não quer dizer que a alternativa do etapismo social-democrata não possa ser aplicada a partir de uma revolução, não tem nada que ver com isso. Falo de um ponto de vista da economia e da forma de como adequar essa economia àquilo que chamo de *exigências históricas de justiça*.

Sob esse ângulo, só resta a economia de mercado, só resta o caminho que chamei de *etapismo social-democrata*. Porque, vejam bem, os únicos países, não vamos discutir a questão do imperialismo, da expansão e do domínio econômico, que seria uma outra questão, mas os únicos países que têm mais ou menos uma estrutura que resolveu aquilo que chamo de *exigências históricas de justiça* são os países europeus e os Estados Unidos. Mas vamos tirar os Estados Unidos, pela sua dimensão imperial. São basicamente os países europeus, principalmente os países do centro-norte e norte da Europa, como a França, a Itália, os países escandinavos etc., que são os que exemplificam claramente o etapismo social-democrata, que foi incentivado e que foi imposto e elaborado a partir da Revolução Soviética e da pressão por ela exercida sobre as classes proprietárias e dirigentes destes países, as quais resolveram progressivamente entregar os anéis, talvez até alguns dedos, em troca da manutenção do quadro legal e do sistema de propriedade privada.

O resto é antigo. Este é que é o ponto central. É como eu disse no programa *Conversas Cruzadas*, onde estava o deputado Rolim, "Não vou pautar meu debate pela questão do socialismo. Isso pode ser um problema do PT, mas não meu". Isso é um problema superado sob o ponto de vista da identificação de socialismo com justiça social ou com economia centralmente planificada. Este é um sistema que acabou. Não tem o que discutir mais. O problema todo é encontrar, principalmente em países com monstruosos problemas sociais e desníveis de renda e com um sistema político-partidário-eleitoral maléfico, o problema é encontrar nesses países as fórmulas econômicas, políticas, institucionais, sociais, como quiserem chamar, de integrar, na medida do possível, todos dentro do sistema da economia de mercado. Como isso será feito é o que deve ser discutido, e se é possível que isso venha a ser feito. Essa é que é a questão. O resto, historicamente, não se discute mais, isso acabou.

Vou dar um exemplo do que é que chamo de *exigências históricas de justiça*. Em 1988 eu estava dando aula, ao meu estilo de pedagogo provocador... Tenho estas duas profissões desgraçadas, jornalista e pedagogo. Jornalista que não provoca o ódio de uma metade dos leitores e a paixão da outra metade não existe; e professor que não provoca a mesma coisa em cada metade da aula também não existe. Então, somos obrigados a assumir determinadas posições para podermos sobreviver. Isso é verdade e faço isso profissionalmente. Então, apresentava-me como um provocador furioso em aula e havia lá uns 30 alunos. Três ou quatro afro-brasileiros, algumas meninas, umas 10/12 mais bonitinhas, e eu ia dar Bernardo Guimarães. Cheguei então e disse: "Não gostaria de estar dando aula aqui. Gostaria de levar vocês – e apontei para os rapazes mais parrudos – para minha senzala para plantar eucaliptos". E para as meninas: "Você, você, você, eu gostaria de levar as mais bonitinhas para o meu harém, ao lado da senzala". Foi um horror! "Este professor é louco", disse alguém, e começaram a esfregar os pés. E eu disse: "Isso é o que eu queria estar fazendo e não dando aula para vocês". Aí, levanta-se alguém e grita: "Mas isso é uma loucura, temos que processar o senhor". Então eu disse: "Senta minha filha, calma! Deixa eu falar só mais uma frase: Vocês sabiam que em abril deste ano – era 1988 –, no próximo mês, serão comemorados 100 anos da extinção desse sistema no Brasil? E que meus quatro avós nasceram antes da extinção desse sistema? Assim, vocês podem estudar agora *A escrava Isaura*, de Bernardo Guimarães. Que, por sinal, era branca, lindíssima, casou com seu senhor e de lambuja falava francês e tocava piano".

Bem, isso tudo tem um custo, fui chamado de louco, mas é o melhor método e nunca ninguém mais esquece. Ou seja, há 100 anos, em 1888, o sistema era este. As pessoas iam ao mercado e compravam os mais fortes e levavam para a senzala; pegavam as mais bonitinhas e elas iam ser amantes no harém, na cozinha ou coisa parecida. Naquela época isso era legal e fazem só 100 anos. Era legal, legítimo e aceito.

Hoje não é mais aceito historicamente que a pessoa não tenha mínimas condições de habitação, de alimentação e de saúde. Então, este é nosso problema hoje, num país como Brasil, no qual há ainda o problema da explosão demográfica – esse país cresceu em 40 anos 100 milhões de habitantes; isto representa três Argentinas. Isto é loucura, o PT é fichinha perto do que já aconteceu...

Essa é que é a questão. O socialismo é uma questão já resolvida e liquidada, tanto que se diz – e, creiam, a frase não é uma invenção minha – que o socialismo foi em vários países o caminho mais longo para o capitalismo.

O homem novo, o cristianismo e a pregação marxista

CB – Você inclui Marx nisso?

JHD – Sim, como visão política, sim. Ainda hoje estava conversando com minha mulher sobre isso. A visão marxista do ponto de vista político é a visão judaico-cristã do *homem novo*. É o que estão querendo criar aqui no Rio Grande do Sul – o *homem novo* –, que é uma visão religiosa. Este não é o Marx analista econômico, que foi talvez o maior de toda a história da ciência econômica.

CB – Ele continua vigente?

JHD – Acho que cada vez mais, indiscutivelmente, só meio esquecido por enquanto exatamente porque a sua visão mítico-religiosa da criação do *homem novo* esboroou-se. Aliás, isso eu nunca entendi, porque quando saí do Seminário (fiz lá até o clássico, mais um ano que eles chamavam de *noviciado* ou *provação*), quando saí meus colegas na Universidade Federal falavam em *homem novo*, na criação do *homem novo*, e eram anticlericais, contra a Igreja. E eu olhava para eles e pensava: "Mas como, que engraçado isso, saí de lá e eles pregam a mesma coisa que a Igreja!?" Eu não era nem contra nem a favor, ficava na minha, mas achava estranho aquilo, que eles pregassem o *homem novo*, a *metánoia*, que em grego quer dizer *conversão*, a *parusia*, que é o socialismo, a realização final dos tempos, quando vai aparecer o *homem novo*. Eu ficava olhando para aquilo e nunca dei muita bola, só achava muito parecida a pregação ideológica da esquerda com a pregação da Igreja Católica.

Claro, nestes últimos anos me tornei mais ou menos um exegeta e hoje conheço bastante toda a literatura cristã primitiva e judaica e evidentemente a ideia de progresso e a ideia da redenção final, do fim da História, seja através do socialismo, seja através do Juízo Final, seja através do aparecimento de um Novo Reino, é uma ideia clássica judaico-cristã. E o socialismo, do ponto de vista da sua ideologia política, é uma ideia referida diretamente à concepção judaico-cristã da História. Isso é fascinante.

CB – Esse livro tu vais escrever?

JHD – Estava querendo escrever este livro quando o santo baixou aqui em casa e me disse: "Escreva sobre o PT!" É verdade, já tinha começado a escrever um capítulo. Para me livrar desse negócio do PT, eu pensei: "Agora vou começar a escrever sobre o cristianismo, sobre as origens do cristianismo". Aí chegou o santo e disse: "Não! Agora é sobre o PT". Mas é um fenômeno fascinante. O socialismo, tal como ele foi pregado, é diretamente filiado à tradição judaico-cristã, é produto específico dessa tradição, que é a ideia do fim da História, do progresso até aquele momento, e a negação, portanto, no limite, da dialética, porque se diz que vai chegar um tempo em que a dialética, ou seja, os conflitos, não existirá mais.

De um ponto de vista econômico é diferente. Portanto, não há mais o que dizer sobre socialismo ou capitalismo. O que há que se discutir é a execução na medida do possível e universal das exigências históricas mínimas de justiça.

CB – Estou ficando curioso e vou ter que te fazer essa pergunta. Sou economista, estudei Marx, fiz meu mestrado no México, na época, na Universidade Nacional Autônoma do México, estudei profundamente Marx, *O capital* e toda a literatura marxista, enfim... Uma coisa sempre me intrigou, tenho uma ideia, e queria que me comentasses se ela é absurda. É o seguinte: na verdade, o Marx sempre disse que o socialismo, depois o comunismo, seria o resultado da destruição do capitalismo, do

amadurecimento do capitalismo. Nunca escrevi sobre isso, mas tenho refletido. Se você ler Marx atentamente, sem preconceito, sem ideologia pré-determinada, a impressão que me dá é que o socialismo seria resultado, o pós-imperialismo, produto da destruição do capitalismo – claro, ele dizia que seria resultado da luta de classes, não seria uma coisa que viria por si só. Ora, mas isso quer dizer que o socialismo na visão marxista para poder vigorar e vigir numa sociedade, essa sociedade tem que estar num estágio extremamente avançado de seu desenvolvimento econômico, tecnológico, social e cultural. A conclusão que tiro: será que Lênine, o leninismo, o maoísmo, os outros "ismos", o trotskismo, não foram uma tentativa voluntarista de atalhar a História e por isso deram no que deram? Quer dizer, será que não foi na verdade um rompimento com Marx, no sentido em que se tentou implantar o socialismo em países atrasados, que não tinham as pré-condições para o socialismo, que seria um regime superior, em que o homem não seria mais submetido ao mercado, à exploração, mas seria o sujeito do processo, quer dizer, será que não houve uma tentativa de atalhar a História, portanto a História reagiu e o capitalismo voltou ainda mais deteriorado, como é o caso da Rússia hoje e tal? Queria que tu me ajudasses a formular melhor isso.

JHD – A questão se divide em duas partes. Em primeiro lugar, vamos deixar à parte a análise econômica de Marx. Vamos eliminar isso. Vamos falar do *Manifesto comunista*, do *18 Brumário*, mas basicamente do *Manifesto comunista* apenas. Esse *Manifesto* é uma visão mítica do homem, nele voltamos à ideia anterior que coloquei. Em o *Manifesto comunista*, a visão do socialismo, de uma sociedade futura sem classes, é uma visão mítica. Explícita e claramente de fundo judaico-cristão. Quer dizer, para que isso ocorra é necessário que haja a *metánoia,* quer dizer, a conversão. É preciso que os burgueses sejam eliminados e que todos os homens se convertam à fraternidade. Em resumo: é preciso que os homens deixem de ser homens na sua parte animal. Então, esta é uma visão mítica, religiosa. Essa visão marxista entra em conflito relativo com a sua visão econômica – depois elas se unem. Porque, na visão de Marx, o capitalismo vai se realizar, o que também é uma visão não-dialética, vai chegar um dia em que o capitalismo vai se realizar no socialismo. Visão na qual entra a parte mítica da ideia. Mas o que ocorre? Marx tem uma análise econômica brilhante do capitalismo e diz que ele vai ser isso, isso e isso, assim e assim, na parte, por exemplo, em que ele fala da Inglaterra – uma das poucas que li de *O capital*, e na qual ele faz um louvor ao capitalismo, aos grandes empreendedores capitalistas, como sistema progressista e destruidor dos velhos laços feudais e aristocráticos.

Marx faz a análise do sistema capitalista, só que ele vai depois acoplar uma visão mítica judaico-cristã a esta análise e é desta visão mítica que ele faz a espinha dorsal de sua pregação ideológica. O que ocorre? No ensaio há uma frase que as pessoas acham forte demais, mas que é verdadeira: *só têm fé os que têm fome, literal e metaforicamente.* O que vai ocorrer? Onde é que a pregação marxista ideológica vai encontrar espaço para se realizar concretamente? Nos países atrasados, porque lá tinham fome, é simples, eram países atrasados que utilizaram a ideologia e a visão marxista mítica do socialismo e da realização final da fraternidade a partir do capitalismo, e a aplicaram diretamente. É claro que eles atalharam, mas na verdade não é um atalho, na verdade é a utilização pragmática e eficiente de uma ideologia criada dentro de um outro contexto. Marx só encontrou espaço de execução e de realização num contexto diverso, no contexto dos países atrasados.

Você não pode entender esse conflito se não separar o Marx como analista econômico do sistema industrial-capitalista do Marx pregador religioso. Marx é um pregador religioso, e como pregador religioso está desmentindo, num certo sentido, toda a sua análise, ou pelo menos deixando-a de parte. Toda essa visão socialista é um ponto fundamental e tenho muita noção disto porque vivi dentro da estrutura da Igreja Católica e nunca vi de forma diferente os pregadores do socialismo que vinham para cima de mim quando em 67/68 eu escrevia textos e dizia que a União Soviética era um império militar não diferente dos Estados Unidos. E eles respondiam: *"Não, o socialismo quando vier..."* Mas lá no Seminário é que diziam isso. Diziam: vai chegar o fim do mundo, o Juízo Final, vai surgir o *homem novo*. Toda a liturgia pascal, por exemplo, está baseada sobre isso, sobre o nascimento do *homem novo*, o que é uma coisa genial, é uma criação genial. A literatura cristã primitiva, o surgimento do cristianismo, a história do cristianismo são uma coisa fascinante. Se você quiser entender Marx tem que separar radicalmente estas coisas. Marx pregador judaico-cristão é uma coisa; Marx analista econômico é outra. Claro que ele vai juntar as coisas, no final vai dizer: *"Vejam como aquilo que analisei lá no início justifica aquilo que eu prego. E aquilo que eu prego justifica o que analisei"*. Isso dá um belo de um ensaio, dá um livro. As teorias de Marx vão se encontrar lá no final, lá na *parusia*, no *pleroma* paulino. Nas epístolas de São Paulo, quando termina o mundo Deus estabelece o Novo Reino.

É isso. Eu, por acaso, em minha vida, tive esta formação e conheço todo este tipo de negócio, e é até covardia discutir com certas pessoas, com tanta inutilidade intelectual e política. Não dá para discutir com ignorantes, mas este é um elemento fundamental e, se você não entender isso, vai permanecer toda a sua vida confuso a respeito da questão marxista. A visão do socialismo, do comunismo, é uma visão religiosa, mítica. Nem vou dizer se está certa ou não, mas quem pregou isso pela primeira vez foi o cristianismo primitivo, que vinha de uma raiz judaica, uma raiz javista (de *Iavé*, o nome de Deus em hebraico) e apocalíptica, como se diz em exegese. Outra coisa importante seria discutirmos, por exemplo, onde estão as raízes do conceito de igualdade, liberdade, da democracia burguesa. Lá também, mas isso é outra questão, para outra hora.

A economia mundial
e a sectarização gaúcha

CB – Não sei se vou te exigir demais, não tens bola de cristal, mas és uma pessoa com percepção muito clara. O sistema capitalista – disseste – é um sistema único hoje e o socialismo acabou. O que é que tu visualizas hoje? O mundo está extremamente conturbado, há a questão do capital financeiro, crises a nível mundial, esse descontrole bárbaro da especulação a nível mundial, o capital volátil que desorganiza as economias

nacionais, incapacidade dos organismos internacionais darem um mínimo de regulação a tudo isso. Como tu vês o futuro da economia mundial?

JHD – Em primeiro lugar, num processo contínuo (por isso a visão marxista, a visão de Marx religioso, pregador, era uma visão que tinha método, apesar de toda a loucura), de um ponto de vista econômico, das reservas naturais e dos limites do planeta, o capitalismo, o sistema industrial, é inviável a longuíssimo prazo, tal como ele disse. Isso é Marx economista e nisso eu acredito piamente, logicamente, não como fé. É só analisar o que é a reprodução do capital, o que é a queda das margens de lucro, o que é uma economia de escala. Se você analisar qual é a função das inovações tecnológicas, se analisar estes elementos, vai chegar à conclusão de que o sistema industrial é inviável a longuíssimo prazo. Ele é inviável tendo em vista aquilo que qualquer manual de economia expõe: a escassez de recursos e o crescimento cada vez maior das exigências e da própria população. Esse é o primeiro ponto, só que não pode ser acoplado à visão de um sistema socialista que seria a solução para tudo isso, não tem nada a ver. Qual vai ser a solução, isso não sei. Mas ele é aritmeticamente ou matematicamente inviável a longuíssimo prazo. As análises de Marx são claras e basta fazer uma análise superficial da economia mundial hoje que chegaremos à mesma conclusão. Ou se estabelecem limites de lucro, limites de população, limites de exigências e se utilizam recursos renováveis, não-poluentes, e não se degrada o planeta ou então não tem futuro. Isto parece bastante óbvio para qualquer pessoa que pense sobre isso, ainda que poucos falem sobre isso.

Em segundo lugar, a curto e a médio prazo, evidentemente se vive um período de confusão gerado pela desintegração de um sistema de poder bipolar. Hoje temos basicamente três núcleos de poder, quatro, porque um é dividido em dois. Temos a área do euro, a área do dólar e a área do yen, que se acopla à área da China, cuja moeda agora não sei qual é. Essa nova redivisão dos núcleos de poder mundial é produto direto da desintegração da União Soviética. A União Soviética deixou de existir, pelo menos por enquanto, como área fundamental no sistema de poder mundial. Está agora sendo invadida pela área do euro aos poucos, que na verdade é a área do marco, mas agora é a área do euro. O euro é o instrumento através do qual a Alemanha passará a dominar de novo o Leste europeu.

Então, a conturbação atual é produto direto – e teríamos que analisar as causas da desintegração do sistema anterior, basicamente bipolar – da incapacidade ou do não-interesse, principalmente da área do dólar, de estabelecer novos mecanismos de controle fundamentalmente financeiro. E, nesse ponto, a área do latino, como eu chamaria a área do Mercosul, é uma sub-área, é uma área que fisicamente é vista como área geográfica do dólar mas que economicamente é vista como integrando a área do dólar *e* a área do euro. Aí se dá um conflito e hoje esse conflito parece bastante claro. É uma área de disputa entre o euro e o dólar. Como isso vai ser resolvido não sei. A verdade é que dentro da visão, que eu chamaria de insana, do PT não deixa de haver um certo método, que é a questão principalmente da região do Mercosul – isso eu levanto no livro: os generais do império apoiando o PT aqui contra o Sudeste e o Centro-Norte. Então, há um método.

Mas me parece que são dois problemas. A longo prazo, é uma questão; a curto prazo e médio prazo a questão é outra, é essa conturbação, produto da impossibilidade ou do não-interesse da área do dólar em assumir o controle e impor mecanismos sobre os capitais voláteis. Mas não dá para dizer que é só desinteresse, há também uma impossibilidade, que é técnica, porque hoje é muito difícil impor limites e impor sanções, é muito difícil dados os novos instrumentos de comunicação e interligação instantânea. Esse é que é o grande processo de globalização. O processo de globalização se divide em duas partes, que se unem, evidentemente. Uma é o processo, que eu chamaria de econômico específico, da expansão do grande capital europeu e norte-americano. Mas o processo de globalização tem o outro lado, que é um fenômeno que às vezes é confundido com o primeiro mas que é sociológico-cultural.

Na verdade, me criei ainda lavrando terra com bois e cavalos e cortando trigo com foicinha e fazem 10/15 anos que eu poderia estar com celular na mão – até nem tenho – mas, se quisesse, estaria com celular na mão, me comunicando diretamente com qualquer país, passando em segundos, se tivesse, 200 mil dólares para a Suíça – seria pouco, modesto, mas não tenho –, fazendo isso, fazendo aquilo a qualquer hora que quisesse fazer. E, mais, assistindo a 70 canais – eu não, por que só tenho a TV aberta, mas, enfim, tem 100 canais para quem quiser ver. Ou mais! Esse processo de globalização sociológica e cultural é um processo fundamental e é aí que vejo, por exemplo, a fragilidade da proposta enlouquecida, ou não, do PT. A visão deles seria viável, estrategicamente, há 30/40 anos. Hoje, praticamente não faz sentido, hoje é muito difícil, tudo conspira contra. Não adianta! Hoje, por exemplo, em todo o Rio Grande do Sul, no mínimo 80%/90% da população, no mínimo, já está integrada nessa estrutura globalizada e ela não tem por que ser contra.

CB – É verdade.

JHD – Então esta é que é a questão. E aí é que entra o fenômeno de que grupos radicais, que não aceitam isto – seja até por tática, não vou até dizer que seja por fé e por crença – comecem a se sectarizar automaticamente. É possível que se marche para alguma coisa, digamos, para tensões maiores, mas certamente estas tensões não terão o sentido que estes grupos pretendem dar a elas, não terão.

CB – Não conseguirão ter enraizamento social?

JHD – Não, não terão, mas há aí o perigo do sectarismo e da radicalização. E para onde se vai não sei. Mas, no momento atual, não parece que 80% da população do Rio Grande do Sul esteja disposta a voltar a morar na roça como queriam no Camboja. Pelo contrário. Esses dias minha mulher chamou-me para ver uma entrevista de alguns colonos na Expointer e tinha uma menina de 10/12 anos e perguntaram: "E você vai trabalhar com o pai?" E ela disse: "Não, quero ir embora". E mais outra menina: "Não, também quero ir embora".

Este é um fenômeno mundial, um fenômeno terrível, mas irreversível. Se não fosse isso, evidentemente, hoje, se não fosse este o contexto, se fosse só pelo voluntarismo – concordo contigo – das lideranças políticas da *nova classe*, o Rio Grande do Sul já seria uma área de conflito. Mas acontece que este voluntarismo – por definição e por pleonasmo – se choca com a realidade histórica. Caso contrário a guerra já estaria em pleno curso. O MST existe há muito tempo e, no entanto, realiza apenas operações que são patéticas e folclóricas e que repercutem negativamente, inclusive. São prejudiciais ao próprio grupo que as executa como uma tática fundamental.

CB – Desculpe, sei que estou exagerando demais, mas queria ainda te fazer duas outras perguntas.

JHD – Estou vendo, vai dar um livro isso.

A oposição e as eleições do ano 2000

CB – Porto Alegre. 11 anos de PT. As pesquisas que existem aí, das quais tenho algum conhecimento, dizem que os líderes do PT de Porto Alegre continuam com alta legitimidade e aceitabilidade. Oito meses de Rio Grande do Sul, uma mudança tão grande no PT e na sua percepção pela sociedade. O que é que houve?

JHD – Não, aí são duas coisas diferentes. Há uma diferença básica entre a cidade e o estado, estruturalmente falando. A cidade vinha de uma situação administrativa e financeira muito ruim, de uma ausência de lideranças e de uma ausência de ordem na administração. E, dentro desse contexto micro-estrutural da cidade, as pessoas estão satisfeitas com o PT. Por quê? Porque ele responde às necessidades mínimas, às exigências mínimas de uma administração regional, ou micro-regional. Porque aí não entram questões ideológicas, não entram questões maiores. Entram questões simplesmente de cobrar o IPTU. A Constituição transferiu muitos recursos para os Municípios, não há mais inflação. Agora é possível planejar. Isso, por exemplo, sobre o que quase ninguém fala, foi também o que permitiu ao PT, a partir de 94, melhorar ainda mais a sua administração. Isto ocorreu em todos os Municípios bem organizados, não apenas os do PT, que são poucos. Então esta é uma questão que deve ser colocada ao se analisar Porto Alegre e o Rio Grande do Sul. Porto Alegre é uma cidade, não há nela maiores problemas, que não aqueles gravíssimos, que são de ordem social, de ordem inclusive de marginalidade. Mas dentro da visão do PT, com seu grupo relativamente eficiente tanto operacionalmente quanto em termos de *marketing*, Porto Alegre vai bem, mesmo dentro da visão limitada daquilo que chamo de *nova classe*.

A oposição não tem outra proposta. A proposta da oposição teria que ser a mesma do PT, de um ponto de vista administrativo, e isso é complicado. Isso é muito complicado, certo? O PT não fez grandes coisas, como digo no livro, de um ponto de vista urbanístico, tem uma visão negativa sobre o automóvel – a maior parte deles tem automóvel, muito engraçado, mas enfim, num determinado sentido, não deixa de ser correto – mas colocou a casa em ordem, a população está satisfeita. A oposição não tem uma proposta. Em primeiro lugar porque não se pode ter uma proposta para uma cidade, a não ser fazer mais ou menos aquilo que é a administração razoável que o PT faz aqui, que outros partidos fazem em outros lugares, como Jaime Lerner fez em Curitiba. Claro, o PT não pode resolver todos os problemas, em primeiro lugar porque isso é impossível, não é só com vontade política que se faz. Este é o grande problema do estado. Aí entramos na questão do estado.

O PT, me dizia um empresário, é demagogo. E eu disse: "Não, o sr. não sabe do pior. Eles acreditam no que eles dizem. O senhor vai ver". Eles têm uma visão, eles criaram para si a ficção de que voluntaristicamente se mudaria o estado. E eles criaram essa ficção para eles próprios e são vítimas dessa própria ficção. Essa que é a questão. Porque o estado é algo bem mais amplo e exige uma visão estratégica. Exige uma visão global, porque ele é complexo, não são só ruas com casas e apartamentos e um corpo de funcionários desse tamanhinho. Exige visão de segurança, de educação, de agricultura, de indústria, visão regional, visão de todo o tipo. Exige uma visão estratégica coerente, que, mal ou bem, o governo anterior tinha. Certa ou errada, mas tinha uma visão global, coerente, lógica, consistente. E esta é a grande diferença. A grande reação ao meu texto foi de eleitores flutuantes do PT, quer dizer, quem mais fala comigo são os eleitores flutuantes do PT, que dizem: "Estou arrependido". E aí eu pergunto: "Vão votar no PT em Porto Alegre?" E eles respondem: "Sim, vamos. No estado não".

CB – Isso o surpreende?
JHD – Não, isso não é curioso para mim. Isso tem lógica. A oposição mesmo não tem nomes para Prefeitura de Porto Alegre. Não tem ninguém. E o PT criou, não digo uma mística, mas, enfim, não dá para negar esse lado. Do ponto de vista do estado é diferente. O estado exige mais do que o PT tem a dar. Resumindo: o grande problema do governo do PT é que há um desnível enorme entre a

capacidade política do partido e a média da informação política da população. O partido, na sua visão estratégica, na sua visão política, está abaixo das exigências médias mínimas da população do Rio Grande do Sul.

CB – Do ponto de vista da prática da oposição que está sendo efetivamente realizada no estado, com toda a sinceridade que te caracteriza e a radicalidade do teu pensamento, também, como é que tu a avalias?

JHD – Bem, a avalio da seguinte forma. A primeira grande vantagem do PT subir o poder foi eu ter escrito o meu texto... A segunda, falando sério, é a necessidade que a oposição tem agora de organizar-se e qualificar-se. É isso que estabelece, como digo no final do meu texto, o início de um novo período na história do Rio Grande do Sul. Veja, não sou tão injusto com o PT, é que eles confundem as coisas. Sou bastante realista. A vitória do PT obriga a oposição a qualificar-se – e já estava mais do que na hora –, porque a oposição também está muito abaixo da média política e cultural da sociedade do Rio Grande do Sul. Claro que tudo isso é produto de um sistema político-eleitoral-partidário deletério. No caso do PT não chega a ser isso, é mais por ignorância e inexperiência histórica. Mas, na verdade, todo o *corpus* político – não o administrativo –, todo o *corpus* político do Rio Grande do Sul está muito abaixo da média do nível cultural e ideológico da população.

Vejo a oposição como pouco qualificada no seu conjunto, mas isto não é culpa pessoal dos indivíduos, insisto, é culpa do sistema político-partidário-eleitoral, que não exige fidelidade, que não dá proteção. E de uma série de questões que não cabe aqui discutir. Por outro lado, não diria que a oposição é desarticulada, diria que ela ainda não compreendeu nada. Mas isso é um processo histórico, do qual, inclusive, meu texto faz parte. A oposição tem que analisar o fenômeno de uma forma mais adequada para poder definir sua identidade. Acho que isso está ocorrendo, mas de uma forma um pouco prejudicada pela não-qualificação intelectual. Mas também é cedo falar disso. De qualquer forma, ela tem que se qualificar, tem que analisar e estudar o quadro para poder definir o PT e, ao definir o PT, definir-se a si própria. Isso é essencial, é fundamental. E vejo, salvo o totalitarismo e eu ter que fugir do Rio Grande do Sul, vejo isso como um processo político e histórico altamente favorável e benéfico, indiscutivelmente.

E tem que compreender o PT, tem que compreender, por exemplo, que uma estrutura como a Assembleia Legislativa, que é uma estrutura monstruosa e cara, não se justifica mais diante de ninguém que seja ilustrado no Rio Grande do Sul. O que não quer dizer que o sistema legal que ela representa não se justifique e que as pessoas sejam contra ele. Não é isso. Mas, como eu disse, aí é que o PT coloca sua cunha. Como também não se justifica mais diante de ninguém a estrutura atual do sistema judiciário brasileiro. A população já percebeu isso e ela mitifica o PT achando que ele é diferente. E o PT, utilizando isso, busca a destruição do sistema legal vigente, não a modernização e a redução de seus custos. Isto é que é o elemento fundamental. Sei porque converso com todo mundo, compreendo porque sei que todos pensam o que eu penso. Parece que só os políticos não pensam. Essa é uma questão fundamental para ser percebida. É fundamental para ter credibilidade.

Dias atrás conversei com um parlamentar que, ao falar sobre o PT, manifestou uma certa visão conspirativa da História, só que com a medalha ao reverso. E eu disse: "Tudo bem, só que será que você não entende o que está acontecendo no Rio Grande do Sul? Cite-me na oposição um nome – porque eu não sou da oposição, embora seja capaz de levantar um auditório de duas mil pessoas, enfrentar uma entrevista com o Flávio Alcaraz Gomes, em que ele tenta me liquidar de saída e eu tiro de letra, eu tenho formação, tenho credibilidade, vivo do meu trabalho, tenho respeitabilidade – mas, me tirando fora, me cite na oposição um só nome que tenha capacidade de levantar um auditório, que tenha formação econômica, que tenha respeitabilidade técnica, respeitabilidade ética e que tenha equilíbrio emocional, tudo junto, de uma ou de outra forma. Cite-me alguém que não só tenha mais ou menos isto mas que seja também capaz de entusiasmar uma plateia. Cite-me! Não tem ninguém". O PT também pode não ter, mas o PT tem organização. O problema não é só ideológico, o problema é a desqualificação da oposição. "Vou te citar um nome", eu disse, "tem um marginal aí, cujo nome não vou citar aqui, que tem isso, só não tem respeitabilidade ética e também não tem muita formação, mas ele é capaz de entusiasmar uma plateia. Por incrível que pareça, ele é capaz de fazer isso. Não tem outro! Não há estadista, político disposto e que tenha ambição, porque sem ambição não adianta – eu tenho mais ou menos tudo, mas ambição eu não tenho, não me interessa.

O que me irrita no PT não é ele estar no poder. Pelo contrário, isto faz parte do sistema e é benéfico. Agora, o que me irrita são as idiotices que fazem. Essa é que é a questão! Não é só um problema ideológico, o problema é a falta de qualificação. Uma geração abdicou, isso está no meu texto. Na nossa geração, Busatto, podemos listar aos montes as pessoas de altíssima qualificação em todos os sentidos. Onde eles estão? Todos bem de vida, alguns aposentados jovens, outros na Fazenda, no Banco Central, no Banco do Brasil, na Universidade, todos eles, na nossa geração, não foram fazer política. Tirando um que outro, meio louco, do MR-8 *(risos)*... Mas isso é sério, e a compreensão desse fenômeno é fundamental. Vejo de um ponto de vista muito positivo a vitória do PT sob este ângulo. O que me irrita não é eles estarem no poder, insisto. É a quantidade de bobagens que fazem. Mas isso vai passar e vai obrigar a oposição a se qualificar. Veja, o fato de você estar aqui, mal ou bem, sem pretensão, é um fato. Veja bem, o fenômeno do meu texto, que está sendo lido por todo mundo, revela que de fato havia um vácuo.

Aliás, minha mulher é quem diz: "Na verdade, este não é um livro sobre o PT. O PT é apenas um argumento para dizeres o que querias dizer há tempos". O PT, de fato, foi o catalisador, porque, se o Britto tivesse ganho, o livro não saía, eu não tinha *élan*, não tinha leitores. É, a História tem seus caminhos...

Assim, eu insisto, a oposição tem que se qualificar. O Rio Grande do Sul é a quarta economia da Federação, é uma potência média europeia. Tirando a miséria, como eu digo, é a Bélgica isso aqui, mas a sua estrutura política e seus quadros políticos estão abaixo das exigências históricas do momento. Contudo, este é um processo histórico. E o grande vácuo revelou-se. Aliás, o próprio PT mostra isso muito bem.

CB – É nesse vácuo que o PT cresceu e venceu as eleições.
JHD – Sim, e é nesse vácuo que meu livro está vendendo muito bem...

II
O PT E A MINHA UTOPIA[47]
Entrevista a Juremir Machado da Silva

Juremir Machado da Silva – Dono de uma retórica implacável, o sr. exercita a sua verve com um prazer quase erótico. Nitidamente, criticar o leva ao gozo intelectual. Por que o sr. decidiu escrever um ensaio contra o PT? Missão ou desejo de sensações fortes?

José Hildebrando Dacanal – Vamos deixar de lado as psico-idiotices. Cama não tem nada a ver com fama. A não ser para cortesãs. E eu não sou exatamente uma cortesã... Vamos devagar! Em primeiro lugar, a rigor, eu não decidi escrever este ensaio. Afinal, o que tenho a ver com tudo isto aí? Já estou velho, preciso trabalhar para sustentar meus pais, que ainda resistem bravamente, e além do mais estou me dedicando a leituras sobre um tema fascinante: a história das origens do cristianismo e, portanto, as origens do Ocidente. Mas não adiantou! O impulso foi mais forte do que a minha vontade. É a droga do jornalismo! Você a deve conhecer. Depois de experimentá-la uma vez, há quase quatro décadas, nunca mais me livrei dela. Mas voltando: em segundo lugar, o ensaio não é *contra* o PT. Pelo contrário e por ser um crente do sistema democrático, eu sou a favor do partido como ator do jogo político e como reflexo das

---

[47] *Folha Editorial* (Ed. Novo Século), novembro de 1999.

novas forças sociais gestadas no país no bojo das violentas transformações históricas das últimas décadas. E como razoável conhecedor da história da democracia ocidental, como posso ser contra os novos partidos e a mobilidade social? Você está tentando me desautorizar *a priori*. Mas eu não caio neste jogo, aliás esperto. Mesmo porque eu não jogo. Eu apenas exponho minhas ideias.

JMS – A leitura de seu texto revela grande admiração pelo ex-governador do Rio Grande do Sul, Antônio Britto, tratado como um projeto de estadista, e desprezo por Olívio Dutra, visto como um ignorante de Bossoroca. Uma posição tão categórica ajuda a compreender bem a divisão política gaúcha atual ou acaba por enfatizar a escolha ideológica mais do que analítica?

JHD – De novo, isto é uma provocação. Meu texto não demonstra admiração pelo governo anterior. Faz a análise – que ninguém fez até agora – de seu projeto. E concorda com ele, isto é fato. Quanto ao atual governador, cuidado com as palavras! Elas podem se voltar contra você. Eu, pessoalmente, tenho respeito pelo governador. Somos mais ou menos da mesma região, ambos viemos de baixo, ele foi aluno do Instituto de Letras da UFRGS e eu trabalhei com ele dando palestras sobre História e Economia no Sindicato dos Bancários na década de 70. É uma pessoa de postura ética inatacável. Quem não sabe disso? O que você faz, ao tentar me provocar, é misturar espaço privado com espaço público. Não faça isso! O que é, sim, verdade, é que não concordo com o projeto do PT para o estado. Melhor, não há projeto nenhum, exceto delírios ideológicos e rancor doentio, que levam à destruição até de coisas interessantes e importantes feitas pelo governo anterior. Esta é a pior forma de administrar e de fazer política. Fora isto, o que há, por enquanto, é apenas uma nebulosa carta de intenções, sem qualquer consistência técnica e operacional. Enfim, sem base na realidade.

JMS – O sr. vê no fenômeno de ascensão do PT o surgimento de uma nova classe ou, dito de outra forma, um elevador social para políticos que não teriam chances em outros partidos e uma oportunidade para camadas menos qualificadas da sociedade.

O ressentimento, mais do que a ideologia, seria o verdadeiro combustível da ação política petista?

JHD – Sim, é mais ou menos isto: um elevador social para grupos sem outras chances de ascensão. Mas não pense que eu, aristocrática e burramente, seja contra. Mas como? Eu também sou um *parvenu*! Veja bem, mobilidade social é revitalizante para qualquer sociedade e para qualquer sistema democrático. O que ocorre é que quando tais processos são rápidos e/ou violentos demais o preço a se pagar é alto. Mas é assim que marcham as sociedades. Não somos juízes delas, como historiadores ou analistas. Como participantes sim. Cada um escolhe o seu lado. Mas eu não faço política partidária. Pelo menos por enquanto. E acredito que não farei. Mas eu conheço o Rio Grande do Sul razoavelmente bem. Por injunções da vida já plantei soja, tentei criar gado e plantei uns 200.000 pés de eucaliptos. Salvaram-se uns 60.000. E quando eu digo *plantei* não quero dizer que mandei plantar. Não, eu mesmo plantei. Quem da *nova classe* ou da velha fez isto?

JMS – Sem eufemismos, o Sr. afirma que o projeto petista é anacrônico, nostálgico, autoritário e fruto da desinformação. Ora, os gaúchos consideram-se muito politizados com alto grau de consciência social em relação ao restante do país e relativamente cultos. O Rio Grande do Sul deforma o espelho em que se enxerga?

JHD – Exato! É um processo fascinante. A sua expressão é muito adequada. Talvez esta seja a síntese perfeita do que eu penso hoje. O espelho está deformado. E a imagem, obviamente, muito mais. É um produto da rapidez das mudanças históricas.

JMS – Ao terminar o seu ensaio, a sensação é de que o Rio Grande do Sul apressa-se para entrar no século XIX! Porto Alegre pretende ser a derradeira Havana e o Rio Grande do Sul uma Cuba retardatária. Ou tudo isto são espantalhos sacudidos pelas elites apavoradas com a perda de alguns privilégios?

JHD – Não, não é isto. É uma questão de projeto, de visão de longo prazo. O governo do PT, por enquanto, não tem projeto. E, quanto a privilégios, não esqueça que boa parte dessas elites, apavoradas com a perda deles, estão no setor público e foram parte importante do eleitorado que deu a vitória ao PT. Isto está no texto. Eu não apenas concordo com como também apoio medidas como teto salarial, eliminação de privilégios sobre aposentadorias etc. Quem paga tudo isso? Mais: acredito que só o PT possui as condições para colocar ordem na casa. Está no texto! Mas não vai ser fácil. Quanto a outros privilégios, do setor privado, por exemplo, se forem ilegais ou roubos, nisto o PT não tem problema nenhum. Tem mandato para fazer o que julgar melhor. Mas a questão não é esta. A questão é a visão ingênua e voluntarista que os integrantes do partido possuem do estado e do setor público. Para o PT é como se tudo fosse uma questão de vontade política e não de estrutura legal e de receita e despesa etc. O pior é que seus integrantes acreditam na imagem falsa que eles criaram, por ingenuidade, má-fé ou simples ignorância! Em inglês isto chama-se *wishfull thinking*. É fazer do desejo uma realidade. O mundo não é assim.

JMS – Polêmico, contestador e franco-atirador, o sr. nunca temeu assumir posições fortes e até estigmatizadas. O neoliberalismo é o seu novo credo?

JHD – Que bobagem, Juremir! Nem vale como provocação! Eu sou um social-democrata radical de linha europeia. Quem conhece meus textos sabe disso. E como economista trabalho com dados e números. O resto é tolice. E eu não sou polêmico. Os outros é que não dizem nada...

JMS – O antiamericanismo da esquerda brasileira tem levado alguns intelectuais a defenderem ditadores como Saddam Hussein, Milosevic e Fidel Castro. No seu livro, o sr. ironiza o irredentismo gaúcho afirmando que um dia o Rio Grande do Sul será apoiado pela OEA nas pretensões separatistas. O PT explora um possível complexo de inferioridade gaudéria com o objetivo de recriar uma identidade a seu serviço?

JHD – É obvio! Isto sim está no meu texto! É exatamente isto! Trata-se de um processo complexo, cuja evolução é impossível prever. Mas, em síntese, é exatamente isto.

JMS – O sr. investe, entre outras coisas, contra o Orçamento Participativo, denunciando-o como uma nova forma de assistencialismo. O PT, no seu entender, esconde um projeto castrista e, na prática, dissemina o neopopulismo. Em contrapartida, Britto e suas privatizações pareciam-lhe o caminho da sensatez e da modernidade. Pode-se chegar ao paraíso econômico vendendo os móveis para atingir a "segunda onda" quando o mundo desenvolvido já navega em outras águas?

JHD – Mas o que é isto? Se há algo contra o que eu não invisto é o Orçamento Participativo! Pelo contrário, é um dos poucos traços não arcaicos do PT. Isto está escrito no livro! Claro, eu analiso o fenômeno e as táticas utilizadas. Mas isto é ser contra? É apenas dissecar. Quanto ao projeto castrista e ao governo anterior, é impossível responder. É complexo e longo. Está no texto. Uma coisa é certa: se o governo anterior buscava a segunda onda, o projeto, se é que há, do PT busca a primeira onda...

JMS – Na sua peroração contra a ignorância dos novos donos do poder e suas bases, o sr., por vezes, parece dizer que a culpa da miséria é dos pobres. Bastaria deixar os fazendeiros em paz e a prosperidade brotaria nos campos. Não há em tudo isto demasiada complacência com as elites rapaces e perpétuas?

JHD – Não é nada disto! O texto não é tão simplório! Esta é uma visão deformada da sociedade brasileira atual. E principalmente da sociedade do Rio Grande do Sul. Elite privilegiada hoje não é quem tem 200 ou 300 hectares de terra e uma centena de cabeças de gado. Perto destes, até eu, que tenho uma aposentadoria de R$ 1.600,00 e me aposentei aos 50 anos, sou privilegiado! Imagina então meus ex-colegas de geração na Universidade, que ganham duas, três, quatro e até dez vezes mais! E muitos se aposentam aos 43/45 anos! Elite privilegiada é hoje não quem planta 500 hectares de soja ou quem tem uma empresa média mas quem recebe os 7.000 contracheques no estado que são superiores ao contracheque do governador. E muitos várias vezes superiores! Ora, Juremir, não vá por aí!

JMS – Tarso Genro é uma das poucas personalidade petistas que escapa aos seus ataques. O senhor o admira ou faz disso um jogo tático para desestabilizar ainda mais o adversário?

JHD – O que é isto? Eu não admiro! Eu constato! E eu tenho culpa se ele é ilustrado? Quanto a desestabilizar o adversário, insisto: eu não sou adversário do PT. Por que seria? Quero que ele tenha êxito, já disse. Qualquer cidadão responsável e não-totalitário quer isto. Ou você também adota a visão conspirativa da História, própria de alguns círculos petistas? Desestabilizar o PT? Pobre de mim... Que horror! Claro, eu sei que alguns deles até pensam isto, coitados... Mas você?...

JMS – Economista, o senhor mostra com uma argumentação consistente o quanto o fim da inflação quebrou a máquina pública brasileira. No mesmo pacote sobram farpas para o funcionalismo, para a Universidade gratuita e para a burocracia. Apenas o Estado mínimo poderia resolver as perversões de um sistema que obriga o Rio Grande do Sul a cavalgar eternamente entre chimangos e maragatos?

JHD – Eis outra bobagem inventada pelos neoburros ou neosafados. A questão não é entre Estado máximo e Estado mínimo. É entre Estado produtor de bens e serviços que não lhe são específicos e Estado não-produtor de tais bens e serviços. O Estado, nas sociais-democracias europeias, é forte. Fornece saúde, educação, segurança etc. Com competência. E é um árbitro rigoroso em todos os setores. Mas não tem 2% dos contracheques absorvendo um quinto da arrecadação total... Nem 7.000 acima do valor do contracheque do governador. E não raro duas, três e até mais vezes acima. É este o Estado forte que o PT quer? Afinal, o governo existe para seus funcionários apenas ou para toda a sociedade? Não seja ingênuo! Eu não sou. Eu também gostaria de ganhar cinco, dez, quinze, vinte ou trinta mil reais – como alguns ganham. Quem não gostaria? Mas quem paga? Você sabia que no Brasil há aposentadorias públicas, e não são uma ou duas, que apresentam valores três, quatro ou até mais vezes superiores às maiores aposentadorias públicas dos países mais ricos do planeta? Você paga? Eu ganho tão pouco porque sempre me dediquei apenas a dar aulas e a escrever livros. E não a fazer teses, conquistar títulos e cargos e me tornar um vigarista social itinerante. Bem feito! Quem mandou eu ser idiota?

JMS – O PT parece-lhe a encarnação pós-moderna do positivismo castilhista, inclusive com a fraude em resultados eleitorais, ao menos nos internos, no caso da prévia que escolheu Olívio Dutra como candidato nas eleições estaduais?

JHD – Agora você caiu! Eu não usei a palavra *fraude*. Eu usei o termo *trapacear*. E isto é perfeitamente natural e normal dentro do jogo político, e principalmente dentro dos partidos. O problema do PT não é praticar o mesmo jogo que os demais partidos. O problema é seu discurso *democrático* e *popular* e seu viés que na prática o desmente: totalitário, estalinista, antidemocrático. Não confunda as coisas. Eu sou um democrata. Vivo dentro do sistema e o respeito. Eu não sou um golpista como o ex-prefeito Tarso Genro e parte do PT, que pretendem depor o presidente Fernando Henrique Cardoso. Eles são totalitários enrustidos que se sentem mal no sistema democrático. Eu não. Eu quero que o PT aprenda e faça um bom governo no estado. Melhor até que na Prefeitura. Que coloque a casa em ordem. Qualquer cidadão responsável quer isto. O que não quero é que algum dia um bando de totalitários suburbanos e ignorantes venha me dizer o que e como devo pensar. Se eu respeito as leis, tenho o direito de pensar o que eu quero. E dizer o que penso, desde que não calunioso ou delituoso. Este é o problema. E também não venham dizer que o PT inventou a probidade administrativa. Ou que é imune à corrupção. Que eu saiba, a criação do PT, ainda que altamente benéfica para o país, não representou uma mutação genética na espécie. Felizmente já há provas disto, inclusive no Rio Grande do Sul...

JMS – O que caracteriza a base de sustentação do PT como uma *nova classe*? Trata-se de um conceito sociologicamente operacional ou de uma analogia para dar homogeneidade a um fenômeno carente de unidade?

JHD – Creio que um misto de ambas as coisas. Em parte, é um conceito válido operacionalmente. E creio que uma pesquisa rigorosa detectaria o fenômeno mais ou menos nos termos em que eu o apresento. Em parte, é uma analogia, quer dizer, é um grupo que, para o mal ou para o bem, tem uma visão diversa daquela dos governos anteriores. O que vai acontecer no futuro é outra história.

JMS – O sr. não teme acabar no inferno da vida intelectual ao professar ideias tão frontais aos credos, mitos e dogmas da esquerda?

JHD – Olhe, não sei nem me interessa. Não ganhei nada de ninguém para escrever o que escrevi. Apenas exerço o meu direito de cidadão. Alguns diriam que é um dever. Não sou ingênuo, nem piegas, nem demagogo. O que os outros pensam é problema deles. Perante a lei, todos somos iguais. Os que não apreciam o que eu escrevo estão no seu direito. Mas Sócrates preferiu a morte ao silêncio. Por que eu não posso preferir a crítica e a maledicência dos imbecis e totalitários ao silêncio? Não existe crime de opinião, tanto para mim quanto para meus desafetos, se é que eles existem. Esta é a essência da democracia. Você sabia? Quanto à esquerda, mas que esquerda? A jurássico-estalinista? A jacobino-ilustrada? A marxista-cristã? Alguma delas ainda possui consistência?

JMS – A sua defesa do projeto do governador Antônio Britto não cai nas mesmas ilusões ideológicas dos petistas, com a palavra *modernidade* ocupando o lugar sagrado de *revolução* no ideário marxista?

JHD – Você é um excelente entrevistador! Ninguém até hoje me provocou a este nível. Eu não caio em arapuca. Vamos ser claros: meu ideal de governo para o Rio Grande do Sul é um projeto mais ou menos semelhante ao do governo anterior gerenciado pelos *lights* do PT. Utopia? Ora, eu também tenho direito à minha! Objetividade e realismo constantes cansam. Sonhar não é proibido...

O PT, MARX E O CRISTIANISMO

III
O PT E A ESQUERDA LATINO-AMERICANA
(ou: ensinando os cegos a ver)

Quando, no final de abril de 1999, depois de resistir durante cerca de cinco meses à, digamos, *voz interior* que me impunha analisar a vitória do PT para o governo do Rio Grande do Sul nas eleições de 1998, quando, repito, a ela cedi e em pouco mais de vinte dias redigi o ensaio sobre a *nova classe*, eu não tinha a menor noção do que viria a suceder. Nem mais importava tê-la. Era tarde. Ao redigir o primeiro parágrafo do ensaio percebi que eu atravessara o Rubicão. Pela primeira vez em minha vida eu estava assumindo publicamente uma posição política e rompendo radicalmente com a sagrada norma que até então regrara minha vida e que se transformara ao longo das décadas na única herança intelectual a mim deixada pelo rústico camponês imigrante que fora por acaso meu pai: "Política não é para nós. Nós temos que trabalhar!"

Era tarde. Inês era morta. Demonizado ou esquecido, meu texto estava condenado a ter vida pública. Restava calcular os riscos e, se possível, minimizá-los. Os de longo prazo eram, como sempre, imprevisíveis. Os de curto se resumiam a dois. O primeiro poderia materializar-se em ato insano posto em prática por algum redivivo personagem de *Os possessos*, de F. Dostoievski, a vagar errante pelas ruas da capital da Província de São Pedro, impregnado da firme, patética e jurássica fé de que aqui se gestam os pródromos da revolução antiimperialista mundial. Não disposto a transformar-me em eventual vítima da História repetida como grotesca farsa, julguei suficiente tomar algumas precauções para elidir este primeiro risco. O problema era o segundo.

De fato, como jornalista combativo e pedagogo duro, involuntariamente e pela própria natureza destas duas profissões que sempre foram meu ganha-pão, eu criara na província uma imagem pública à qual se associavam qualificativos como *polêmico* e *louco*, para referir apenas os mais suaves. Eu sempre soubera, é claro, que este fora e era o preço a pagar pelos raros competentes que na minha geração e nas minhas profissões tinham decidido um dia, por motivos diversos, permanecer na província sem abdicar de sua independência intelectual e de sua autonomia política. Assim, a questão era acaciana: eu permanecera...

Pois era evidente que o ensaio sobre a *nova classe*, fosse pela força retórica, fosse pelo rigor analítico, fosse pela audácia política, se caracterizava por uma contundência que explodia os lindes provincianos e ia além de tudo o que até então eu escrevera. Eu resistira quase meio ano a redigir o texto por intuir o resultado final. E porque sabia que, se meu ensaio caísse no vazio e se a opinião pública ilustrada não encontrasse nele espelhada a real conjuntura político-social sul-rio-grandense do final da década, neste caso o qualificativo de *louco* – instrumento de anulação no circo das vaidades e nulidades provincianas – seria, pela primeira vez com razão e propriedade, a mim aplicado, num veredicto definitivo e irrecorrível. Este era o grande risco. E era inevitável.

O que aconteceu depois já pertence à história política do estado. Com dois meses de mídia e cerca de quatro mil exemplares vendidos – número impressionante para obras deste gênero –, o ensaio transformou-se na ponta de lança de uma compacta reação da *intelligentsia* independente e antitotalitária sul-rio-grandense. Reação, diga-se de passagem, não diretamente contra o PT – pelo qual esta mesma *intelligentsia* nutre, majoritariamente, simpatias mais ou menos veladas – mas contra um bando de energúmenos inexperientes, ingênuos e ignorantes que, trocando as mãos pelas patas, julgavam ter ganho uma revolução pelas armas e não uma eleição pelas urnas dentro de um sistema cuja natureza tem por essência, e por necessidade, a alternância das forças políticas no poder.

Em resumo, o risco de ser justificada e definitivamente alcunhado de *louco* desapareceu num passe de mágica, cedendo lugar a outro, talvez maior: inesperada e involuntariamente, tornei-me uma espécie de nova e saliente personalidade política do Rio Grande do Sul, um, digamos, *intelectual orgânico* da oposição... É, a província não perdoa!... Por isto, creio que as entrevistas reunidas neste opúsculo servirão para colocar as coisas em seus devidos lugares e para lançar mais luz sobre alguns pontos do ensaio, que, pela sua própria natureza, e pelas condições específicas em que foi produzido, é marcado não raro por certa densidade elíptica, ainda que não incompreensível (supondo que tais preocupações tenham alguma importância, já que a estas alturas meu nome deve figurar como o primeiro da primeira lista do camarada Bulgarov...).

Por falar nisto, meus textos, como os de qualquer jornalista medianamente competente, sempre primaram pela clareza, o que nesta profissão não é virtude rara mas necessidade mera. Por isto, incomoda-me o fato de que na primeira das entrevistas aqui reunidas exista um momento em que minha resposta, mais do que elíptica, seja obscura, resultado óbvio tanto das condições de tempo e espaço disponíveis quanto da amplitude e da candência do tema, que, aliás, não se presta a tiradas irônicas ou abordagens levianas. Por não se adequar a uma nota de rodapé, que se tornaria exageradamente extensa e interromperia a fluência da entrevista, o assunto será sucintamente abordado aqui. O terreno é minado, literalmente. Mas o risco faz parte da profissão.

***

A intempestiva e cataclísmica desintegração da União Soviética gerou múltiplas consequências, e a natureza e a dimensão de algumas delas não foram até hoje percebidas, talvez nem mesmo por aqueles que têm por obrigação profissional entendê-las imediatamente. Talvez até os estrategistas do Império tenham demorado em adequar-se ao novo marco estratégico mundial que se desenhou a partir do final da década de 80 do século recém-findo. É compreensível. A bipolaridade emersa da carnificina sem precedentes da II Guerra Mundial – o último conflito, à parte os de soma zero, da Idade Moderna travado com armas convencionais – moldou mentes e corações com força tal que mesmo a era dos vetores teledirigíveis municiados com letais ogivas nucleares não bastou para abalá-los. Foi necessário o terremoto da derrocada soviética para que se percebessem as reais dimensões do radical *tournant* estratégico que as novas tecnologias aplicadas à área militar representavam no curto prazo – já que no longo, paradoxalmente, elas haviam sido percebidas.

Em termos simples: o muro de Berlim veio abaixo porque ele se tornara, desde a década de 60, estrategicamente inútil, um verdadeiro trambolho pré-histórico. Sua queda foi sinal não de sua desimportância mas *da percepção da sua desimportância*. Pois já a crise dos foguetes em Cuba em 1962 e logo a seguir a Guerra do Vietname haviam demonstrado que as novas armas transformavam em obsoletos milenares conceitos militares até então vigentes:

– tornavam-se desnecessárias e inúteis tanto a ocupação física do território quanto sua decorrência, o confronto direto entre os contendores;

– passavam a ser de soma zero, isto é, não decisivos, todos os confrontos em que as novas armas não fossem empregadas;

– em virtude da sua monstruosa capacidade letal, as novas armas eram tão decisivas quanto inúteis, sob pena de um holocausto apocalíptico que envolveria todos os contendores (*poder de dissuasão* era uma expressão em moda à época).

Era a completa subversão do marco estratégico em que se desenvolvera a II Guerra Mundial, da qual resultara a ocupação territorial e a divisão política da Europa pelos Estados Unidos e pela União Soviética. Contudo, o período do longo confronto incruento (a Guerra Fria) entre as duas novas potências mundiais hegemônicas obscureceu e ocultou o novo marco estratégico, enquanto nas áreas periféricas sob influência de ambas os conflitos eram localizados e se desenvolviam sob controle (*low profile* foi outra expressão criada pelos estrategistas norte-americanos de então).

A desintegração da União Soviética rasgou o véu que encobria as mudanças gestadas a partir do início da década de 1960 e revelou um quadro radicalmente novo e profundamente perturbador, cuja descrição, mesmo sucinta, extrapola a dimensão desta breve nota. Suas linhas mestras, porém, podem ser assim resumidas:

– a bipolaridade soviético-americana esboroou-se, sendo substituída por uma multipolaridade planetária difusa e instável de nações e blocos hegemônicos e sub-hegemônicos;

– a Europa, com sua unificação, assumiu o papel de potência mundial, retomando sua linha histórica de expansão para o leste;

– a China e o Japão, como potências díspares emergentes, retomaram sua histórica disputa pela hegemonia no Oriente, seguidos de perto pela Índia e pela Indonésia;

– a Rússia, em seu atávico movimento pendular entre o despotismo oriental e o iluminismo ocidental, passou a lutar desesperadamente para sobreviver depois do cataclisma que sepultou uma era de espanto e terror e deixou órfãos os crentes da mais absurda e sanguinária utopia já criada: uma religião sem deuses;

– a difusão da tecnologia nuclear aplicável ao campo militar aliada à instabilidade multipolar substituiu o terror controlado da Guerra Fria pelo risco onipresente de um terrorismo atômico sem face que, pelo menos potencialmente, paira apocalíptico sobre as megalópoles e os centros vitais das nações hegemônicas, alvos virtuais de regimes radicais e de grupos fanáticos das periferias em ebulição;

– a valorização indiscutível e progressiva, na bolsa de poder planetário, de novos blocos e semipotências emergentes que disponham de mercados e riquezas suficientes para assumir a posição de – no jargão recente – *players* no instável cenário da era pós-bipolaridade;

– a alteração decisiva da posição dos Estados Unidos – e, por via de consequência, de toda a América do Sul – no tabuleiro estratégico mundial.

Assim, com os dois últimos itens, chegamos, enfim, ao fulcro de nosso interesse.

De fato, o fim da bipolaridade e a intempestiva desintegração da União Soviética atingiram profundamente os Estados Unidos, gerando variadas e paradoxais consequências, que, aliás, só foram muito lentamente percebidas, elaboradas e sedimentadas, e muitas delas ainda não de forma completa.

De um lado, a implosão do Comecon e do Pacto de Varsóvia representou a liquidação irreversível do grande, e único, sistema econômico, político e militar rival, que remontava ao final da II Guerra Mundial, deixando os Estados Unidos na posição de liderança inconteste do agora também único, e planetário, sistema industrial-capitalista. No surrado jargão retórico da propaganda norte-americana da Guerra Fria, era a vitória definitiva do Mundo Livre contra o comunismo ateu...

De outro lado, porém, poucos atentaram de imediato para o reverso da medalha, que apresentava um novo, surpreendente e até desconcertante cenário. Vejamos.

No que diz respeito especificamente aos Estados Unidos, o fim do sistema bipolar matizou e a seguir desmontou o tabuleiro estratégico que durante cerca de meio século fora penhor da absoluta hegemonia norte-americana sobre o então denominado *mundo ocidental* e, é óbvio, de sua maciça propaganda imperial-ideológica. Com o muro de Berlim desaparecendo no horizonte histórico, com a anexação branca da Alemanha Oriental pela Alemanha Ocidental, com a consequente emergência da UEE como nova potência em expansão para o leste e com o novo estatuto assumido por blocos e nações das antigas periferias tributárias do antigo sistema bipolar, os Estados Unidos – para não falar do caos da nova Rússia – mergulharam num profundo limbo estratégico que zerou o valor de diretrizes econômicas, políticas e militares postas em prática em dimensão planetária durante mais de quatro décadas.

Não é necessário, nem viável, descrever as componentes a natureza deste novo marco estratégico em que os interesses norte-americanos enfrentaram, e enfrentam, um *tournant* decisivo imposto pela nova realidade global que emergiu na última década do século XX. Basta apenas referir sucintamente suas consequências em dois planos:

1) a atitude dos Estado Unidos em relação às forças – armadas ou não – ditas *de esquerda* hoje ainda atuantes na antiga periferia sob controle norte-americano durante a extinta era bipolar e

2) a posição da América do Sul no cenário de zonas de influência, que passou a ser redesenhado.

No primeiro caso, a consequência é uma alteração brusca e radical e, para os ingênuos, chocante e incompreensível. As forças de esquerda que atuavam nas zonas de influência norte-americana durante a Guerra Fria foram, naturalmente, sempre vistas e tratadas como o inimigo número um dos Estados Unidos, pelo que, do dinheiro ao extermínio, passando pela tortura, e em aliança com as classes dirigentes dos respectivos países (ou com a oposição, na Guatemala, no Chile etc.), nunca foram poupados esforços para anulá-las, com o óbvio objetivo de garantir a integridade destas mesmas zonas de influência definidas em Potsdam e Ialta. A partir da desintegração da União Soviética e do sistema bipolar ocorre uma reviravolta de 180 graus. O vetor é invertido e as forças de esquerda e/ou dissidentes – não importando seu matiz ideológico – automaticamente passam a forças auxiliares dos interesses hegemônicos norte-americanos. Pois é transparente: para os Estados Unidos o controle de qualquer natureza, em *low profile* ou não, sobre suas áreas de influência na periferia já não é mais vital. Nem necessário, nem possível, nem conveniente. Pelo contrário. Em oposição ao que ocorria durante a Guerra Fria, não há mais aliados ou inimigos definidos incondicionalmente por alinhamento ideológico. E se, do ponto de vista econômico/comercial, a instabilidade, o conflito e a desintegração não interessam no médio prazo ao capital volátil e às grandes corporações, do ponto de vista estratégico/militar, no longo prazo e mais uma vez independentemente de seu matiz ideológico, com certeza levam água ao projeto hegemônico dos Estados Unidos para o século XXI. Como a Inglaterra em relação à América do Sul nas primeiras décadas do século XIX e como a Europa Ocidental em relação à África depois da II Guerra Mundial, para os Estados Unidos a desintegração – ou, pelo menos, a não-integração – dos países ao sul do Rio Grande faz parte de um novo projeto de poder na era pós-bipolar. Neste novo cenário, o inimigo já não é o Leviatã soviético de face asiática mas um eventual projeto nacional ou regional de tez euro-afro-ameríndia. Por isto, como em qualquer parte do mundo, no Brasil e na América do Sul as tensões e os conflitos serão sempre bem-vindos e, no momento adequado, apoiados sob todas as formas possíveis, não importa se promovidos por grileiros, padres, pastores, igrejas, narcotraficantes, sindicatos (de trabalhadores ou, preferencialmente, de patrões), partidos, ONGs, MSTs, sem-teto, FARCS etc. Enquanto isto, ao sul do Mampituba, a esquerda jurássica, necrosada pelo vírus mortal da idiotia marxista-leninista e geneticamente moldada pelo maniqueísmo dos tempos da Guerra Fria – sistema adequado à complexidade bineuronal das mentes de seus integrantes – sonha messianicamente em dar início à revolução antiimperialista mundial. Também, coitados, eles não sabem nem mesmo traduzir a velha máxima do milenar poder romano: *Divide et impera*. E bastaria apenas eliminar o *t*...

Mas esta loucura tem método. Pois – e assim, em segundo lugar e por fim, chegamos ao tema da nota de rodapé – a América do Sul, dentro do novo marco estratégico desenhado na última década do século XX, assume um perfil híbrido. De um lado, permanece como zona cativa – aliás, a única que restou – da órbita de influência exclusiva norte-americana, na sequência de uma tradição já secular iniciada com a expansão imperial posterior à Guerra da Secessão, e, de outro, tende a transformar-se em uma *terra de ninguém* que pode tanto abrir-se completa e integralmente à área do dólar como afastar-se dela e aproximar-se da área do euro, além de poder ensaiar também, e já o faz, a criação de um mercado comum de 300 milhões de consumidores integrando a área do *latino* (minha sugestão para o nome da moeda deste bloco), o que não será fácil, pois, como se viu, tal projeto bate de frente com os interesses dos Estados Unidos, que tentarão barrá-lo por todos os meios, inclusive com o açulamento das tensões e rivalidades intranacionais, regionais e internacionais. Isto, pelo menos hipoteticamente, abre espaço à visão apocalíptico-catastrófica de grupos radicais que atuam no PT e em organizações subsidiárias alinhadas com ele. Mas, ainda que eles não o tenham percebido, a desintegração da União Soviética e o fim da era bipolar significaram para tais grupos, e para todos os seus pares latino-americanos, um verdadeiro desastre: embretados pelo novo marco estratégico pós-Guerra Fria, eles estão condenados à inação, resultante da ausência de um projeto político consequente e alternativo ao das classes dirigentes, ou à ação desesperada contra estas, ação que os transforma automaticamente, ainda que involuntariamente, em forças auxiliares dos novos interesses norte-americanos na região no século XXI.

O fim da era bipolar não abalou o poder imperial dos Estados Unidos, mas a multipolaridade que a substituiu e a emergência de novos blocos e nações como *players* do novo xadrez planetário alteraram a natureza desta hegemonia e exigiram de Washington correções de rota. O Sul sufocado mas atavicamente irredente, o insuperado e insuperável *apartheid* étnico-cultural entre *wasps*, negros, latinos e os remanescentes autóctones e os surtos epidêmicos dos mais variados fundamentalismos permanecem hoje abafados por uma economia pujante, pela liderança tecnológica e pela hegemonia militar, mas representam forças centrífugas de ação imprevisível sob condições de crise. Por isto, a formação de um amplo mercado comum ao sul em um projeto regional que concretizasse o velho sonho bolivariano de união do continente sul-americano não faz parte do cenário estratégico que os Estados Unidos projetam para si próprios no século XXI. A não ser que tal projeto seja montado sob a liderança do NAFTA, isto é, se transforme em uma área de livre-comércio que tenha por moeda o dólar. Neste cenário, por entre as brumas de um futuro mais ou menos distante, desenha-se, ainda impreciso mas pela primeira vez real em seus dois séculos de história como nação, o risco da balcanização do Brasil. Em algum lugar ao norte do Rio Grande, a águia imperial aguarda, paciente, eclodirem os ovos da serpente...

Enquanto isto, ao sul do Mampituba... Mas este é outro assunto, de que tratam, em estilo mais ameno, aliás, as entrevistas antes transcritas. Agora já sem qualquer ponto obscuro.

Porto Alegre, em setembro de 2000.

TERCEIRA PARTE

O PEDAGOGO DO PT

Nota Prévia
O Pedagogo do PT
O PT
A Era Collor (E o PT)
A Inflação (E o PT)
Variedades (E o PT)

SUMÁRIO

O PEDAGOGO DO PT / 205
1 – Companheiros de viagem... / 207
2 – *Jornal do Sul:* a guerra / 213

O PT / 219
1 – O neopopulismo avança / 219
2 – A fúria das brigadas petistas / 224
3 – A História devora o PT / 227
4 – PT: O neopopulismo se consolida / 231
5 – PT tropeça no real (e na própria incompetência) / 234
6 – Suburbanos em fúria / 237
7 – Enfim, sem máscaras! / 241
8 – Anticlericalismo de dinossauros / 243
9 – Sobre colonos e suburbanos / 245
10 – Fui vingado pela Erundina! / 247
11 – Socorro! O PT quer tirar meu emprego! / 248
12 – O PT, quem diria, acabou... no *II Gattopardo! / 250*
13 – Fukuyama, o semialfabeto,
e os pós-colonizados do PT / 251
14 – Amenidades sobre petistas / 253
15 – A audácia da nossa esquerda / 255
16 – O intelectual lúmpen / 257

A ERA COLLOR (E O PT) / 261

1 – Os intelectuais e o Plano Collor / 261
2 – O Plano Collor: ontem, hoje e amanhã / 263
3 – Collor: PT e PDT são os culpados / 267
4 – Por que Collor resiste? / 269
5 – Por que só atacam Collor? / 272
6 – O povo quer sangue? Joguem Collor às feras! / 275
7 – O linchamento de Collor / 278
8 – Collor e família: Feliz 93! / 281
9 – O PT salvará o Brasil? / 284
10 – Depois de Collor: o muro é do PT / 287
11 – Filosofia no táxi / 289

A INFLAÇÃO (E O PT) / 293

1 – Inflação: o monstro devorador / 293
2 – Inflação: por que não acaba? / 296
3 – Inflação: governo é culpado / 300
4 – Os governos e a inflação / 303

VARIEDADES (E O PT) / 307

1 – Terra devastada / 307
2 – O mito do ensino gratuito / 310
3 – O surfista do caos / 314
4 – Ecologista tem que pastar! / 317
5 – O Tampax e a monarquia / 320
6 – Descolonização, cuecas e pós-modernidade / 321
7 – Jornalismo de compadres e panacas / 323
8 – Paulo Sant'Ana: o gênio idiota / 324
9 – Jefferson Barros: um talento (des)regrado / 326

ANEXOS / 329

1 – O pesadelo acabou / 331
2 – *Dies irae* / 333

Nota Prévia

O pedagogo do PT, editado em 1995 (Porto Alegre: Soles), reúne artigos e ensaios publicados na imprensa de Porto Alegre desde 1990. Os textos são suficientemente claros por si próprios, dispensando quaisquer comentários. Contudo, algumas observações talvez sejam adequadas.

1 – A análise da natureza e das tendências do Partido dos Trabalhadores possivelmente foi pioneira no Brasil. De qualquer forma, mesmo que não o tenha sido, seria historicamente interessante saber quem mais no país produziu textos semelhantes naquele período. Aliás, o *Jornal do Sul*, de curta existência, alcançou meteórico sucesso exatamente por andar contra a corrente. Afinal, em Porto Alegre e, creio, em todo o país, no início da década de 1990 dissecar a ideologia do Partido dos Trabalhadores e/ou contrapor-se a seu *discurso* era caminho sem volta para o anátema.

2 – Quanto à renúncia do presidente Fernando Collor de Mello, que é tema de vários artigos, ela realmente não foi motivada pelas manifestações dos *caras-pintadas* nem pela ação do PT. Na verdade, só ocorreu pela ação conjunta das grandes redes de mídia, irritadas com a *concorrência desleal* de Collor de Mello, que, a partir da Presidência, estava tentando montar sua própria rede nacional. Poucos naquela época se deram conta disso.

3 – Em 1992, defender politicamente Collor de Mello – sempre contra a corrente e contra o PT – era em parte uma tática para dar visibilidade ao jornal. Mas mesmo em minhas mais loucas visões eu não poderia imaginar que o então presidente um dia, como senador, integraria a base aliada dos governos petistas! E muito menos que, segundo a Operação Lava-Jato, viria a receber cerca de R$ 30.000.000,00 de propina no escândalo da Petrobras, tornando-se – sob o guarda-chuva petista! – o feliz proprietário de uma frota de vinte carros, entre os quais três das marcas Porsche, Maseratti e Lamborghini!

O tempora! O mores! E dizer que o processo de *impeachment* em 1992 tinha por base a compra de uma perua Fiat-Elba e o recebimento de um mísero milhão de dólares de uma multinacional! Realmente, como disse Tom Jobim, "o Brasil não é para principiantes"...

4 – Os artigos que não abordam temas político-econômicos foram mantidos por fidelidade à obra, que não teve à época distribuição fora de Porto Alegre.

Porto Alegre, dezembro de 2015.

O PEDAGOGO DO PT

Única edição: 2.000 exemplares fora de mercado, Porto Alegre: Editorial Soles, 1995

O Pedagogo do PT

1 - Companheiros de viagem...

Eram os meados da década de 1970. O PT nem existia ainda. Olívio Dutra, então aluno do Instituto de Letras da UFRGS, me convidava para dar palestras sobre economia e história do Rio Grande do Sul no Sindicato dos Bancários de Porto Alegre, do qual ele era então presidente. Era compreensível: além de professor do mesmo Instituto, eu cursava Ciências Econômicas e, com artigos e ensaios contundentes, estava na linha de frente na luta pela modernização intelectual da província, então dominada pela visão dinossáurica da historiografia oficial e pelo paroquialismo anêmico de uma *intelligentsia* sem horizontes.

E lá ia eu, a tiracolo do sindicalista. Ainda me lembro de que nestas palestras muitos me olhavam de esguelha quando eu investia contra os grandes privilégios – inclusive dos professores da Universidade pública – da nova e poderosa burocracia estatal que então começava a formar-se e procurava mostrar que outros tinham sido os caminhos trilhados pelas sociedades capitalistas europeias ao longo do século XX para eliminar as disparidades sociais mais gritantes e evitar o caos social. Que no Brasil já se desenhava então com nitidez e que se agravaria rápida e irreversivelmente ao longo da década seguinte a cavaleiro de uma inflação crônica e ascendente e da favelização crescente e assustadora em certas regiões, a ponto de o país ter hoje cerca de um terço de sua população urbana marginalizada ou semimarginalizada (com o agravante das altas taxas de natalidade desta população e da redução drástica, em relação às décadas anteriores, dos índices de mortalidade infantil).

À época, ninguém entendia nada. O que não era de estranhar. *Social-democracia* era um termo desconhecido por muitos de meus ouvintes e execrado por outros, estes últimos integrantes da esquerda tradicional de extração socialista clássica ou marxista-leninista.

Passaram-se alguns anos. Em 1980 nascia o PT em São Paulo. Em Porto Alegre, o Sindicato dos Bancários foi um dos locais em que o novo partido deitou suas raízes. De minha parte, ainda que sem qualquer militância política, ajudei com meu voto a eleger, em legislaturas diferentes, os dois primeiros vereadores do PT – Antonio Candido, o engraxate da Praça da Alfândega conhecido por *Bagé*, e Antonio Hohlfeldt, meu ex-colega de redação do *Correio do Povo*.

Enquanto isto, organizações e grupelhos de esquerda – entre os quais o Partido Revolucionário Comunista (PRC), de Tarso Fernando Genro – atacavam violentamente o novo partido surgido no cinturão industrial paulista, qualificando-o de obreirista,[48] neopopulista e oportunista, e o acusavam de dividir a oposição ao regime então vigente... Alguns anos mais tarde, num extraordinário golpe de oportunismo político – que, confesso, julguei então equivocadamente um equívoco – o mesmo Tarso Fernando Genro se transferia com armas e bagagens para o PT, iniciando, aí sim, uma carreira política que talvez vá longe, pelo menos se a craveira a medi-la for a ambição...

Não sou ingênuo nem, muito menos, moralista e não recordo tais fatos com velada intenção depreciativa. Pelo contrário, quem conhece a natureza humana sabe que o oportunismo, a ambição e a audácia são as componentes essenciais da ação política, que sem eles não existe. Mas não nego que tenho um objetivo: registrá-los, para que não se perca a memória histórica – à revelia de muitos, que assaz o apreciariam, renitentes em aceitar que todo fazer histórico

---

[48] À época, na boca da esquerda autodenominada marxista-leninista, o qualificativo equivalia a um verdadeiro anátema.

tem seu preço – e, registrando-os, recordar a outros, tão toscos quanto arrogantes, que o mundo não é tão simples nem foi criado ontem... E que a ignorância não é boa conselheira. Mas retornemos à crônica histórica.

A década de 1980, logo no início da qual o PT fora fundado em São Bernardo do Campo, foi marcada indelevelmente pela intensa atuação das corporações, cujo poder, fincado nas grandes empresas estatais e na burocracia pública em geral, então se consolida e atinge seu apogeu. As origens do fenômeno eram e são evidentes. Ao final da década de 1970, o ciclo do *napoleonismo militar* industrializante iniciado em 1964 começara a esgotar-se rapidamente, desembocando num vácuo de poder resultante da inexistência de uma elite política civil orgânica e de um consequente e coerente projeto nacional. O tema é amplo e complexo. Mas, para os objetivos aqui pretendidos, o que importa é sublinhar que, neste contexto, as corporações estatais, nascidas e consolidadas ao longo do regime militar, e os setores mais influentes do funcionalismo público em todos os níveis preencheram naturalmente este vácuo, passando a deter e a exercer um poder nunca antes visto na história do país. E logo a seguir tomaram de assalto o PT, descaracterizando completamente e quase apagando a marca obreirista de suas origens, que se confundem com o ativismo sindical nos setores industriais avançados de São Paulo e, com menos intensidade, Minas Gerais. Este é um aspecto fascinante, entre muitos outros, de um processo histórico-político que ainda não acabou.

No que a mim interessa, foi nesta década que me coube, por inefugível destino e por necessidade de sobrevivência, enfrentar praticamente sozinho – nas salas de aula, nos corredores, em jornais e em panfletos – a ação violenta, feroz e parafascista dos grupos corporativistas,[49] que travestidos de esquerdistas e petistas, então dominavam a Universidade pública (no caso, a UFRGS), ali instalando um totalitarismo *sui generis* de rastaqueras e ignorantes cujos ideais supremos eram ocupar cargos, acumular privilégio e

---

[49] Hoje, poucos anos depois, parece ficção. Mas é a pura verdade: as greves dos professores das Universidades federais provocavam então verdadeira comoção nacional...

aumentar o valor dos contracheques... Foi aí – suprema ironia! – que nasceu minha fama de direitista, autoritário e violento...

Mas foi nesta década também que, no Instituto de Letras, em intermináveis discussões, em aulas e fora delas, com alunos simpatizantes ou militantes do PT – alguns dos quais, hoje, depois da *débâcle* do *socialismo real*, fazem voltas para não cruzar comigo na rua... –, eu procurava mostrar-lhes o que fora a história recente do país, tentando convencê-los de que a modernização social e política do Brasil devia partir de dois pressupostos básicos:

– o capitalismo brasileiro se consolidara definitivamente, sendo inútil e até insano atuar a partir do messianismo utópico da esquerda tradicional (e o Muro de Berlim ainda não viera abaixo...);

– um partido como o PT, para desempenhar o papel que a História parecia reservar-lhe no Brasil, mais cedo ou mais tarde teria que trair as castas privilegiadas que o estavam tomando de assalto e retomar às concepções obreiristas e social-democratas que, explícita ou implicitamente, estavam presentes em suas origens.

Comprovando mais uma vez que o pioneirismo e o bom senso são, possivelmente, as virtudes mais inúteis de um político, eu não conseguia convencer ninguém... Bem, não era esta minha função nem meu objetivo. E se me dispunha a perder meu tempo era porque não havia riscos e porque sempre considerei e considero tais discussões como parte fundamental da pedagogia clássica do Ocidente desde Sócrates. Seja como for, um ou dois daqueles que participavam destas discussões integram hoje a alta burocracia do PT em Porto Alegre. Na ala *light*, é claro!

Em 1988, numa eleição de resultados surpreendentes, Olívio Dutra venceu a disputa para a prefeitura de Porto Alegre. De imediato, fosse pela falta de quadros competentes, fosse pelas minhas ligações com militantes petistas – incluindo o próprio prefeito –, diz a lenda que meu nome começou a ser cogitado para uma das secretarias, ficando a indicação entre a da Fazenda e a de Educação. Sempre segundo a lenda, logo no início das reuniões para definir a equipe, meu nome teria sido descartado *a priori* e com os tradicionais qualificativos de "fascista", "autoritário" etc.

Não sei se é verdade nem estou interessado nisso. O que sei é que, tendo eu enviado um bilhete cumprimentando-o pela vitória,

Olívio Dutra telefonou-me, insistindo demoradamente para que eu participasse de seu governo. Surpreso, pouco disposto e um tanto constrangido – *pego pela palavra*, já que rejeitar o convite era algo como trair um companheiro de lutas passadas, mesmo que eu não me sentisse exatamente assim –, aceitei conversar, sob uma condição: fazer uma reunião prévia com ele e com o vice-prefeito, Tarso Fernando Genro, para analisar as propostas do novo governo. E ficou combinado que Olívio Dutra me telefonaria para agendar o encontro. Estou à espera do telefonema até hoje.

Mas nada tenho a reclamar. Pelo contrário. Como eu previa, açodados, inexperientes, ignorantes e radicais transformaram os dois primeiros anos da administração Olívio Dutra num verdadeiro desastre. Eu não teria aguentado. À parte meus filhos, não tenho paciência com infantes. Assim, águas passadas não movem moinho. E logo esqueci o episódio. Dois ou três anos depois, tendo lido *na Folha de São Paulo* um longo artigo de Tarso Fernando Ge nro e José Genoíno, em que ambos – consideradas as posições então defendidas pelo partido – analisavam com surpreendente lucidez algumas das mais cruciais questões econômicas, políticas e administrativas do país, não resisti e, num bilhete um tanto irônico ao primeiro dos autores, observei que eu não precisaria me preocupar em entrar no PT, pois, do jeito que as coisas iam, o PT é que um dia seria do partido do Dacanal... Como resposta, recebi, muito surpreso, um convite para entrar no partido... Desta vez o deselegante fui eu. Sei lá por que – talvez vingança inconsciente... –, não respondi. O que não me impediu de perceber que a atitude indicava que talvez o autor do convite tivesse futuro, pois engolir sapos sempre que necessário e bater com punhos de renda sempre que possível estão entre as habilidades indispensáveis de um político...

Com este episódio e com o PT, nos dois primeiros anos, cometendo as maiores barbaridades – ainda que bem intencionadas – na prefeitura de Porto Alegre, encerrava-se a primeira fase de minhas relações com o partido, relações que poderiam ser qualificadas de amistosas, em virtude de minhas posições ideológicas e da proximidade pessoal com algumas de suas lideranças *históricas* no Rio Grande do Sul. E começava uma segunda, marcadamente conflitiva. E por várias razões.

De um lado, o PT não só assumira o poder em várias cidades importantes do país como, principalmente, adquirira a dimensão de um dos mais impressionantes fenômenos políticos brasileiros no século XX, o que ficou evidenciado na eleições presidencias de 1990. Em consequência, forçado a ocupar a ribalta da luta eleitoral e da ação administrativa, o partido expôs à luz do dia tendências corporativistas, sectárias, arcaicas e até totalitárias. Tais tendências não deitavam raízes no caldo de cultura obreirista e social-democrata que marcara as origens do partido. Pelo contrário, elas comprovavam claramente que ao longo da década ele fora tomado de assalto pelos grupos corporativistas ligados ao Estado, pelos grupelhos remanescentes da *esquerda histórica* - da Ação Popular (AP) ao Partido Revolucionário Comunista (PRC) – que haviam sobrevivido a quase vinte anos de regime militar e à progressiva desintegração do *socialismo real*; pelos segmentos burocrático-sindicais das regiões de desenvolvimento industrial avançado – segmentos, aliás, que eram os únicos que poderiam ser considerados como ligados de uma ou de outra às origens do partido –; e pelos integrantes das Igrejas tradicionais, principalmente a católica, voltados para a ação social e política.

De outro, não suportando mais a miséria intelectual, pedagógica e administrativa que se assenhorara da Universidade pública, resolvi – um tanto a contragosto e aproveitando a farra proporcionada pela Constituinte-cidadã de 1988! – aposentar-me precocemente. E estava à procura de emprego. Ora, jornalismo político – na linha da análise implacável e do ensaísmo histórico – é uma das coisas que melhor sei fazer. Assim, a rota de colisão com o PT já estava traçada.[50]

---

[50] Meu ingresso, à época, no PSDB forneceu o argumento tático que me faltava para atacar o PT.

2 - *Jornal do Sul:* a guerra

Circulava por esta época (início de 1992) em Porto Alegre um tabloide mensal de anúncios chamado *Ofershoop*, no qual comecei a colaborar sob pseudônimo. Depois de algum tempo, o veículo transformou-se em *Jornal da Semana* e, finalmente, sob minha orientação, em *Jornal do Sul*, do qual acabei me tornando editor-chefe – além de gerente de produção, comentarista político local, nacional e internacional, revisor e, eventualmente, até *boy!*... Sua origem, seu curto apogeu e seu rápido desaparecimento mereceriam um capítulo à parte na história do jornalismo gaúcho. Mas isto não vem aqui ao caso. Basta dizer que, com a ajuda de Cristina Forte, a mais brilhante profissional de diagramação que conheci, e com a colaboração dos colunistas Carlos Augusto Bissón, Sílvio Lopes e Marco Closs – além dos eventuais, como Charles Kiefer, Sergius Gonzaga e Antonio Hohlfedt – e trabalhando em condições tais que qualificá-las de *precárias* seria eufemismo, consegui criar um verdadeiro jornal. A tal ponto que, durante quase um ano, sua repercussão nos círculos políticos e intelectuais locais era maior que a dos grandes jornais da capital. Considerada a impressionante mediocridade da imprensa local, este pode não ser um grande feito. O importante e o inusitado é que ele só foi possível basicamente graças ao PT, com a oportuníssima colaboração de Fernando Collor de Mello e da inflação... Explico.

A atividade jornalística nasceu, na Inglaterra e na França do século XVIII, intimamente associada à ascensão da burguesia, à cultura dos iluministas e à consequente, ainda que relativa, democratização das sociedades europeias ocidentais. Por isto, além de ser um subproduto da revolução industrial – a fabricação e a impressão mecânicas do papel –, ela está assentada, por definição, sobre a *repercussão social*. Jornalismo, e muito mais o jornalismo político, não existe sem o contraditório, sem o debate, sem a polêmica.

Ora, já há algum tempo eu percebera que o grande assunto do jornalismo político nacional – e também local – era o PT. Por vários motivos:

1 – Com apenas dez anos de existência, o PT disputara o segundo turno das eleições presidenciais de 1990, depois de conquistar em 1988 as prefeituras de São Paulo e Porto Alegre, o que fazia dele um dos mais impressionantes fenômenos da história dos partidos políticos no Brasil.

2 – Pela inexperiência e pelo primarismo de seus militantes, pelas contradições resultantes do fato de o partido estar sendo parasitado pelas privilegiadas burocracias estatais e pelo viés arcaico e totalitário dos grupelhos da esquerda tradicional que nele se haviam incrustado, o PT era um alvo fácil.

3 – Pela sua imagem – vá lá! – de vestal impoluta e jamais enxovalhada no lupanar das paixões políticas e da luta pelo poder, imagem fortalecida nas eleições de 1990 pelo *affaire* Miriam Cordeiro, o PT era um alvo ainda não visado nem atingido. Ora, um alvo exclusivo é tudo o que um jornalista pode desejar... E o que poderia haver de melhor do que um partido que inchara meteoricamente, a ponto de disputar através de um semianalfabeto[51] a suprema magistratura da nona ou décima economia industrial do planeta, e que, na realidade, não passava de um conjunto espantoso de corporativistas ensandecidos, adolescentes desorientados, arrivistas lépidos, totalitários enrustidos, messiânicos desarvorados, camponeses desesperados, lúmpen-intelectuais arrogantes, sindicalistas mais ou menos ignorantes, ingênuos bem intencionados e demagogos ilustrados que haviam se transformado numa espécie de compacto rebotalho de vinte e cinco anos de profundas, caóticas e vertiginosas mudanças econômicas, tecnológicas, sociais e culturais? Em resumo, os petistas se apresentavam – e eram aceitos – como os novos cátaros, quando, na verdade, não passavam de um subproduto monstruoso e disforme de uma sociedade doente, sem norte e revolvida até as entranhas por um processo brutal e avassalador de modernização tecnológica, de produção e concentração de riquezas, de universalização do ensino e de um explosivo e rápido crescimento populacional. Que alvo melhor poderia haver? Que desafio maior do que ser o primeiro a extrair o

---

[51] Não é uma ofensa nem um demérito. É apenas um fato. Tão espantoso, aliás, que, dependendo a perspectiva, o qualificativo pode ser considerado um elogio.

monstro das obscuras cavernas do processo histórico e expô-lo à luz meridiana da racionalidade analítica? Pensando bem, é de lamentar que o *Jornal do Sul* fosse um veículo tão limitado...

Bem, mas à parte os três motivos citados, havia uma outra razão que, para mim, fazia do PT um grande assunto jornalístico. Uma razão política, sim, mas de caráter estritamente pessoal: pelas minhas afinidades ideológicas com o PT original, marcado pela visão obreirista, implicitamente social-democrata e, principalmente, pela oposição ao messianismo pedestre, caolho e colonizado da esquerda tradicional brasileira, eu me sentia, digamos, "traído", já que o partido fora tomado de assalto por corporativistas, demagogos e aproveitadores da classe média privilegiada, cuja miserabilidade intelectual e cuja sanha sectária eu tivera que enfrentar na Universidade. Era a hora da vingança. E parti para o ataque.

O PT era o alvo. Mas havia outros dois, escolhidos por sua natureza auxiliar. O primeiro era a defesa – no plano político – do presidente Fernando Collor de Mello, que fora satanizado *pessoalmente* pelo sectarismo petista – a serviço, sem saber, de importantes segmentos da classe dirigente, incomodados e irritados com o estilo *elefante-em-loja-de-louças* do então presidente. O segundo era o ataque à inflação, já que a defesa da estabilidade econômica fora sempre vista, e ainda o era, pela esquerda tradicional como apoio à "burguesia" e aos "banqueiros". Quem conhece a história do Brasil sabe que, antes que simples produto de ignorância, a concepção de inflação como fenômeno benéfico é uma herança do período nacional-desenvolvimentista, quando o Estado, à custa de maciças emissões de moeda, alavancou o desenvolvimento econômico-industrial. Mas quem entende de economia sabe também que a inflação é o mais perverso e brutal agente de concentração de renda e de geração de miséria. Até 1994 os economistas do PT – para nem falar de seus ideólogos e militantes – pareciam não ter nem a mais leve desconfiança disso... Com o *real*, ainda que tarde, pelo menos alguns deles parecem ter aprendido a lição...

E foi assim que o *Jornal do Sul*, durante quase um ano – e principalmente nos sete ou oito meses em que fui seu editor-chefe –, passou a andar no contrafluxo da opinião pública local e nacional, então mais do que nunca manipulada pela *mídia* e pelo PT, transformando-se, ainda que em âmbito extremamente restrito, num verdadeiro sucesso empresarial e jornalístico. Principalmente pelas análises implacáveis que dissecavam o PT. Quase todos os artigos reunidos neste livro são desta época.

Aliás, à margem, é interessante referir que da minha atividade jornalística neste período resultou um curioso subproduto. Tomando, certamente, por modelo a confusão de *seus* próprios *mouvements d'âme* e estendendo-o de forma imprópria à *minha* atuação social, alguns passaram a afirmar que meus artigos eram, na verdade, resultado de uma obsessão, cuja causa seriam minhas secretas simpatias pelo PT...

Por que *secretas*? Por quais ideias políticas poderia eu ter simpatia se não pela social-democracia – que estava nas origens do partido – e pelas que buscassem pelo menos atenuar as brutais desigualdades econômicas e sociais? Desigualdades, aliás, que no ano de 1995 – por não ter lido corretamente os artigos e ensaios que eu próprio escrevera! – me obrigaram a demolir uma residência de 250m^2 por não me julgar no direito de expor a riscos a vida de meus filhos e por considerar absurdo, num cálculo de custos/benefícios, dormir abraçado às armas!...

Pobre, neto de imigrantes miseráveis, nascido e criado no contexto da pequena propriedade no extremo sul – uma das sociedades mais igualitárias de toda a história do Ocidente pré-industrial, *ex aequo* com aquela dos peregrinos do *Mayflower* –, formado na tradição intelectual do humanismo clássico pelos antigos seminários da Igreja católica, sem outro meio de sobrevivência que não fosse o próprio trabalho, abrindo meus próprios caminhos, plantando meus próprios *Eucaliptus* e tendo a resposta para aquela famosa pergunta irônica da direita histórica,[52] que ideais políticos poderia eu ter? A manutenção indefinida – e a longo, ou nem tão longo, prazo prejudicial a mim e aos meus – dos privilégios mais brutais? A fé na balela do *homem novo* marxista? Ora, ora!...

---

[52] "Se todos forem iguais, quem limpará o banheiro do primeiro-ministro?" Ora, respondo, o primeiro-ministro... Na prática, é o que acontece há longo tempo nos países nórdicos.

Mas basta de preâmbulos! Apenas mais três observações:

1 – Quanto aos artigos aqui reunidos, ao relê-los hoje parece quase inacreditável que alguns deles tenham causado tanto impacto há apenas alguns anos atrás. O que, além de comprovar a vertiginosa velocidade das mudanças por que passou e está passando o país, foi o fator essencial para me convencer de que – como afirmei antes – o pioneirismo e o bom senso são virtudes inúteis para um político. A história tem seu próprio ritmo e os fatos seu próprio tempo. Do que decorre que, neste campo, os precursores e os realistas estão condenados inapelavelmente a pregar solitários no deserto a ouvidos moucos. E, depois, a jamais serem lembrados. Mas jornalismo político nada tem a ver com política propriamente dita, pertencendo antes à esfera da atividade do historiador. O que, pelo menos argumentando *pro domo mea*, justifica a publicação destes artigos e torna pertinente a observação que segue.

2 – Quanto ao PT, acabou confinado num brete, no qual se estiolará ou – mais provavelmente – do qual, rompendo as amarras, partirá para assumir o papel que as próximas décadas no Brasil reservam a um partido que, lançando pela borda a tralha ideológica do corporativismo, do arcaísmo, do sectarismo e do messianismo, se converta em alternativa real de poder para gerir de forma moderna e eficiente uma sociedade complexa como a brasileira, que sofre e sofrerá cada vez mais o impacto brutal das rápidas mudanças tecnológicas sobre a estrutura econômica e sobre o tecido social. Mas não será fácil. Apanhado no redemoinho da *década perdida*, o PT caiu numa arapuca e construiu sua identidade sobre a negação da identidade, sempre maligna, do *outro* – os *militares*, o *patrão*, os *bancos*, o *Centrão*, o *ACM*, o *Sarney*, o *Collor* e assim por diante – e não sobre a afirmação da própria identidade ideológica e programática. E quando o processo histórico foi varrendo o *outro*, o PT, engaiolado, perplexo, fascinado e mesmerizado, lá ficou a observar, inerme, os rápidos e hábeis revoluteios de um bom-moço chamado Fernando Henrique Cardoso. *Fortuna imperatrix mundi...*

3 – Quanto ao título,[53] espero que os leitores, se os houver, não subestimem meu senso de autocrítica e percebam nele, no título, o tom irônico. No que tange ao *do*, não se trata, obviamente, de um partitivo. O que não quer dizer que um dia, eventualmente, não possa vir a sê-lo. Neste caso, a madrasta fortuna pregar-me-ia uma bela peça ao obrigar-me a disputar espaço com a irisada histrionice de Esther Pillar Grossi. Como quase não tenho cabelos, conforta-me o firme acreditar que, nesta remota possibilidade, talvez o item *ideias* possa vir a contar pontos, equilibrando o escore final...

Porto Alegre, maio de 1995.

---

[53] Em parte, os créditos do título pertencem a Charles Kiefer, p ois ele também o considerou adequado ao conteúdo, pondo fim às minhas dúvidas.

O PT

1 - O neopopulismo avança

Tosco, primário e até mesmo arcaico, Leonel Brizola não é, sabidamente, um político de muitas luzes intelectuais. Mas tem intuição e faro como poucos. Recentemente, ele deu mais uma prova de sua argúcia ao identificar no PT o principal inimigo do PDT, levantando uma lebre que os ditos *cientistas políticos* parecem nem ter ainda farejado.

Como se sabe, historicamente Brizola é o herdeiro e o último remanescente do velho populismo varguista. Tendo sido substituído no final dos anos 60 pelo napoleonismo industrializante dos governos militares, este populismo clássico perdeu há muito tempo suas características originais e sua consistência ideológica, sobrevivendo apenas pela força da inércia e pela liderança carismática do próprio Leonel Brizola.

Foi no bojo das grandes transformações econômicas e sociais das duas últimas décadas que o velho populismo, já tendo cumprido sua função histórica, naufragou definitivamente. E, agora, as novas forças políticas que foram se gestando ao longo do período avançam com rapidez para pilhar os destroços. De um lado, aglutinando os grupos sociais mais esclarecidos do país, emerge, tateante e lenta, a social-democracia, agarrada ao estandarte da racionalidade intrínseca e necessária às modernas e complexas sociedades industriais. De outro, em heteróclita mistura de deserdados de todos os matizes e demagogos da elite, de aristocratas do Estado e das organizações sindicais, de radicais pequeno-burgueses e órfãos das mais variadas utopias, incluindo o cristianismo, irrompem em desordem as hordas neopopulistas, sedentas de poder, dinheiro ou simplesmente de comida.

Atônito e acabrunhado diante de um espetáculo cujo enredo não entende, e vendo desfazer-se em pó, talvez irremediavelmente, o sonho de ser presidente, tão ciosamente acalentado durante quase meio século, Brizola reage e qual general que – nas guerras antigas, é claro! – tenta, num último alento, infundir ânimo às suas tropas exangues, grita: "Aquele é o inimigo!". E aponta para o PT. Tarde demais! Mas com razão!

O que é o populismo?

Populismo vem de *populus*, que em latim significa *povo*, ou o conjunto dos cidadãos. Em português identifica, genericamente, o comportamento de políticos ou quaisquer outros aspirantes a cargos que, para alcançar o poder ou para nele permanecer, se utilizam das massas manipulando-as, quer dizer, usando a desinformação e a ingenuidade delas para enganá-las. Com este sentido, populismo é sinônimo aproximado de *demagogia*.

No contexto da história latino-americana, contudo, a palavra foi e é aplicada a um fenômeno político muito específico: a aliança, formada a partir dos anos 30/40 deste século, pelos grupos dissidentes das velhas oligarquias dirigentes com a classe média e o proletariado então emergentes. Sumariamente, se poderia dizer que o populismo, assim entendido, representou a elaboração e a execução – pelo menos parcial – de um projeto autonomista/nacionalista de modernização e industrialização de alguns países como Brasil, Argentina e México, por exemplo, que tinham por objetivo fundamental romper o círculo do que os historiadores chamaram de *estatuto colonial*. Ou seja, a situação que fazia de tais países, de um lado, meros fornecedores de matérias-primas e, de outro, importadores de manufaturados das grandes nações industriais. Este projeto apresentou algumas características essenciais, entre as quais podem ser destacadas:

1 – O Estado assume não apenas o papel de indutor e fomentador mas também e principalmente o de executor de políticas, projetos e empreendimentos na área de infraestrutura (siderurgia, transporte, comunicações etc.).

2 – Busca-se a consolidação do sistema capitalista de produção através dos incentivos aos investimentos no setor industrial.

3 – As massas trabalhadoras são integradas econômica e politicamente ao projeto modernizador. Economicamente através do consumo de bens industrializados e politicamente através da aplicação e ampliação de medidas de política social (salário mínimo, aposentadorias, assistência médica, educação gratuita etc.).

4 – A resistência dos setores mais arcaicos da sociedade – o latifúndio em geral – ao projeto modernizante é anulada graças ao compromisso tático e tácito de manter inalterada a estrutura fundiária.

O neopopulismo petista

Paradoxalmente ou não, o projeto econômico nacional-industrializante do populismo no Brasil foi em boa parte executado e levado às últimas consequências pelos governos militares. Em outras condições históricas e políticas, é verdade. Mas isto não vem aqui ao caso. A verdade é que o fim dos governos militares e o retorno dos civis significaram o início de um período de grande instabilidade, caracterizado pela fluidez política, pela desordem administrativa e pela aplicação de sucessivos planos econômicos e pelo subsequente fracasso deles. As causas deste confuso e instável panorama são complexas e variadas, mas é evidente que, *grosso modo*, devem ser buscadas nas profundas e rápidas mudanças da estrutura econômica, social e cultural ocorridas durante o interregno castrense. O importante aqui é salientar que foi ao longo deste período que lentamente se foi consolidando o Partido dos Trabalhadores, sem dúvida o fenômeno político-partidário mais importante surgido no país nas últimas duas décadas. Mas o que é o PT?

Nascendo timidamente no gigantesco cinturão industrial paulista como um partido operário clássico e submetido posteriormente à pressão de fatores internos e externos, o PT foi se transformando aos poucos e abandonando visão obreirista inicial. E hoje, como o provaram as últimas eleições municipais, parece ter se transformado num amorfo mas sólido aglomerado neopopulista.

Semelhanças

De fato, se bem analisado, o PT, em sua conformação atual, apresenta alguns fortes traços que lembram o populismo clássico. Por exemplo:

1 – Seu discurso, hoje, propõe a integração das massas urbanas, tendo abandonado quase que completamente a retórica do confronto entre as classes sociais. Pode-se dizer que esta guinada neopopulista foi o preço pago para ganhar a confiança dos grupos proprietários e, assim, apresentar-se como alternativa real de poder, tanto política quanto administrativamente.

2 – Sua tendência, quando no poder, tem sido a de usar as instâncias administrativas de forma clientelística, ao estilo do populismo clássico, ainda que, é preciso reconhecer, numa versão modernizada (atacando a corrupção, o nepotismo etc.).

3 – Seu radicalismo ideológico se contenta hoje com ataques verbais a entidades mais ou menos abstratas, como os bancos, sem lembrar que estes não são mais do que meros repassadores de recursos de investidores com poder financeiro. Aliás, possivelmente poucos petistas devem ter noção disso...

4 – Sua concepção de Estado – viés e herança do esquerdismo – é a de uma entidade onipotente e providencialista, nisto divergindo do populismo clássico na teoria mas dele se aproximando na prática.

Diferenças

Por outra parte, há diferenças marcantes entre o populismo clássico e o neopopulismo petista. Eis algumas:

1 – O PT não possui um projeto econômico e político coerente. Nem para seu próprio consumo, muito menos para o país como um todo. Sua visão do país no conjunto das relações internacionais, por exemplo, é primária, rústica e arcaica. Como disse Octavio Ianni muito bem, o PT hoje não sabe o que é nem o que quer.

2 – O PT não apresenta em sua composição presença significativa de grupos proprietários dos meios de produção. Pelo contrário, os setores hegemônicos hoje no partido são a pequena burguesia urbana intelectualizada e pseudo-esquerdista – geralmente profissionais liberais, não raro ricos e bem-sucedidos – e a privilegiada aristocracia burocrático-administrativa ligada à esfera federal e, com menos peso, à esfera estadual e municipal. A reboque vão algumas lideranças sindicais e setores ligados às Igrejas cristãs tradicionais, particularmente a católica.

3 – O PT mantém, camufladamente, uma concepção anticapitalista e estatizante no que diz respeito aos meios de produção.

4 – O PT, ao contrário do populismo clássico, tenta avançar nas áreas rurais, mas encontra sérias dificuldades em virtude de sua visão arcaica e medieval das atividades agrícolas, que hoje se desenvolvem em patamar tecnológico totalmente estranho àquele de duas ou três décadas atrás.

Brizola tem razão

Este artigo alongou-se mais do que deveria. Resta, contudo, dizer que Brizola tem razão ao identificar o PT como seu grande inimigo. O velho populismo está morto há muito e o neopopulismo petista avança rapidamente sobre as massas urbanas, ameaçando transformar-se em poucos anos numa alternativa real de poder.

Com que características definitivas e com que consequências, é impossível prever. Seja como for, certo estava um conhecidíssimo político local que, depois de atacar violentamente o PT no início dos anos 80, qualificando-o oportunista e obreirista, passou-se de mala e cuia para este partido... São as injunções históricas...

novembro/92

2 - A fúria das brigadas petistas

Devido à fluidez e à rapidez inerentes à evolução do panorama político-partidário brasileiro nestes últimos anos, será necessário ainda algum tempo para avaliar adequadamente a dimensão e a importância efetivas do Partido dos Trabalhadores no Rio Grande do Sul.

Contudo, numa perspectiva conjuntural de curto prazo, não há dúvida de que sua força eleitoral e, principalmente, sua capacidade de aglutinação fazem dele um dos mais importantes fenômenos políticos do estado em tempos recentes, pelo menos na capital. Com razão, tem recebido destaque a fúria com que atuam as *brigadas petistas*, ou seja, sua militância, tanto organizada quanto espontânea.

Para tentar analisar e compreender o fenômeno é preciso, antes de tudo, fazer rigorosa diferenciação entre *força eleitoral* e *força partidária*.

Força eleitoral: o voto flutuante

Definindo *força eleitoral* como a simples capacidade de somar votos numa eleição, no caso do PT ela é, neste momento, de natureza marcadamente circunstancial. Mas de onde vem esta força eleitoral petista? Basicamente de dois grupos: o eleitorado convicto e o eleitorado flutuante.

Do eleitorado convicto fazem parte a militância propriamente dita (v. a seguir), setores ligados à Igreja católica, os membros das corporações estatais, grande parte do funcionalismo público em geral e um grupo etário-generacional marcado pelo clima político dos anos 80, tal como anteriormente outro fora marcado pelo dos anos 70 e escolhera o MDB/PMDB.

Segundo ficou muito claro nas eleições presidenciais de 1990, este eleitorado cativo do PT é extremamente reduzido, se bem que coeso, sólido e aguerrido, inclusive com alguns núcleos não desprezíveis em determinadas regiões do interior do estado.

Contudo, a parcela mais expressiva dos votos petistas procede do eleitorado flutuante, hoje alimentado por várias fontes, entre as quais podem ser citadas:

– o protesto contra o governo Collor, em que interesses dos grandes grupos empresariais da mídia se identificaram momentaneamente com os do PT;

– o completo e irreversível desastre do governo do PDT, que se encolhe a olhos vistos em todo o estado;

– a *geleia geral* em que se transformou o PMDB, sem lideranças intelectualmente expressivas ou politicamente importantes (Schirmer, apesar de rústico, talvez tenha algum futuro, mas Ibsen Pinheiro, Mendes Ribeiro, o pai, e Fogaça – à parte o poeta e o músico – são medíocres, limitados e não têm qualquer carisma);

– a fraqueza do PSDB, que apesar de ter grande potencial eleitoral, particularmente no interior, apenas agora tenta organizar-se de fato como partido na capital;

– a difícil situação – se comparada com aquela vivida ao final do governo Sarney – do funcionalismo federal;

– finalmente, a síndrome do *menos ruim*, traduzida muito bem na expressão "pelo menos eles não roubam", que tem beneficiado muito o PT.

À parte tudo isto, há ainda o *efeito mariposa* exercido sobre os chamados *intelectuais* da província. Este efeito cresceu rapidamente, é claro, depois da vitória nas últimas eleições para prefeito. Compreende-se por quê. Limitados, medíocres, sem independência, sem qualquer importância e até mesmo sem emprego para sustentar suas sofisticadas pretensões de consumo, estes intelectuais, não raro semi-analfabetos culturais, voam sempre em direção à fogueira das vaidades e do poder. Não importa qual seja partido e suas posições ideológicas. Desde que não seja claramente nazista, já é suficiente. E é impressionante ver como indivíduos pessoalmente ultraconservadores e politicamente até estúpidos fizeram hoje do PT uma bandeira. Enfim, este partido, atualmente, é a *griffe* da intelectualidade local. O que, em termos de efeito sobre a mídia e as urnas, não é nada desprezível.

Mas onde está o verdadeiro PT? De onde vem o fervor de sua militância e de seu eleitorado convicto?

Força partidária: as brigadas petistas

A força partidária do PT em Porto Alegre e mesmo no interior é um fenômeno sociológico e político importante em que se distinguem de forma bastante nítida pelo menos três segmentos, muito diferentes entre si mas com interesses momentaneamente comuns.

O primeiro destes segmentos, e de longe o mais significativo, é formado por elementos oriundos da pequena burguesia intelectualizada, aliados e não raro idênticos a outros procedentes da baixa classe média, quase sempre via Universidade ou militância estudantil e sindical. Na recessão e na desordem econômica dos anos 80, sem perspectivas a não ser o desemprego ou, no máximo, o subemprego, estes grupos viram, e com razão, na atividade política o único caminho que lhes poderia abrir as portas de uma rápida ascensão social e econômica, via mandatos e empregos públicos. E hoje, principalmente depois da vitória de 88 em Porto Alegre, estes contingentes, que com suas famílias devem somar vários milhares de pessoas, confundem socialismo e transformações sociais com necessidade de continuar comendo, morando e vivendo razoavelmente (a respeito, v. a entrevista de T. F. Genro no jornal *Utopia*, nº 5). Não se trata de crítica. É um fato. E é ele um dos principais que está na base da fúria militante das brigadas petistas.

O segundo segmento é integrado pelas corporações da burocracia estatal – empresas estatais e funcionalismo em geral, incluindo a Universidade –, que identificam no PT sua sigla e seu aliado na luta desesperada para não perder os variados e não raro escandalosos privilégios de que desfrutam, privilégios hoje ameaçados pelos projetos de modernização que, mais cedo ou mais tarde, com Collor ou sem ele, levarão a uma profunda reforma burocrático-administrativa e à drástica redução do papel direto do Estado na economia. É certo que estes privilégios cresceram à margem de um abismo social, como disse o economista Mangabeira Unger, mas é exatamente por isto que, numa alternativa que não seja o caos, eles terão que ser eliminados ou, pelo menos, drasticamente limitados.

Finalmente, o terceiro segmento importante embasa a ação da militância petista e tem significativo peso em sua força partidária está ligado à Igreja católica. Apavorados e confusos diante da rápida e completa secularização da sociedade brasileira, muitos grupos remanescentes das antigas congregações religiosas e outros a eles ligados se identificam com o PT e veem nele um instrumento de sobrevivência que, ao mesmo tempo, os livre do desaparecimento total e evite a irresistível tendência à sectarização messiânica. O que daria no mesmo, nas condições histórico-sociais atuais. Estes grupos atuam particularmente no interior agrário. Mas não naquele que integrou-se à modernização e dela beneficiou-se, como nas regiões da Serra, por exemplo, e sim onde a pequena propriedade imigrante está decadente ou foi varrida completamente ou quase pela mecanização e pelas culturas extensivas da soja e do trigo e pela própria pecuária, que retornou com força nos últimos anos. Nestas regiões, netos e bisnetos de imigrantes, principalmente, aqueles cultural e intelectualmente mais bem dotados, se sentem atraídos pela ação da Igreja e do PT, que lhes acena com a esperança de escaparem ao desastre da favelização e da miséria. Aliás, este tema daria um longo ensaio.

Este artigo alongou-se mais do que devia. E já é hora de terminar. Mas antes uma observação travestida de interrogação: quem sabe se, no futuro, as brigadas petistas, depois de se nutrirem bem e de lançarem ao mar seu blablablá pseudo-esquerdista e seus inúteis sonhos milenaristas não se transformariam – nem que fosse por absoluta necessidade de sobrevivência – em eficientes gestores do capitalismo brasileiro?...

outubro/92

3 - A História devora o PT

Possivelmente os integrantes do lumpesinato intelectual petista de Porto Alegre não sabem disso, mas na Grécia antiga havia musas – algo assim como *anjas padroeiras* – que protegiam as ciências e as artes. Eram nove irmãs que, segundo as crenças da época, habitavam os sagrados montes da Hélade: Clio (a História), Euterpe (a Música), Talia (a Comédia), Melpómene (a Tragédia), Terpsícore (a Dança), Erato (a Elegia), Polímnia (a Lírica), Urânia (a Astronomia) e Calíope (a Eloquência).

Reza o mito que, ao contrário das outras, a túnica de Clio era inconsútil – inteiriça, sem costuras. Por muito tempo não entendi o que isto queria dizer. Até que um dia, ao aprofundar-me – que coincidência! – no estudo da tradição ocidental, percebi o sutil e profundo sentido que, à semelhança dos demais mitos gregos, este encerra, à espera de que a cada geração o desvelem aqueles que até ele tiverem a necessidade de penetrar. A túnica inconsútil de Clio nos diz que a História não tem cortes nem rupturas, que o processo histórico se alimenta sempre de si próprio, mesmo quando caminha com vertiginosa rapidez.

O drama do PT

Lembrei-me de Clio e sua túnica inconsútil ao assistir, dias atrás e à distância, ao drama petista que acabou na suspensão da ex-prefeita Luísa Erundina por ter ela aceito ser ministra de Itamar Franco. O que chama a atenção não é a decisão tomada e a sanção aplicada pelo partido. Tecnicamente, atos desta natureza não são apenas compreensíveis como, até, adequados. Pois um partido, pelos menos teoricamente, é uma organização que possui ordem hierárquica e exige disciplina de seus filiados.

O que chama a atenção é o drama do PT em si, do qual faz parte, por suposto, a decisão da própria Erundina. Com efeito, em política é fácil manter posições coerentes enquanto se é oposição sem a menor chance de alcançar o poder. Fácil, correto e proveitoso. Tal tática, contudo, se torna inviável, inadequada e prejudicial quando o jogo político se altera e surge espaço para participar do poder. Foi o que aconteceu, de parte a parte.

Arcaico e abstrato

O drama do PT tem dupla origem. De um lado, internamente, pelas suas próprias características e pelas injunções históricas, o partido sempre se aferrou rigidamente a uma visão arcaica, abstrata, parcial e irrealista do país. Porém a conquista, há quatro anos, das prefeituras de algumas cidades importantes colocou parte das lideranças do PT diante dos problemas prosaicos e espinhosos de uma administração. E aí, como se sabe, não há esquerda nem direita. Há, antes de tudo, administração eficiente ou ineficiente. E para o PT com um agravante: sendo um partido novo, chegando ao poder pela primeira vez e enfrentando uma oposição dura, não havia e não há alternativa. É vencer ou vencer. Isto é, ser eficiente ou morrer.

Não é, portanto, mera coincidência que a crise tenha sido detonada por uma ex-prefeita e que prefeitos e ex-prefeitos do partido tenham sido os mais compreensivos e tolerantes com Erundina. Eles sabem muito bem que acabou o tempo em que o PT podia se fazer de vestal arredia e manter uma imagem impoluta. Agora, o partido desce do pedestal e vai ao *trottoir* ou corre o risco de perder a calçada... Porque, como diria o conselheiro Acácio, quem quer participar do jogo político tem que participar do jogo político... E quem fica de fora, fica de fora...

Elite à beira do abismo

De outro lado, o drama do PT se origina das rápidas mudanças políticas nos planos nacional e internacional.

No plano internacional, o fim do chamado *socialismo real*, o meteórico esfacelamento da União Soviética, a regressão à barbárie insana na ex-Iugoslávia e a dramática situação em que se encontra Cuba deixaram o PT sem aquilo que se poderia chamar de *referenciais míticos*, referenciais estes que sempre foram o sustentáculo ético-ideológico de todas as organizações de esquerda do Brasil. E o PT, a rigor, é o último – se não o derradeiro... – partido de esquerda da história política brasileira. Pelo menos em sua origem. Pois, no plano nacional, as vicissitudes econômicas, sociais e políticas do Brasil nos últimos dez anos transformaram o PT na sigla da pequena burguesia urbana intelectualizada e das privilegiadas burocracias estatais.

Emparedada pela recessão devastadora e pelos desastres econômicos que se sucederam a partir do início dos anos 80, ambas lutam desesperadamente à beira de um abismo social. A primeira vem de baixo e tenta alçar-se a qualquer custo ao espaço privilegiado das funções e dos cargos públicos. A segunda, já em cima, se debate e resiste ferozmente a abrir mão de seus privilégios e seus salários, não raro aumentados a partir do governo Sarney e do vácuo político que então se aprofundou e continua até hoje.

O que é natural, pois em meio à crise e ao caos as corporações, não raro controlando postos-chave da economia e da administração, mantêm incólume sua capacidade de pressão e abertos os caminhos para exercê-la.

Vítima da História

E foi assim que o PT, um partido nascido das lutas sindical-obreiristas, transformou-se em cidadela da nova elite brasileira que tem na formação intelectual, nos privilégios da burocracia estatal e nos cargos públicos o passaporte que lhe garante a permanência ou a entrada na Bélgica brasileira. Enquanto os outros permanecem na Índia, em Bangladesh ou até mesmo na Somália...

Mas é isto bom ou ruim? Nem uma coisa nem outra. São apenas fatos, por mais que contra eles esperneiem os lúmpen-intelectuais do PT. Será definitivo? Não se sabe. O que se sabe, por enquanto, é o seguinte:

– Em primeiro lugar, a História não tem rupturas e o voluntarismo e as teorias sempre se chocam frontalmente contra a realidade e por ela são implacavelmente tragados se a ela não forem adequados.

– Em segundo, o PT tem um papel crucial a desempenhar nas próximas décadas na luta pela modernização econômica, social e política do país. E o desempenhará se, lançando ao mar sua visão arcaica, sectária e corporativista, *cair na real*. Ou, numa referência bem mais (!) erudita, se compreender a fala de Fausto, da qual Lênine tanto gostava:

Grau, mein Freund, ist alle Theorie
Und gruen des Lebens goldner Baum...
Traduzindo:
Cinzenta, meu amigo, é toda teoria
E dourada a verde árvore da vida...

Independente disso, aconteça o que acontecer, o mito de Clio continuará a transmitir sua verdade para sempre, enquanto a Humanidade for a mesma. Como para sempre inconsútil será sua túnica.

fevereiro/93

4 - PT: O neopopulismo se consolida

O fato mais significativo que emerge das últimas eleições para governador é a consolidação definitiva do PT como um partido neopopulista, que passa a ser, isoladamente, uma das duas forças eleitorais mais importantes do Rio Grande do Sul (a outra é a aliança informal que governará o estado a partir de 1º de janeiro de 1995 e que tem como núcleo central as forças do PMDB e do PP). Para explicar como, por que e por que tão rapidamente isto aconteceu, faz-se necessário analisar, ainda que sumariamente, quatro itens: 1) – As bases sócio-ideológicas do PT; 2) – A força eleitoral do PT; 3) – Como elas se constituíram e 4) – O partido que delas resultou.

1 – As bases sócio-ideológicas do PT se assentam sobre quatro grupos sociais fundamentais.

a – O *proletariado intelectual* de Porto Alegre e das demais grandes concentrações urbanas, somado e misturado aos remanescentes dos grupelhos da esquerda tradicional dos anos 60/70.

b – Os funcionários de todas as empresas estatais e praticamente todo o funcionalismo público federal, estadual e municipal (neste último caso com exceção das pequenas cidades, nas quais este voto é mais clientelístico).

c – A aristocracia sindical/operária dos setores industriais mais avançados.

d – As Igrejas tradicionais, em particular a católica, e os núcleos dos chamados *sem-terra* a ela ligados.

2 – A força eleitoral do PT, porém, se espraia para muito além de suas bases sócio-ideológicas, domina amplamente a capital, inclusive alguns bairros de alta classe média e até rica, e recolhe montanhas de votos em quase todas as cidades do interior – independente de tamanho –, principalmente naquelas com grandes periferias pobres e/ou miseráveis. Ainda que a força eleitoral do PT no interior tenha se revelado mais no pleito majoritário (para governador) do que no proporcional (para deputados), os números não deixam dúvidas: de uma ou de outra forma, cerca de 40%, em média, dos eleitores do estado votaram no PT. Isto é mais do que surpreendente. É impressionante! Como pôde um partido que nem tem suas origens no

Rio Grande do Sul ocupar tal espaço político-eleitoral em tão curto espaço de tempo?

3 – Como se constituíram as bases sócio-ideológicas e a força eleitoral do PT no Rio Grande do Sul é um tema que exigiria um alentado livro. Neste artigo será possível apenas elencar telegraficamente as causas que estão na origem do fenômeno, esperando que alguém no futuro venha dissecá-las detalhada e profundamente. Estas causas são várias e de vária natureza (econômicas, políticas, culturais, etárias etc.). Sem preocupação de listá-las segundo sua natureza ou ordem de importância, podem ser citadas como principais as seguintes:

a – A radical alteração da fisionomia socioeconômica do estado provocada pela intensiva mecanização agrícola a partir do início da década de 60, o que gerou a segunda grande onda migratória interna (a primeira remontava às décadas de 30 e 40), cujas consequências foram o despovoamento do campo, a desintegração – em várias regiões – da pequena propriedade, a urbanização acelerada, com o crescimento vertiginoso das periferias miseráveis, a redução ou o desaparecimento da influência das Igrejas tradicionais.

b – A grande desordem econômica que se inicia no governo Sarney, caracterizada por recessão aguda, inflação galopante e consequente e intensa concentração de renda, que – aliada ao crescimento demográfico e à universalização do ensino básico – leva à formação de um imenso *proletariado intelectual*, que vê na atuação política e nos cargos públicos a única alternativa de ascensão social.

c – A desintegração do *socialismo real*, que deixou órfãos os remanescentes da esquerda dos anos 60/70 e para os quais a bandeira estrelada do PT se transformou em fanal da última utopia.

d – A força devastadora da televisão, que em todas as cidades do interior solapou a influência das Igrejas tradicionais e – através dos programas eleitorais gratuitos – praticamente liquidou a função de mediação das lideranças políticas locais.

e – O pavor das corporações estatais e de todo o funcionalismo público, que viu, e ainda vê, no processo de modernização do país iniciado atabalhoadamente no governo Collor a grande ameaça a seus privilégios.

f –A força numérica do eleitorado jovem, para o qual os velhos partidos políticos e as lideranças historicamente ultrapassadas nada mais significam.

g – O rescaldo do governo Simon – que desmontou a Secretaria da Saúde e, apesar de um bom projeto, não conseguiu colocar ordem na de Educação – e o ocaso político de Brizola, agravado pelo caótico desgoverno do PDT.

h – A tecnicamente competente e politicamente esperta administração *feijão-com-arroz* do PT em Porto Alegre.

i –O nulo papel desempenhado pelo PSDB, que, devido a suas inexpressivas e exóticas lideranças, não conseguiu ocupar o espaço eleitoral que lhe estava reservado.

j –O crônico e arcaico irredentismo político local, que fez do Rio Grande do Sul o único estado a dar a vitória a Lula. E a quase dá-la a Olívio Dutra contra um presidente, já eleito, do sudeste.

O PT que emergiu destas eleições estaduais, queiram ou não seus toscos burocratas e suas espertas raposas – poucas, mas já as tem –, é um sólido partido de talhe neopopulista e urbano, herdeiro do velho *trabalhismo* dos anos 50/60, com seu rosto bifronte em que se espelham ao mesmo tempo o arcaísmo e a modernidade, a tradição e a ruptura. Herdeiro, inclusive – quem diria! –, do velho irredentismo envolto num tom campeiro, tão incrustado na política sul-rio-grandense e tão caro às velhas oligarquias, que, sempre, tanto ciosamente o alimentaram quanto espertamente o usaram como instrumento de dominação social e de legitimação política... Quem diria! Para poder morrer em paz, agora só me falta ver Tarso Fernando Genro pilchado no CTG 35! E nem precisa dançar a *chula*... Quem diria!...

Quando, em 1992, ao analisar a segunda vitória do PT à prefeitura de Porto Alegre, apliquei por primeiro ao partido o qualificativo de *neopopulista*, alguns de seus lúmpen-intelectuais entraram em transe histérico. Tal reação tinha sua origem não em meu *animus ofendendi* – aliás inexistente – mas na asinina ignorância deles quanto à natureza e à função do chamado *populismo* na história política e econômica da América Latina nos últimos 60 anos, na qual ele não é – nem muito menos – simples sinônimo de *demagogia*. Tudo indica, aliás, que numa sociedade de classes tão fortemente diferenciadas o neopopulismo com tons campeiros, arcaizantes e irredentistas seja, no caso do Rio Grande do Sul, muito mais do que um inteligente *achado* de marqueteiros neófitos. Ele é, possivelmente, uma inevitabilidade histórica para um partido *de esquerda* que se queira também *de massas*. Quem diria!... A História não perdoa os ignorantes...

Janeiro/95

5 - PT tropeça no real (e na própria incompetência)

O conceito de *incompetência*, quando aplicado a organizações empresariais, partidos políticos ou grupos sociais, não é de natureza técnico-qualitativa mas histórico-social. Portanto, a afirmação de que um partido político é incompetente não qualifica todos os seus membros como parvos ou néscios mas apenas identifica, *a posteriori*, bem entendido, o limite de sua atuação efetiva no horizonte histórico de suas possibilidades. Neste sentido, a estrondosa derrota de Luis Inácio Lula da Silva no primeiro turno das recentes eleições presidenciais indica que o PT foi incompetente. Por três razões básicas interligadas.

1 – O PT não apresentou um projeto político-econômico viável para o Brasil. Esta não é uma novidade. Vários vinham dizendo isto há algum tempo, inclusive eu, para fúria de alguns petistas mais exaltados de Porto Alegre. A grande novidade é que, agora, depois das eleições, a afirmação começa a ser repetida por importantes líderes do partido, como Tarso Fernando Genro, por exemplo. A rigor, na verdade, o que não havia era um projeto *viável*. Porque projeto há. Ou houve. O problema é que, fosse no plano político, fosse no econômico, tratava-se de um projeto patentemente arcaico e inviável ao tentar juntar, de forma tão confusa quanto pouco explícita, a utopia socialista de velha esquerda latino-americana com o projeto econômico estatizante da era do nacional-desenvolvimentismo brasileiro. Projeto, aliás, completado – para o bem ou para o mal – durante os governos militares.

2 – O PT rejeitou o caminho das alianças, inclusive com o PSDB. Agora, o baronato industrial-financeiro do sudeste/sul e as oligarquias recicladas no nordeste/norte batem palmas e agradecem, comovidos... Rejeitar alianças é questão vital para um partido na fase da construção e da consolidação de sua identidade. Depois, continuar aplicando rigidamente esta tática desemboca sempre no isolamento ou na derrota. A não ser que se possa chegar ao poder sem as alianças, dirá alguém. Óbvio! Tão óbvio que este foi o erro crasso de avaliação cometido pela cúpula paulista do partido... Como afirmou alguém, eleição presidencial na décima economia do planeta jamais será um passeio de carruagem. É guerra mesmo! E qualquer erro é fatal.

3 – O PT avaliou erradamente o Plano Real e subestimou suas consequências. É até admissível argumentar que não se podia prever uma adesão tão compacta da sociedade ao plano. O que não é admissível é terem sido desconsideradas todas as análises dos mais qualificados economistas e consultores do país. E todas elas diziam, em coro, que a inflação iria cair brutalmente, levando à estabilização – pelo menos temporária – da economia. Mesmo porque o plano fora arquitetado com este exato objetivo... E quem são os beneficiados com a estabilização? Basicamente os grupos sociais mais pobres, para os quais a inflação é o maior dos flagelos. Parece que só os economistas do PT não sabem disso, pois mandaram seu candidato atacar o real!

Em decorrência, desenhou-se o cenário ideal para um dos maiores desastres eleitorais da história do país: o PT forçou um plebiscito sobre o real e transformou Fernando Henrique Cardoso em defensor da moeda forte, da estabilização econômica e da distribuição de renda daí resultante (cálculos econômicos indicam, numa avaliação pessimista, que, considerado o nível inflacionário preexistente, o Plano Real significou um aumento efetivo de 15 a 20 por cento, em média, na renda dos grupos sociais mais pobres). Sem ironia, os adversários do PT não saberiam montar uma estratégia eleitoral mais eficiente para derrotar Luis Inácio Lula da Silva. Por isto, levando-se em conta o brete do real, o melhor e mais inteligente programa eleitoral foi o de Orestes Quércia. Mas aí o problema não era do cavalo. Era do cavaleiro...

Os próximos dois ou três anos serão cruciais para PT. Porque, apesar da estrondosa derrota de seu candidato, apesar de seus (no sul) toscos representantes do baixo colonato, apesar de seus lúmpen-intelectuais tão arrogantes quanto ignorantes, apesar de seus corporativistas parafascistoides (a parte podre do partido), apesar de seus arcaicos e sectários, apesar de seus utópicos sem norte, apesar de seus totalitários enrustidos, apesar de suas histéricas e maluquetes, apesar de seus hábeis demagogos e seus lépidos arrivistas, apesar de tudo isto – e também por tudo isto – o PT é a face mais evidente e iluminada do Brasil urbano e industrial deste final de milênio. A face de um país etariamente jovem, historicamente novo, potencialmente rico, economicamente desigual e complexo e socialmente tão injusto e excludente que, em determinadas regiões, só pode ser comparado com as nações mais atrasadas da África e da Ásia.

Neste contexto histórico, hoje e apesar de tudo, o PT desempenha a função de aguilhão do tempo e acicate da História. Contudo, a importância de seu papel na sociedade brasileira das próximas décadas dependerá de dois fatores. De um lado, ela será inversamente proporcional à capacidade de percepção e de ação das elites do sudeste e do nordeste – que comandaram a coligação ora vitoriosa – para promoverem as reformas mínimas que se fazem urgentes. De outro e antes de tudo, o papel do PT será diretamente proporcional à sua capacidade de alterar sua rota – como fez o Partido Socialista-Operário Espanhol (PSOE) –, lançando pela borda o peso morto de seus corporativistas, "socialistas" e de toda a restante tralha arcaico-messiânica e transformando-se no gestor eficiente de uma sociedade industrial verdadeiramente moderna: economicamente capitalista, administrativamente eficiente e socialmente mais justa e menos excludente. E se o bando dos arcaicos não quiser chamar a isto de *social-democracia*, que o denominem de social-capitalismo, economia social de mercado, capitalismo envergonhado, socialismo que deu certo ou seja lá o raio de termo que preferirem! Como colaboração, sugiro RA/relaxe e aproveite...

O PT caiu no real. Falta cair *na real*. Caso contrário, seu destino será o dos partidos comunistas da França e da Itália, que se desintegraram antes de chegar ao poder. Com a diferença de que aqui as coisas andam muito mais rápido...

novembro/94

6 - Suburbanos em fúria

J. H. Dacanal e a genialidade extravagante, artigo publicado na edição passada,[54] é intelectualmente medíocre, retoricamente ingênuo e estilisticamente canhestro. Não se poderia esperar mais do lumpesinato intelectual petista de Porto Alegre. Contudo, como contradita, já houve coisas tecnicamente piores e o artigo merece uma resposta. Dividirei a exposição em um agradecimento, uma explicação e algumas observações.

O agradecimento

O artigo, desde o título, me atribui explicitamente, ainda que com ódio, o qualificativo de *gênio*. É muita honra para um pobre coloninho de Três Vendas de Catuípe. E é, talvez, um exagero. Mesmo em minhas mais enlouquecidas visões, a profunda modéstia em mim inculcada pelos missionários alemães que me educaram sempre sopitou o luciferino orgulho de assim me considerar. Vejo hoje a inutilidade deste esforço, pois meus próprios inimigos tropeçaram na palavra maldita que eu jamais ousara pronunciar. Na verdade, preferi sempre o eufemismo *elite do Ocidente*, um coletivo analítico mais simpático e, por definição, menos excludente.

De qualquer maneira, seria deselegante não agradecer. E, se me for concedido, apreciaria fazer uma sugestão. Todos sabemos que, tanto etimologicamente (*extra-vagare*) quanto objetivamente, *gênio extravagante* é uma expressão redundante, pleonástica. Por que, então, não eliminar o adjetivo? Isto! Assim fica melhor! Obrigado!

Ah, mamãe, os alcandorados píncaros da glória a que alçou-se teu excelso filho!

---

[54] *Jornal do Sul*, nº 40.

Uma explicação

Meu retorno em grande estilo à atividade jornalístico deixou muitas pessoas surpresas. As razões deste retorno são várias. Mas a principal delas, e a única de fato importante e de muitos já conhecida, é de natureza extremamente prosaica, podendo, creio, ser entendida até pelo lumpesinato intelectual petista de Porto Alegre.

Simples: não suportando mais os uivos e guinchos da *canaille* corporativista, semi-analfabeta e petista da Universidade Federal, resolvi aposentar-me. Em consequência, por não aguentar mais dois anos e por nunca ter me preocupado com títulos, saio em condições financeiras desfavoráveis, para não dizer péssimas – no conjunto, cerca de 40 por cento do valor possível.

Morando num velho moquiço – quase me candidatei a uma casinha na Vila Planetário, a poucas quadras –, sonho em construir uma pequena cobertura, de um ou dois quartos. Modesto e reacionário, não pretendo nem posso morar em bairros nobres. A Cidade Baixa ou o Partenon já me satisfariam. É verdade que nestes a vizinhança é menos sofisticada e progressista. Em contrapartida, sempre será possível encontrar ali cristãos pobres e honradíssimos, como o vice-governador João Gilberto, por exemplo.

Contudo, na atual conjuntura econômica, mesmo pretensão tão modesta encontra dificuldades para ser transformada em realidade. Resultado: preciso arrumar trabalho. Que sei fazer muito bem? Jornalismo político. O que é preciso para um grande jornalista? Um grande assunto. Qual o grande assunto político do país na atualidade? O PT. Era só mirar e começar a disparar. Simples, não? E absolutamente verdadeiro, como ficou provado. O mais engraçado é que muitos não acreditam em motivos tão simplórios e preferem ver conspirações por trás de tudo. O que se pode fazer? Cada um se engana como gosta e como pode.

As observações

O tempo é curto e o espaço é pouco. Não deixarei, porém, de fazer sobre *J. H. Dacanal e a genialidade extravagante* algumas breves observações. O resto virá a conta-gotas, no seu devido tempo.

1 – O texto não é de quem assina, pelo menos não completamente. O suposto autor sempre se caracterizou pelo que um dia chamei de *estilo vacum:* remói, remói e o resultado é uma pasta amorfa, insossa e de conteúdo indecifrável.

Contrariamente a isto, *J. H. Dacanal e a genialidade extravagante*, se diz bobagens e traduz ódio e ressentimento, pelo menos consegue dizê-las e traduzi-las de forma mais ou menos clara. Tudo indica, portanto, que se trata de uma regurgitação coletiva do lumpesinato intelectual petista de Porto Alegre.

Por isto, como estou precisando de dinheiro e tenho o intuito de poupar tanto esforço, faço uma proposta: por alguma coisa entre 20 e 50 dólares – vejam como sou barato! – me ofereço para responder a meus próprios artigos, sob um pseudônimo qualquer e no clássico esquema "cliente satisfeito ou dinheiro devolvido". Com todas as garantias, pois aqui ou em Três Vendas de Catuípe meus cheques têm o mesmo valor que dólar. Ouso fazer esta proposta por não ter dúvida de que produziria algo melhor, em todos os sentidos, inclusive com ofensas genuínas e de eficiência comprovada. Afinal, só eu conheço meus pontos fracos, se existirem. Garanto também um original melhor. O *fax* estava péssimo e foi um sacrifício revisá-lo e compô-lo.

2 – O início do artigo diz que eu "atento injustamente" contra minha biografia e estou "desconstruindo" minha "dimensão de crítico literário".

Antigamente se dizia que tais coisas provocavam *barrigadas de riso* ou *gargalhadas homéricas*. De fato, não sei o que mais admirar em tais afirmações, se o estilo intelectualoide de suburbanos pseudo-ilustrados ou a ingenuidade hilariante e a pretensão infantil de quem quer determinar o que tenho a dizer e a fazer! Não, assim não dá! Meus cinco hectares de azevém em Três Vendas de Catuípe, já oferecidos em outra oportunidade, suportam urna lotação de dez cabeças. Creio ser o suficiente para comportar tudo o lumpesinato intelectual petista de Porto Alegre. O pasto é bom e àquele que assinou o artigo concedo o privilégio de levar ao pescoço o cinceiro. Ou sinetinha, para quem não entender a palavra.

3 – *J. H. Dacanal e a genialidade extravagante* não diz nada de muito importante nem discute a sério a questão do neopopulismo.

Contudo, na vontade insana e totalitária de me fazerem calar a boca, seus autores utilizam algumas expressões interessantes, com as quais, aparentemente, julgam poder me ofender. Eis as principais: *encardir garrões, mundo campônio, ladainha seminarística* (este é o adjetivo exato!) e *razão seminarística*.

Coitados dos suburbanos! Como disse-me um aluno: "É muita ingenuidade julgar que quem dispara como você não tem retaguarda garantida". Perfeito, companheiro! Apreciei sobremaneira a termilogia militar! Sim, eu tenho a retaguarda resguardada, em todos os ângulos, a começar pelo emocional. Este, para muitos o flanco mais difícil de cobrir totalmente, é invulnerável, granítico, diamantino. Quando vou à guerra, vou pronto. Como diz Santo Agostinho em *A cidade de Deus*, "quem não vê isto é um ingênuo e quem vê e não entende é um imbecil". Ah, meus mestres! Quanto devo a eles!

Coitados dos suburbanos! Eu sou a pequena propriedade rural! Eu sou o colonato imigrante! Eu sou os antigos seminários da antiga Igreja católica! Como alguém poderia me ofender ou me agredir chamando-me pelo que sou? Mas, em assim sendo, não incorreria eu em uma contradição ao chamar de *suburbanos* os integrantes do lumpesinato intelectual petista de Porto Alegre? Claro que não. Pois enquanto eles me chamam do que sei que sou, eu os chamo do que não sabem que são – e jamais pensariam ser. Isto é decorrência natural de minha superioridade em termos de informação. Ou, em última instância, em termos de poder. Mas seriam os integrantes do lumpesinato intelectual petista de Porto Alegre capazes de entender tão sofisticado silogismo? Sim, quando deixarem de ser suburbanos. Mas, para tanto, terão que antes reconhecer-se como tais.

Final feliz

Não é possível alongar este artigo para mostrar, entre outras coisas, que foi exatamente minha atuação política nos últimos dois anos – pelo visto o Setor de Informações do PT não é muito eficiente! – que me levou a perceber a possibilidade de uma guinada populista no PT. E talvez sua inevitabilidade. Mas isto, esteja eu certo ou errado, não é bom nem ruim. É simplesmente um fato.

De qualquer maneira, pela desinformação evidente, pelo ressentimento explícito, pela pretensão estúpida, pelo ódio impotente, por tudo enfim, *J. H. Dacanal e genialidade extravagante* é um texto de suburbanos pseudo-ilustrados dirigido a, a quem mesmo? Isto é o de menos. O que importa é que todos falam de mim e do *Jornal do Sul*, o novo e vibrante (esta não!) órgão da imprensa do Rio Grande!

dezembro/92

7 - Enfim, sem máscaras!

Quando escrevi *O neopopulismo avança* nem de longe imaginava que o artigo faria tremer de fúria lumpesinato intelectual petista de Porto Alegre e sacudiria um pouco o marasmo local, em que políticos medíocres, toupeiras do jornalismo e órfãos das mais variadas utopias competem renhidamente para ver quem produz as maiores e mais insossas abobrinhas. Além disso, eu já estava cansado e desanimado por sentir próximos os dois maiores perigos que rondam um publicista: a falta de assunto e a ausência de repercussão. Os disparos não haviam produzido o resultado planejado, a não ser algumas pedradas insignificantes, e tudo se encaminhava para um final melancólico.

Neste momento, impressionado pelo crescimento do Partido dos Trabalhadores nas zonas urbanas do país, produzi *O neopopulismo avança*. Sem premeditação, sem ironias e sem maldade. Como pode comprovar quem ler o texto de ânimo desarmado, trata-se de uma tentativa séria de análise, ainda que um tanto tosca e incompleta em virtude do tempo escasso – foi escrita em duas horas – e do espaço reduzido.

Último cartucho

Foi um tiro mortal. Meu último cartucho, a cujo poder destruidor pouca atenção eu dera, fez as feras deixarem – sejamos poéticos! – seu escuro e úmido covil e se exporem à luz do dia. E então surgiu a face assustadora e disforme do primitivismo insano e da intolerância totalitária de indivíduos – para não usar outra palavra mais adequada – despreparados para a vida civilizada em uma sociedade *democrática* e *pluralista*, segundo seu próprio e insuportável jargão. Resumindo, uma manobra aparentemente sem importância possibilitara que a operação se completasse com êxito total. Missão cumprida!

Populismo: caminho inevitável?

Neste episódio todo, dois fatos me chamaram particularmente a atenção. O primeiro deles foi a quantidade de pessoas, dos mais variados níveis culturais e das mais variadas tendências políticas – inclusive simpatizantes do PT – que concordam com a visão expressa no artigo ou, pelo menos, admitiram que a questão do neopopulismo é grave para o partido, do que, aliás, parece ser prova definitiva a resposta furibunda e desesperada publicada na edição passada. Só indivíduos acuados agem assim. Por trás desta reação irracional não estaria o fato de muitos já terem intuído que, nas atuais condições socioeconômicas de grande parte da população urbana brasileira, o populismo – no sentido de um clientelismo modernizado – seria um risco ou talvez até o caminho historicamente inevitável para um partido de massas? Eis um tema interessante, que o lumpesinato intelectual petista de Porto Alegre demonstrou não ter nível nem vontade para abordar a sério.

Opinião pública subestimada

O segundo fato a me chamar a atenção é decorrência direta do primeiro: alguns grupos petistas subestimam claramente o nível de informação política e a percepção das relações de poder que significativa parcela da população de Porto Alegre possui.

Em outros termos, o discurso do PT não consegue camuflar as táticas utilizadas para chegar ao poder nem, muito menos, as latentes tendências totalitárias de muitos de seus integrantes. Alguns destes, aliás, nem fazem muito esforço para escondê-las, como ficou evidente em *J. H. Dacanal e a genialidade extravagante*. Tudo indica que estes temas não sairão das páginas dos jornais nos próximos anos. É bom que – na incapacidade de me fazer calar a boca – o lumpesinato intelectual petista de Porto Alegre vá se preparando.

Eu já estou pronto há muito!

Dezembro/92

8 - Anticlericalismo de dinossauros

O anticlericalismo dos lúmpen-intelectuais petistas se revela no uso, com evidente conotação ofensiva/pejorativa, de expressões como *razão seminarística, formação jesuítica* (que, por desconhecimento da língua, eles grafam *seminarista* e *jesuíta*) etc. Trata-se de uma visão no mínimo curiosa, por dois motivos.

Em primeiro lugar, pelo seu arcaísmo. O anticlericalismo da velha elite intelectual oligárquica de tradição republicano-positivista tinha um profundo sentido histórico no contexto político-ideológico rio-grandense. Afinal, o Partido Republicano Rio-grandense, de Júlio de Castilhos e seus seguidores, nascera como oposição ao Estado monárquico, centralizador e confessional, unido à Igreja através da instituição do padroado. A ideologia laicizante e anticlerical que marcou a *Aufklaerung* castilhista/assisista era, pois, intrínseca à natureza do próprio movimento. E sua razão de ser nascia da existência da Igreja como poder paralelo e ao mesmo tempo aliado ao Império. Proclamada a República e desfeita a ligação entre o trono e o altar, o anticlericalismo perde sua razão original de ser mas continua existindo, justificando-se historicamente pela continuidade da Igreja como instância de poder no Brasil agrário – ou seja, até a década de 60, aproximadamente. A partir dessa época, a desintegração da Igreja e a rápida erosão de sua influência, em virtude da industrialização e da urbanização aceleradas aliadas à expansão dos modernos meios de comunicação de massa, transformaram o anticlericalismo em elemento folclórico e arcaico. O que, é preciso reconhecer, combina admiravelmente bem com as teias de aranha que infestam as mentes dos lúmpen-intelectuais petistas de Porto Alegre.

Anticlericalismo de dinossauros

O ritmo vertiginoso das mudanças políticas – o que, aliás, está afetando o próprio PT – e a perda de atualidade em termos jornalísticos reduziram o interesse do tema. Contudo, não eliminaram completamente sua importância, mesmo porque ela vai muito além do mero circunstancial. O assunto tem certa relevância histórica e merece um ou mais comentários.

Na gororoba pseudo-analítica contra mim regurgitada pela malta de lúmpen-intelectuais do PT porto-alegrense, sobressaem vários aspectos, alguns dos quais por mim levantados *en passant* no miniensaio intitulado "Suburbanos em fúria", depois do qual, aliás, os ditos lúmpen-intelectuais recolheram-se a um silêncio tumular. Dois destes aspectos são curiosos e, até mesmo, intrigantes. O primeiro deles é o ranço anticlerical que aparece em certos termos empregados com a suposta intenção de me ofender. O segundo, aparentemente também com objetivos ofensivos, é a manifestação de desprezo pelos egressos do mundo rural imigrante – ou *colonos*. Tratarei hoje do primeiro destes aspectos.

Formação suburbana

Em segundo lugar, pela sua ignorância. Pois na concepção dos lúmpen-intelectuais petistas, a formação seminarística ou jesuítica é considerada algo negativo ou pejorativo. Ora, esta é, claramente, uma visão de suburbanos intelectualmente limitados e, portanto, ressentidos contra aqueles que, por mero acaso ou destino histórico, elevaram-se a um patamar tão sofisticado de formação e informação que eles, os lúmpen-intelectuais dos subúrbios, jamais poderão atingir. E muito menos entender. Pois a verdade é que – mal ou bem aproveitada – a formação fornecida pelos antigos seminários católicos, evangélicos ou luteranos distinguia-se por tal nível de excelência que rivalizava com a das melhores casas de formação das elites da Europa burguesa. Para nem falar do Brasil e – que Deus me perdoe! – dos charlatães da pedagogia atual. Quase todos petistas, aliás. O que não é mera coincidência.

Para concluir, não deixa de ser intrigante que o folclórico e pré-histórico anticlericalismo de lúmpen-intelectuais conviva, lado a lado, dentro do PT, com o radicalismo messiânico das comunidades eclesiais de base. Intrigante mas coerente, já que os dois grupos pertencem à família dos dinossauros da História. Extintos há milhões de anos mas sempre lembrados por seus disformes e monstruosos esqueletos presentes nos museus.

fevereiro/93

9 - Sobre colonos e suburbanos

Deve ter sido no início da década de 70. Num destes episódios comuns da vida, quando a gente instintivamente escolhe os próprios interesses e não os dos outros, certa atitude minha desagradara a um de meus colegas no Instituto de Letras da UFRGS. Tentei mostrar-lhe que minha decisão, como de hábito, não feria seus interesses mas apenas ressalvava os meus. Em vão. E foi então que ele, irritado, explodiu: "Você não passa de um coloninho!" Eu, tão calmo quanto implacável, devolvi em seco: "Claro, é isto mesmo, mas nós estamos aqui para substituir vocês". Seguiu-se um silêncio constrangedor, que dura até hoje.

Durante muito anos, uma pessoa de minhas relações costumava sancionar minha pouca atenção na pronúncia *correta* do *r* forte (inicial e duplo), resultado natural de minha formação linguística no espaço sócio-geográfico imigrante/missioneiro. Nunca me ofendi com isto, mas sempre percebi que se tratava de um viés discriminatório – e por definição pejorativo – de um falante urbano contra um adventício do mundo rural. E fui tirando as consequências...

Texto esquizofrênico

Com tal tirocínio, seria de admirar que me surpreendesse que, em *J. H. Dacanal e a genialidade extravagante*, os lúmpen-intelectuais do PT usassem expressões como *encardir garrões*, *bodega do interior* e *mundo campônio* no aparente intuito de me ofender ou discriminar. O que me surpreendeu mesmo é o caráter esquizofrênico do texto. Trata-se de algo muito interessante.

De um lado, seus autores, usando as expressões citadas, parecem querer me atingir, tentando desautorizar, através de um ataque *ad hominem*, minha análise do neopopulismo petista ao insinuarem que minha visão é arcaica, atrasada, como a dos habitantes do mundo rural. De outro, por duas ou três vezes identificam-se explicitamente no texto como (também) filhos de colonos e camponeses. Qual a coerência, qual a lógica de tal comportamento?

Suburbanos

Começo a acreditar que, de fato, foi um lance de gênio – eles que dizem que sou, não eu – ter qualificado de *suburbanos* os lúmpen-intelectuais petistas de Porto Alegre. Sim, porque há uma lógica na esquizofrenia deles. E esta lógica é a lógica do subúrbio, aquele espaço que está *suburbs*, embaixo ou fora da cidade, espaço dos que são socialmente inferiores.

Disso resulta que *suburbano*, por definição, é aquele que não entende as relações de poder e, em virtude disso, não tem consciência de quem é. Em outros termos, o desconhecimento da posição que ocupa na teia social se transforma no ou é o próprio desconhecimento de si. Daí provém que uma das características mais típicas do suburbano seja seu comportamento simiesco, que não denota necessariamente inferioridade pessoal mas revela, implacavelmente, inferioridade social. O suburbano não cria comportamentos. Ele os copia, na vã esperança de se igualar aos que estão em cima, na *urbs*.

Esta deve ser a origem da esquizofrenia presente no texto dos lúmpen-intelectuais petistas. De um lado, ao copiarem comportamentos dos habitantes do espaço urbano do passado, eles naturalmente tendem a discriminar os egressos do mundo rural, vendo-os pejorativamente. De outro, porém, são obrigados a se reconhecerem como semelhantes a estes. Por que isto ocorre?

Uma análise estilística mais acurada de *J. H. Dacanal e a genialidade extravagante* mostra que o texto é produto de vários indivíduos. Todos suburbanos, *ça va sans dire*. Contudo, há evidentes diferenças entre eles. Alguns são suburbanos de tradição mais antiga, outros de tradição mais recente. Os primeiros, obviamente, são os responsáveis pelas partes do texto que trazem a marca do preconceito contra os egressos do mundo rural. Os segundos pelas outras.

Resta acrescentar que há uma alternativa a esta análise: a de que o texto tenha sido produzido apenas por um indivíduo. Social e culturalmente esquizofrênico, é claro.

fevereiro/93

10 - Fui vingado pela Erundina!

Como diz o velho brocardo, nada como um dia depois do outro... Primeiro foi o Walter Barelli, integrante do governo-fantasma do PT e agora ministro do Trabalho de ltamar Franco. Barelli, nos longos anos em que foi diretor do DIEESE (Departamento Intersindical de Estatística e Estudos Sociais), passou todo seu tempo pregando a necessidade de quadruplicar ou quintuplicar o salário mínimo e atacando furiosamente os que não concordavam com ele.

E agora? O salário mínimo continua baixíssimo e com o agravante de ser corroído diariamente por uma inflação de 30 por cento ao mês! E o Barelli continua no governo, certamente apreciando o bom salário e as mordomias legais do cargo... Nada contra, mas o episódio mostra com é fácil – e até altamente proveitoso– ser demagogo no Brasil. Se quintuplicar o salário mínimo e distribuir renda fosse tão fácil quanto apor a assinatura num decreto, há muito isto teria sido feito. Com muito maior razão pelos governos militares, que não desperdiçariam tal oportunidade de se tomarem populares. Mas a coisa não é tão simples e implicaria uma série de medidas, entre as quais o aumento de impostos, a reforma do Estado, a redução dos privilégios da burocracia estatal, como, por exemplo, o fim da estabilidade absoluta para os funcionários públicos etc.

Erundina, quem diria?...

Pois é, quem diria, depois do Walter Barelli ter confessado sua impotência – pedindo mil desculpas em uma longa entrevista na revista *IstoÉ* – e mesmo assim permanecido no cargo, foi a ex-prefeita de São Paulo Luiza Erundina que tumultuou o cenário da demagogia petista.

Pois não é que, em uma de suas primeiras declarações, Erundina advogou o fim da estabilidade para os funcionários públicos? Foi um horror! Quando, há uns três ou quatro anos atrás, eu escrevi isto na *Zero Hora*, quase fui linchado por alguns colegas da Universidade, todos integrantes do lumpesinato intelectual petista de Porto Alegre... E isto que, na ocasião, eu me referia exclusivamente aos professores universitários, os quais, pela própria natureza do cargo que ocupam, jamais deveriam ter estabilidade absoluta, como, aliás, ocorre nas três universidades públicas paulistas. Nesta área, o que deve comandar tudo é a competência. Quem não a tiver, rua! E agora vem a Erundina querendo eliminar a estabilidade de todos os funcionários públicos? Só podia mesmo ser expulsa do PT...

Salve ela!

É, nada como um dia depois do outro!...

Uma época de grandes transformações tem suas desvantagens. Mas tem também muitas vantagens. Uma delas, sem dúvida, é que a gente nem precisa morrer para ser vingado pelos fatos... No meu caso, então, foi a glória! Não é que fui vingado pela ex-prefeita petista de São Paulo? Quem diria, hein?!... Salve, salve, salve ela!

fevereiro/93

11 - Socorro! O PT quer tirar meu emprego!

Socorro! Aqui d'el-rei! Querem tirar meu emprego!

Assim não dá! E logo agora que estou me aposentando! E logo eu, que não tenho outras quatro aposentadorias, ao contrário de Franco Montoro! Socorro!

Primeiro foi o Walter Barelli, que, depois de anos e anos de demagogia no DIEESE, virou ministro e disse que era impossível elevar rapidamente o salário mínimo. E continua sendo ministro, numa boa! Em seguida, a ministra Luiza Erundina propôs o fim da estabilidade para todos os funcionários públicos, ideia que há alguns anos atrás quase resultou no meu linchamento nas aprazíveis colinas do *campus* do Vale da Agronomia... A seguir, o deputado José Genoíno veio a público dizer que os petistas têm uma visão mágica da realidade e querem o presidencialismo só porque acreditam que o Lula vai ganhar as próximas eleições... E como se tudo isto não bastasse, agora o deputado estadual Marcos Rolim reconhece, também publicamente, que "os companheiros (do PT) creem que as reformas só serão possíveis mediante um governo messiânico"!

Todos contra mim!

Socorro! Assim não dá! Querem tirar o meu emprego!

Alguns meses atrás, o lumpesinato intelectual petista de Porto Alegre levantou-se furiosamente contra mim por eu dizer tais e outras semelhantes coisas. Agora, importantes lideranças petistas repetem a minha ladainha... Só pode ser uma conspiração! Ficaram sabendo da minha aposentadoria e querem me deixar sem assunto!... O que é que vou dizer daqui em diante? Sobre o que é que vou escrever?... E o plano contra mim foi tão bem armado que no mesmo dia em que o *Jornal do Sul* rodava com a capa em que Quércia, Brizola e o PT são chamados de *Gang do atraso*, o deputado Genoíno ia à televisão pedir aos petistas que votassem no parlamentarismo, pois que o PT não poderia ficar ao lado de... Quércia e Brizola! E até o deputado José Fortunati, produto típico do corporativismo estatal, passou a defender furiosamente o parlamentarismo...

Socorro! Todos estão contra mim!...

Falando sério...

Mas deixando de brincadeira e falando sério, é surpreendente a rapidez com que, nos últimos anos, as pessoas inteligentes e bem-intencionadas – principalmente no PT – começaram a deixar a demagogia de lado e a tomar consciência de uma série de problemas cuja análise e solução se tornam imprescindíveis para colocar – pelo menos colocar! – o país no caminho da modernização social e econômica. E é inegável que, neste processo, partidos como o PT – sem falar no PSDB, é claro – têm um papel decisivo a desempenhar, desde que lancem fora o peso inútil do messianismo, do arcaísmo e do corporativismo. Enfim, toda a tralha ligada ao milenarismo socialista e comunista do passado.

O mundo mudou e está mudando velozmente. E quem não embarcar no trem da História vai ficar a ver navios. Melhor, caravelas...

março/93

12 - O PT, quem diria, acabou... no *Il Gattopardo*!

Algumas semanas atrás escrevi um artigo intitulado *O PT acabou*. Nele eu procurava mostrar que, diante da total derrocada do chamado *socialismo real* no Leste Europeu, o Partido dos Trabalhadores ficara sem referenciais ideológicos, tendo que redefinir seu projeto político. Com efeito, renegando sempre a social-democracia e se apresentando implícita e não raro explicitamente como portador de ideias revolucionárias de extração proletário-socialista, o PT entrara num beco ideológico sem saída, tendo que escolher entre seu radicalismo verbal pequeno-burguês e a visão social-democrata.

O artigo, que tecia considerações até elogiosas sobre aspectos da atual administração de Porto Alegre, provocou violenta reação de alguns petistas, que, com sua tradicional arrogância de sectários, mostraram-se pouco afeitos ao debate e às controvérsias num sistema democrático. Ato falho resultante de velhos hábitos? Inexistência de argumentos ou incapacidade de apresentá-los? Seja como for, a História mostrou-se implacável e dias depois, com a desastrada ajuda do próprio PT, ficou claro que o artigo acertara alvo com total precisão.

Pois não é que, numa ideia taticamente digna de um jerico elitista, o partido promoveu um jantar a 500 mil cruzeiros por cabeça no *Il Gattopardo* com o objetivo de recolher fundos para a campanha do candidato à prefeitura? O *Il Gattopardo*, como todo mundo sabe, é o restaurante da moda, no qual se reúne a fina-flor da alta burguesia exibicionista de Porto Alegre, com suas *socialites* esfuziantes e seus varões de ternos bem cortados. Para almoçar ou jantar ali, segundo se afirma, um casal deixa pelo menos um salário mínimo. E isto sem que o vinho seja de grande qualidade. Enfim, um restaurante, digamos, muito *popular*...

Ora, que o PT enfie goela abaixo de empresários e fornecedores convites para carreteiros e bufês simples pelo preço de 200 ou 300 mil cruzeiros, vá lá! Isto faz parte do jogo político e das relações de poder no Brasil. Mas que faça isto no *Il Gattopardo* é ou burrice inqualificável ou confissão de ter aderido não à social-democracia – alternativa que o meu artigo propunha – mas à parcela mais conservadora, estúpida, reacionária e insensível da classe dirigente. Pois empresário inteligente e que tenha um mínimo de noção da situação que o país atravessa e da miséria enfrentada por boa parte da população brasileira, empresário assim não vai ao *Il Gattopardo*, preferindo lugares mais discretos. Ou até mais baratos...

Mas o castigo veio a galope, já que até o PDT entendeu isto, protagonizando memorável manifestação que fechou com chave de ouro todo o episódio. E enquanto lá dentro, na cidadela dos burgueses filisteus de Porto Alegre, transcorria a *popular* refeição, lá fora, açulada por Omar Ferri, a malta pedetista ululava e latia, ameaçando transformar o *Il Gattopardo* na Bastilha do PT!...

Quem diria, o PT acabou... no *Il Gattopardo!* O meu artigo, faça-se justiça, era bem mais modesto em suas propostas. Eu propunha algo assim como o Clube dos Caixeiros Viajantes. Mas elite revolucionária é outra coisa...

agosto/92

13 - Fukuyama, o semianalfabeto, e os pós-colonizados do PT

Quando me contaram, quase não acreditei. Mas aconteceu. Francis Fukuyama, ex-funcionário da Rand Corporation e atualmente assessor do Departamento de Estado, veio a Porto Alegre a convite da Administração Popular, que lhe pagou um cachê de dezesseis mil dólares. Ou seja, cerca de noventa milhões de cruzeiros. Isto mesmo, noventa milhões de cruzeiros!...

Fukuyama, um semianalfabeto em História travestido de filósofo, foi aqui pajeado pelo professor paulista (quem diria!) e conferencista impenetrável José Artur Gianotti. E, afinal algo de coerente, por outros semianalfabetos, representantes da intelectualha local. Todas estas informações estão contidas em notícias das revistas *Veja* e *IstoÉ*. Um artigo nesta última, aliás, prova que Fukuyama não passa de um ignorante em História cujo único traço significativo, intelectualmente, é ter olhos mais ou menos amendoados.

Vá lá que a Secretaria Municipal de Cultura tivesse convidado Castoriadis, um renegado medíocre mas bastante culto, que passa a vida agora no desnecessário trabalho de colocar mais e mais terra sobre a tumba da utopia marxista e do *socialismo real*. Afinal, se na cama há gente que gosta de apanhar, por que na política seria diferente? Dizem os experientes que os masoquistas assim se comportam por nisto encontrarem uma forma de continuar vivos, unindo expiação de culpas e prazer. Então, vá lá Castoriadis, com ou sem elucubrações da analista junguiana que escreve na *Zero Hora!* Mas Fukuyama?!...

E no entanto, ó céus, que lógica nesta loucura, para citar Polônio em *Hamlet!* É que a História não perdoa a ninguém. Nem a nós, a geração dos anos *loucos* – ou *rebeldes*, para estar na moda. A nós, os que se omitiram, os que saltaram do barco a tempo, os que desapareceram, os que marcharam para a tortura e a morte no generoso mas louco sonho da luta armada...

Nós, que de uma ou de outra forma julgávamos que o mundo tinha mudado e devia mudar. E mudou, mas repetindo-se como farsa, com os pós-colonizados da pequena burguesia petista ouvindo um semianalfabeto proclamar o fim da História... Por Deus, nossa arrogância bem que o merecia! Ou será que também pensávamos que a História tinha acabado?

Tenhamos, contudo, piedade! De nós e deles. É natural que os órfãos da utopia neste final de milênio, perdidos, sem sólida formação intelectual, vendo tudo ruir sem som e sem fúria, rodopiem sem norte no olho do furacão, em desespero. Mas nós, pelo menos, líamos, à esquerda, Lukács, Sartre, Goldmann etc. E, à direita, Gide,

Orwell, Aron e Camus. Não, a História não acabou e cada geração tem o colonizador que merece. Mas Fukuyama é um pouco demais!...

De todo o episódio, espero poder contar pelo menos com um consolo: o de que foram os ouvintes de Fukuyama que pagaram os dezesseis mil dólares que recebeu e não nós, os contribuintes da Prefeitura! Sinceramente, gostaria de ser informado disto, para não cometer injustiças e poder dormir em paz...

setembro/92

14 - Amenidades sobre petistas

Principiantes, desajeitados, pouco sutis e sem senso de humor, os petistas são um alvo fácil para quem queira atacá-los. Não é exatamente o meu caso, apesar de muitos deles pensarem o contrário. De qualquer maneira, a título de curiosidade e *causerie* inconsequente, relato dois ou três episódios interessantes que refletem muito bem aquilo que se poderia chamar de *animus* de quem é novo no pedaço...

Dias atrás, em uma reunião qualquer, um petista apontou o dedo para C. A. Bissón e disse: "Aquele lá não presta". Isto, sem dúvida, pelo fato de este jornalista ter feito sobre o PT algumas observações que não lhe haviam agradado. Mas o motivo nem vem ao caso. O importante é sublinhar a carga ético-semântica de moralismo e maniqueísmo contida no verbo *prestar*. O episódio, por si só, daria matéria para um alentado ensaio sobre a alma da militância petista.

Em outra ocasião, recentemente, um criptopetista não deixou por menos: "Não adianta, o Dacanal é empregado do Régis..." Referia-se a Régis Gonzaga, candidato a vereador e décimo primeiro mais votado em Porto Alegre, pelo PSDB. De fato, não adianta! Com gente tão simplória e primária não é possível qualquer argumentação racional. A única alternativa é divertir-se, pois é inútil dizer-lhes que esta visão conspirativa da História é um absurdo. É claro que os interesses perpassam a teia das relações sociais, mas só os ingênuos dividem o mundo entre empregadores e empregados. No caso do Régis, até já fui aluno dele em um cursinho supletivo, mas empregado ainda não!

Aliás, pensando bem, olha aí uma ideia interessante! Se ele conseguir chegar a vereador – o que parece difícil, pois a lei que amplia para 35 o número de vereadores tem poucas chances de ser aprovada – vou me candidatar a assessor. E terei que agradecer ao referido criptopetista...

Hegel

Até Hegel, coitado, já entrou no assunto! Não faz muito tempo, um pobre néscio, funcionário de uma determinada secretaria municipal, demonstrou certeza absoluta: "O Dacanal é um ignorante. Não acredito que ele leia Hegel".

Apenas duas observações, meu caro *escolar!* Primeiro, não que eu ache grande mérito, mas leio, sim! Li, entre outras coisas, quase toda sua *Estética*, há muitos anos atrás. E no original! E até sei ainda de cor uma de suas mais famosas frases: "Die Eule von Minerva fliegt erst mit den einbrechenden Daemmerung". Entendeu? Não? *Schade, mein Kind!* Segundo, os jovens têm o direito de serem sectários e arrogantes mas não estúpidos e ignorantes. Estas duas últimas qualidades independem da idade.

Velhice

Não que coisas como as citadas me irritem. Já estou velho demais para isto. E, além do mais, são apenas consequências das vertiginosas mudanças históricas ocorridas no Brasil nas últimas duas décadas. Mas é preciso que alguém diga a esta gentinha que o mundo não foi descoberto ontem. Coube-me, por destino, esta função pedagógica, pela qual, aliás como já disse, deveriam agradecer-me...

dezembro/92

15 - A audácia da nossa esquerda

Ao ter que assistir ao deprimente espetáculo ético em que barbudas madalenas stalinistas subscrevem abaixo-assinados exigindo eleições em Cuba, que fazer: vomitar ou apoiar a fúria demente de um conhecido jornalista fronteiriço? E ao ter que ouvir alguém dizer que tais eleições não podem ser realizadas porque Fidel Castro as perderia, o que preferir: o cínico oportunismo de provincianos políticos ou a louca e desastrada lógica de ingênuos e ignorantes encurralados pela História? Calma, vamos por partes, deixando a retórica um pouco de lado, por mais que a indignação a justifique, pois alguns parecem pensar que nós, pobres idiotas, esquecemos em vinte e quatro horas o que tivemos que ouvir durante vinte ou trinta anos...

No início da década de 70 escrevi um ensaio sobre a consciência colonizada – *dependente*, como se dizia então – dos intelectuais latino-americanos e brasileiros. Nele afirmava que a invasão da Tcheco-Eslováquia pelas tropas do Pacto de Varsóvia significava para a esquerda, em termos de choque descolonizador, o mesmo que para a direita a então já evidente derrota dos Estados Unidos no Vietname. Em outros termos, já era hora de tirar as viseiras da consciência dependente, colonizada ou provinciana se se quisesse entender o que estava acontecendo no mundo. Além disto, em alguns artigos sobre política internacional, referia-me à URSS como uma potência militar com seus interesses específicos e, portanto, condicionada a uma determinada política de poder.

Sendo, à época, ainda um adventício ao *grand-monde* intelectual porto-alegrense e brasileiro, não entendia por que alguns me olhavam de modo estranho, como se estivessem diante de um herético. Ora, eu lia Lênine, Trotsky, Bukhárin, Marx e dezenas de outros autores – entre os quais, é claro, também, Barraclough, Kennan, Rostow, Lipset etc. – e me considerava de esquerda, além de ter uma secreta simpatia pelos movimentos guerrilheiros que pretendiam mudar a face do continente. Afinal, a URSS não era, de fato, uma grande potência? E que mal podia haver em analisar sua *Realpolitik?* O mundo não fora sempre assim? Por que eu deveria fechar os olhos aos fatos?

Eram perguntas de um ingênuo. Pois foi ao mergulhar, logo em seguida, na história política e econômica do Brasil e da América Latina que compreendi a real natureza do que então se chamava de *esquerda*. Entre parênteses, é evidente que falo aqui da esquerda intelectual, de gabinete, e não dos militantes proletárias nem, muito menos, daqueles que caíram na luta ou foram torturados durante o generoso mas insano sonho dos grupos armados nos anos 60/70. Talvez algum dia venha a ser feito o inventário desta esquerda de gabinete, que atuou no país, *grosso modo*, no espaço que vai do início da década de 40 ao final da de 80 e que hoje tenta sobreviver em golpes de um oportunismo tão autofágico que antes de cínico parece ser ingênuo. Contudo, talvez seja possível, desde já, levantar alguns traços que a caracterizaram:

1 – *Colonizada*. Em termos históricos, a esquerda de gabinete jamais conseguiu subtrair-se à colonização mental típica da intelectualidade brasileira da época, diferenciando-se desta apenas por preferir – na maior parte dos casos apenas por acrescentar! – Moscou a Paris, Londres e Washington...

2 – *Compensatória*. A esquerda brasileira sempre possuiu concepções político-econômicas e filosóficas de natureza compensatória. Em outras palavras, tais teorias marxistas, leninistas, trotskystas etc. apenas compensavam a incapacidade ou a impossibilidade de analisar a realidade local e, a partir dela, construir visões próprias e consequentes.

3 – *Diversionista*. Além de compensatória, a esquerda brasileira sempre foi diversionista, quer dizer, suas teorias e teses não apenas substituíam a análise fria da realidade mas tinham também a função de impedi-la, eliminando assim a necessidade de sujar as mãos e de enfrentar os riscos de uma prática histórica de fato concreta, quando então seria preciso – como está sendo hoje! – dar razão à fala de Mefistófeles a Fausto, aliás muito apreciada por Lênine: *"Cinzenta, meu amigo, é toda teoria e verde a dourada árvore da vida..."* É compreensível: sempre foi muito mais fácil e mais interessante, em vários sentidos, discutir os problemas de Aldebarã ou as crises no reino de Tule do que enfrentar a prosaica realidade de um país que parece dispensar heróis de esquerda e seus grandes gestos... A direita dá conta do recado, e com sobras...

4 – *Elitista*. Como contraface ou reverso da classe dirigente, a esquerda de gabinete sempre foi elitista. E continua sendo. Não se trata de uma crítica. É apenas uma constatação, já feita por Machado de Assis em *Esaú e Jacó*, romance que tem por tema a atuação de conservadores e liberais no Império. Feliz de um país no qual a oposição sempre encontra espaço para tornar-se situação! E feliz da classe dirigente de um país em que o PT – em vez de voltar-se para os despossuídos de fato – parece mais preocupado com o ensino gratuito para os filhos dos ricos e com os empregados da estatais...

Certo, a demagogia não nasce do nada e é, como tudo o mais, produto de condições históricas específicas. Nesta última década do século, porém, a hora da verdade parece estar soando para a esquerda brasileira. E nesta hora da verdade não podem ser os sofridos sandinistas nem o presidente Fidel Castro os bodes expiatórios de cínicos e demagogos encurralados por seu próprio passado. Cada país tem seu destino e seu caminho, e Cuba e Nicarágua viveram e vivem a tragédia de serem os limites do quintal do Império. Por isto, se os oportunistas de plantão na esquerda da brasileira não tiverem a suficiente inteligência, tenham pelo menos o necessário pudor para calar a boca diante daqueles que escreveram a História com seu próprio sangue. E deixem – se for o caso – que os mortos enterrem seus próprios mortos. Como diz o Evangelho.

PS: Se o Comandante me oferecer uma viagem à sua ilha, agora irei. Pois assim terei motivos, pelo menos, para ser eternamente grato à "audácia" da nossa esquerda...

maio/90

16 - O intelectual lúmpen

Produto da conjugação letal de dois fatores – a desagregação do velho e eficiente sistema de ensino e a consolidação da avassaladora civilização da imagem – o intelectual lúmpen brasileiro se apresenta como substituto e correspondente de seu similar da era da dependência cultural.

Apesar de homogêneo em sua confusa superficialidade, o intelectual lúmpen possui algumas características secundárias que variam de acordo com seu *habitat*.

Em São Paulo, por exemplo, ele é uma espécie de executivo pós-moderninho e pseudocosmopolita que passeia seu brilho *yuppie* pelas redações dos jornais e pelas agências de propaganda. Sem qualquer contato com clássicos – marxistas ou não – da tradição ocidental-europeia, o lúmpen paulistano é um deslumbrado com os produtos descartáveis gerados em série pela indústria cultural global/norte-americana. É o colonizado da era da imagem.

Já na atrasada periferia sul-rio-grandense, apesar de originar-se das mesmas condições histórico-culturais referidas no início, o intelectual lúmpen apresenta características um pouco diversas. Mas há alguns sinais típicos que o evidenciam como integrante da família do lumpesinato intelectual:

1 – Sua idade varia, normalmente, de 30 a 45 anos. Quando na Universidade, pode até ser um pouco mais velho. Mas quase nunca vai além dos 50.

2 – Seu sexo é preponderantemente masculino. Pode, contudo, eventualmente, ser feminino.

3 – Seu partido, hoje, é o PT. Sem prejuízo de ter sido no passado do MDB/PMDB. Ou, mais raramente, do PCB. O importante é apoiar a *griffe* na moda. Ou, de preferência, no poder.

4 – Em pedagogia, é construtivista – seja lá o que isto signifique –, "antiautoritário", "compreensivo" etc. O que quer dizer, quase sempre, vagabundo, relapso e incompetente.

5 – Sua orientação ideológica é democrática, pluralista e transparente, desde que consiga impor suas posições, é claro! Ou seja, ele é autoritário, sectário e exclusivista. Como se pode ver, seu apreço pela semântica da Língua Portuguesa não é dos mais fortes...

6 – Quando na Universidade, pertence ao PT ou, eventualmente, a qualquer outro partido. Mas é sempre corporativista e quase sempre incompetente. Quando fora dos quadros universitários, pode até ser competente, caracterizando-se então pelo ressentimento contra a academia...

7 – Sua visão da política e das relações sociais é conspirativa. Tudo é culpa da RBS, da Globo, do Collor etc. Ou até, vejam só, do Dacanal, que quer destruir a Universidade pública e gratuita... Eu, heim?! Francamente, não sabia que tinha tal poder...

8 – É sempre sectário e, em casos mais graves, também estúpido e semianalfabeto. Por isto, julga que a verdade é definida a partir de sua perspectiva. Em consequência, quando os fatos se chocam com suas teorias, nada entende e dá explicações absurdas.

9 – Não compreende as relações de poder. É um suburbano, no sentido original do termo. Se inteligente, é confuso e raivoso. Se ignorante, é conservador e elitista. Procurando sempre, é claro, fazer crer que é o oposto.

10 – Julga que pode salvar o mundo. É messiânico. Mas, quando na Universidade, espertamente ele reduz suas exigências, contentando-se com salvar seu bom salário...

11 – No léxico, o intelectual lúmpen não destrói ou demole. Desconstrói. Também não retoma ou recupera. Resgata.

12 – A moda passou mas o intelectual lúmpen, quase sempre envergonhadamente, continua a se dizer marxista.

13 – Em resumo, o intelectual lúmpen não pensa. Pensa que pensa. Na verdade, apenas rumina.

fevereiro/93

A Era Collor (e o PT)

1 - Os intelectuais e o Plano Collor

Perguntam-me a respeito de como o Plano Collor teria afetado os intelectuais brasileiros. Sejamos diretos e realistas: para dar uma resposta correta e precisa a tal pergunta seria necessário ter à mão o demonstrativo dos saldos bancários destes intelectuais no dia 15 de março passado...

Admitindo, porém, que a pergunta pretenda extrapolar a simples factualidade econômica e ampliando consideravelmente o, digamos, campo semântico dos termos *afetar* e *intelectual*, pode-se afirmar, com certeza, que as surpreendentes medidas anunciadas no plano abalaram alguns, desmascararam a muitos e confundiram os restantes.

Abalados se sentiram os economistas – e todos os que possuem alguma noção de história – que militam em partidos ditos de esquerda por verem um plano que penalizou violentamente certos setores das classes proprietárias ser aplicado pela direita, se é que tais catalogações ainda têm sentido. Certamente eles não conseguem entender que isto acontece e só pode acontecer no Brasil porque aqui as disparidades de renda são tão brutais, as oportunidades econômicas tão vastas e os privilegiados tão privilegiados que se pode cortar fundo em sua carne sem ameaçar não só sua sobrevivência como até mesmo os próprios privilégios. Este único tema daria um longo ensaio. Mas, se quisermos um exemplo simples e bem à mão, tomem-se os escandalosos salários recebidos pelos integrantes dos Legislativos brasileiros – de vereadores a senadores. Estes, quinze dias depois do confisco, já estavam botando a mão em centenas de milhares de cruzeiros, sem contar as aposentadorias pagas pelo erário público. É preciso dizer mais?

Desmascarados foram – com raras exceções – os intelectuais e/ou políticos autoqualificados *de esquerda*, que, além de não entenderem nada de economia, não têm a menor vontade de encarar o país real. E com razão, pois não querem, é claro, expor-se como privilegiados. Em consequência, condenam-se a matraquear monotonamente abobrinhas pseudo-socialistas para uma plateia inexistente ou investem fundo numa demagogia de botequim que não convence mais ninguém.

Ou alguém acha que ainda cola, por exemplo, a baixa demagogia eleitoreira de pseudolíderes peemedebistas querendo elevar os saques das cadernetas de poupança para Cr$ 600.000,00? Afinal, pqp, quantos têm – ou tinham – Cr$ 600.000,00 neste país de miseráveis?! Eles deviam ir a Catuípe! Sim, a Catuípe, se é que alguém conhece. Pois foi lá que um pobre operário de madeireira me disse: "Os deputados não querem dar aumento só para o salário mínimo. Eles querem dar aumento para todos. Se é assim, como é que eu, que sou ratão, vou chegar um pouquinho mais perto deles..." Mas falávamos de intelectuais...

Sim, falemos dos intelectuais propriamente ditos. Ou propriamente não ditos, como filósofos, linguistas, críticos literários etc. Os chamados *tradicionais*. Estes, coitados, o plano os confundiu a todos, se, generosamente, admitirmos que poderiam ficar mais confusos do que já eram... Rentistas da inteligência – quando a têm! –, nunca entraram de fato no mercado de trabalho e em boa parte vivem de gordas aposentadorias ou aboletados em bem remunerados empregos públicos. Nada entendem de história e economia e andam como pré-históricas baratas tontas, sobreviventes de um cataclisma do qual nem se deram conta. Gente, é hora de acordar! O Brasil não é mais um país agrário, é uma potência industrial, apesar dos pesares! Gente, vocês não têm mais função! A era dos intelectuais áulicos acabou! Vão trabalhar!

Voltemos, porém, a falar sério. O Plano Collor, se outro mérito não tiver nem vier a ter, lançou luz violenta sobre o Brasil do óbvio: um país economicamente viável, uma sociedade brutalmente injusta e um sistema político monstruosamente confuso e obsoleto. Mas Para explanar isto e suas origens seriam necessário três livros. Não três laudas.

maio/90

2 - O Plano Collor: ontem, hoje e amanhã

Inicialmente, para evitar interpretações equivocadas e falsas ilações, declaro que estive entre aqueles sensatos que, no dia 18 de dezembro de 1989, votaram em branco. Com efeito, entre um primata político, ainda que honesto e inteligente, como Lula, que, ao final da campanha, não representava mais ninguém, nem mesmo a si próprio, e um político imaturo, ainda que de extraordinário *feeling* e maior ambição, como Fernando Collor de Mello, que desde o início representara apenas a si próprio, não havia o que escolher. E as pessoas equilibradas passaram a ver no episódio, antes que uma eleição, uma prova definitiva da absoluta obsolescência de um sistema político-institucional que, remontando aos anos 30, ruíra fragorosamente na década de 60 e, pasmem todos, fora ressuscitado pela Constituinte em 1988! Tal fato constitui uma impressionante ironia e desautoriza os que criticam os métodos imperiais do atual presidente, pois que, contra as posições do próprio Collor de Mello – que sempre se declarou parlamentarista – e com as bênçãos do PT, a Constituinte rejeitara o parlamentarismo e consagrara o presidencialismo... Ah, as maracutaias da História! Ah, barbudas e enrustidas Madalenas!

Feito este preventivo e esclarecedor exórdio, vamos ao que interessa e analisemos o Plano Collor – ou como se quiser chamá-lo – respondendo a três perguntas: 1) Por que todos os economistas o apoiaram? 2) Como está hoje, neste final de maio? 3) O que será amanhã?

Por que os economistas o apoiaram?

Como todos devem lembrar, o plano recebeu o apoio praticamente unânime dos mais conhecidos e respeitados economistas do país, independente de suas posições políticas e partidárias. A tal ponto que se criaram situações constrangedoras em vários partidos que – apenas por mau hábito histórico – se autoqualificam de esquerda. Como explicar isto?

Em primeiro lugar, há uma questão ética. Por mais que seja um demagogo de esquerda ou um filisteu de direita – supondo que tais classificações ainda tenham sentido no Brasil de hoje –, qualquer economista que tenha feito um curso razoável e tenha um mínimo de vergonha reconhece o óbvio: num processo inflacionário quem ganha são os que *possuem* dinheiro e quem perde são os que *vivem* dele. Estes últimos são os pobres, que não conseguem acumular uma quantia mínima para especular, aplicando *golpes*. E os primeiros são os que, dispondo de capital, os aplicam. Pois é fácil, por exemplo, num processo de inflação crescente, comprar bens e serviços – principalmente o trabalho dos mais pobres – a baixo preço, jogando com a desinformação e as dificuldades dos vendedores, o que provoca uma clara transferência de renda do trabalhador para o rentista e do produtor para o especulador. Se tal processo é viável até para quem possui pequenas quantias, imagine-se o que ocorre com quem joga com milhões de cruzados/cruzeiros! Quem conhece um mínimo a respeito dos mecanismos econômicos sabe disso. O resto é safadeza e demagogia pura, que, aliás, andam soltas por aí.

Em segundo lugar, há um problema técnico. A experiência histórica demonstra que medidas de estabilização monetária são sempre dolorosas e apresentam muitas semelhanças entre si, variando apenas a distribuição dos custos entre os agentes econômicos, sejam pessoas ou instituições. Estabelecido isto, é ponto pacífico que o Plano Collor foi tecnicamente brilhante – pela surpresa e pelo inusitado – e socialmente muito mais avançado do que se poderia esperar de um governo que fora eleito sob o signo da direita. O que não significa que não se possa falar em uma que outra injustiça, natural quando se lida com dezenas de milhões de pessoas. Contudo, é difícil negar –

eis por que os demagogos de esquerda ficaram furiosos – que o plano foi socialmente justo, se considerada a situação preexistente.

Em terceiro lugar, há um, fator político, bem mais profundo, que explica o apoio obtido pelo plano entre economistas responsáveis, qualificados ou autoqualificados de esquerda ou de direita. À parte a fluidez semântica de tais conceitos, é evidente que os economistas são, antes de tudo, integrantes de uma elite num país de miseráveis... Ora, se, como todos afirmam, o país é viável, sendo possível modernizá-lo a um custo social relativamente baixo – isto é, sem sangue e sem revoluções – integrando ao sistema as grandes massas de despossuídos, é compreensível que os setores mais responsáveis da elite se coloquem de acordo, independente de rótulos que pouco ou nada significam. Tais setores perceberam e percebem que o plano embute, pelo menos como intenção, um objetivo ambicioso, a médio e longo prazos: a criação de uma verdadeira economia de mercado que venha a integrar, como consumidores, cerca de cem milhões de pessoas que permanecem, total ou parcialmente, à margem dela. Isto porém não se fará – depois de uma prévia estabilização monetária – sem o aumento progressivo do poder de compra dos segmentos hoje excluídos e sem o corte nas margens de renda – via pesada taxação, direta e indireta – daqueles que consomem produtos suntuários, ao estilo do que fizeram as classes dirigentes da Europa Ocidental a partir do início deste século, as quais, apavoradas diante do risco das revoluções, entregaram os anéis para não perder os dedos. Mas é aí que bate o ponto e é aí que o plano patinou e patina.

Como está o Plano?

Não sejamos ingênuos. Não são as evidentes, embora, em termos técnicos, pouco significativas trapalhadas cometidas nas últimas semanas pela equipe econômica que estão colocando em risco o plano, que foi concebido de forma tão brilhante a ponto de seguir à risca – o que é pouco usual no Brasil contemporâneo – os ensinamentos de Maquiavel, segundo o qual o príncipe deve praticar o mal todo de uma vez só e fazer o bem aos poucos. Também não o colocam em risco as críticas, quase sempre demagógicas, de uma esquerda desorientada ou de oportunistas desacreditados. O que representou e representa a grande ameaça são as exceções que começaram a ser abertas sob a brutal pressão dos grupos atingidos, principalmente rentistas, especuladores e outros, que, a partir de tais exceções, montaram uma sequência incontrolável de fraudes. Estas pressões eram previsíveis, como era previsível também a incapacidade de o governo resistir a elas, já que sua base de sustentação política é não apenas fluida como, principalmente, falsa. O que remete mais uma vez à questão política e à evidente desarticulação da sociedade brasileira atual, na qual nenhum grupo social consegue impor-se hegemonicamente e comandar o processo. Foi por isto – e tenho provas! – que, ao assistir, estarrecido, ao anúncio das medidas econômicas no dia 15 de março, minha única reação foi repetir: "Só um bando de loucos para fazer isto!". Loucos não pelas medidas em si – mais do que corretas e, em alguns pontos, até menos duras do que seria necessário – mas pelo risco de tomá-las sem apoio político organizado e sólido.

O que será amanhã?

De qualquer maneira, é possível que, favorecidos exatamente por esta desarticulação política, o presidente e sua equipe consigam retomar o controle da situação, ainda mais se levarmos em conta que as previsões catastrofistas de demagogos e oportunistas não se concretizaram até agora e dificilmente se concretizarão. O Brasil de hoje é, apesar de tudo, uma potência industrial com uma economia altamente diversificada, tanto setorialmente quanto – por algum tempo ainda – historicamente. Quer dizer, há vários sistemas econômicos que se superpõem, amortecendo e reduzindo a violência de uma recessão profunda, que será o preço pago pela estabilização. Se houver.

Mas que ninguém se engane. Se este plano não der certo, outro terá que ser aplicado. E este outro, já que não resta qualquer opção, conterá necessariamente um brutal arrocho fiscal – ou seja, violento aumento de impostos – acoplado a uma correspondente redução tanto dos gastos públicos quanto do tamanho do Estado, o que enfurece os demagogos de esquerda e os corporativistas de todos os matizes, para quem o Estado é uma entidade mítica, supra-real e infinitamente benemerente que tira dinheiro das nuvens e não dos contribuintes. Além disso, será imprescindível a criação de um Banco Central de fato independente que controle a moeda tecnicamente e não ao sabor dos interesses políticos destes ou daqueles grupos agarrados às burras do Estado.

Dizer que tudo isto somente será possível quando o sistema parlamentarista, com voto distrital, e o governo de gabinete forem implantados, eliminando ou, pelo menos, reduzindo a demagogia dos Legislativos, talvez seja pedir demais. Porque tudo indica que esta será uma tarefa para gerações e não para um Indiana Jones qualquer, por mais audácia, inteligência e boa vontade que tenha.

maio/90

3 - Collor: PT e PDT são os culpados

O povo não tem memória. E a política, quase sempre, lida com a emoção e o imediatismo. Os demagogos sempre souberam disso e disso sempre se aproveitaram. Em momentos de crise e de mudanças se pode perceber este fenômeno com maior clareza. É natural, porque nestas situações a emoção dos indivíduos fica à flor da pele e a razão e o bom senso passam a segundo plano. Ou desaparecem completamente. Ninguém quer pensar. O que interessa é protestar, é gritar, é avançar, nem que seja rumo ao desastre. E fazer disso um trampolim para o poder, nem que seja à beira ou sobre o abismo.

Querem um exemplo atual? Aí está: quem lembra hoje que foram o PT e o PDT que fizeram de Collor o presidente da República? Isto é calúnia, é mentira, vão gritar os desmemoriados, os demagogos e os safados. Não, não é! É a verdade histórica, exata, comprovada, registrada nas páginas dos jornais e nas atas da Assembleia Constituinte de 1988. Pois, na ocasião, os constituintes mais esclarecidos – basicamente todo o PSDB, grande parte do PMDB, alguns até do PDS e de outras siglas – eram favoráveis à instauração do parlamentarismo, argumentando, e com razão, que o país tinha mudado e era preciso mudar o sistema de governo.

E o que fizeram o PT e o PDT? Aliaram-se às forças mais retrógradas e arcaicas do país, então representadas pelo fisiologismo sarneysta e pelas decadentes e corruptas oligarquias do nordeste, e aprovaram o desastroso presidencialismo imperial que aí está. Com cinco anos e com uma Constituição de talhe parlamentarista. Por quê? Porque o PT pensava que seu primata[55] paulista ia ser eleito presidente. E porque o PDT, mangueirão de bestas – no sentido original e não ofensivo da palavra –, controladas pelo capataz, trazia na testa a marca a ferro de Brizola e seu projeto pessoal de um dia chegar ao Planalto.

O que acabou acontecendo? Ora, todo o mundo sabe o que aconteceu! Um grupo de aventureiros, alguns até bem intencionados, preencheu o vácuo político e empalmou o poder. Dentro da lei e da ordem e de acordo com o sistema presidencialista abençoado pelo PT e pelo PDT. O curioso e paradoxal é que estes aventureiros tentaram mudar o país para melhor. E em alguns setores até tiveram certo sucesso, é preciso fazer justiça. Pois, mesmo aos trancos e barrancos, o Brasil de Collor não é mais o Brasil de Sarney e deu alguns passos importantes rumo à modernização, o que é reconhecido até por representantes insuspeitos da oposição.

Mas se a História não perdoa os fracos, não perdoa também aventureiros inexperientes. Estes, como o PT, não perceberam que o país tinha mudado e caíram na armadilha. Afinal, se queixam eles, e com razão, por que nos crucificam? Nunca fizemos nada diferente do que se fazia! E ainda se faz! Pois é, esta é a armadilha. O país tinha mudado e as elites agora se canibalizam, disputando um bolo que não dá para todos.

Mas por quem chora agora o PT suas lágrimas de crocodilo? Brizola, pelo menos, é coerente consigo mesmo e leal a quem o ajudou. Mais do que isto, mesmo ao defender seus interesses, ele tem o instinto e a estatura de estadista e sabe que o desastre e o caos não beneficiam ao país nem a ninguém. A não ser, mais uma vez, aos aventureiros, corruptos e aproveitadores. E não é exatamente isto que está acontecendo? Tiremos o chapéu ao caudilho de Carazinho! Mesmo tosco e ultrapassado, Brizola, a velha raposa, consegue manter-se à tona e ver a linha do horizonte. Ao contrário da *canaille* petista, com seu oportunismo de neófitos e seu moralismo de subúrbio.

---

[55] No sentido político e não pessoal.

Mas de que nos podemos queixar? Diversamente do que pensam os desinformados, não foi Barbara Tuchmann a primeira a dizer que a História, não raro, é a marcha da insensatez. Homero, 700 anos antes de Cristo, já o tinha percebido. Afinal, quem é Cassandra se não o bom senso impotente diante da cegueira dos demagogos e da inevitabilidade do desastre?

julho/92

4 - Por que Collor resiste?

A política é imprevisível e a curto prazo não se pode descartar nem mesmo um desenlace pessoal de natureza mais ou menos dramática para a crise atual. Contudo, no momento, empresários, políticos e analistas bem informados são da opinião de que o presidente Collor permanecerá no cargo, não obstante venha a sair da crise muito enfraquecido. Se de fato isto acontecer, quais terão sido as causas da longa e razoavelmente bem-sucedida resistência do presidente? Elas são várias e de diversa natureza, podendo ser didaticamente divididas em dois tipos: as imediatas, ou conjunturais, e as históricas, ou estruturais.

As causas imediatas

A primeira das causas imediatas é o apoio quase unânime do empresariado. O fato de alguns deles deverem favores ou estarem envolvidos em operações mais ou menos ilícitas é secundário. O fundamental mesmo é que o empresariado como um todo teme a saída do presidente. Por quê? De um lado, porque, em termos gerais, eles apoiam as medidas econômicas tomadas e os esforços, alguns bem-sucedidos, para abrir lentamente o país à competição externa. De outro, porque temem seriamente o vice-presidente, Itamar Franco, considerado arcaico em termos políticos e ideológicos e – para usar um eufemismo – instável em termos emocionais, apesar de eticamente inatacável.

Com razão, o empresariado raciocina como Cícero em *A República:* é melhor para o país ser governado por um cidadão politicamente hábil, mesmo sob suspeita, do que sê-lo por um cidadão eticamente exemplar mas politicamente desastrado. Aliás, apesar de ele próprio não sabê-lo em virtude de suas poucas luzes intelectuais, Brizola também deve levar instintivamente em conta este fator ao dar seu apoio ao presidente.

A segunda causa imediata da possível permanência de Collor na presidência é o poder de que dispõe nos quadros da atual Constituição, tanto no plano estritamente institucional, que oferece o recurso fácil e quase imperial das medidas provisórias, quanto no plano administrativo, no qual pesam decisivamente a distribuição de verbas e outros benefícios. Tudo isto, como se sabe, é resultado do oportunismo do PT e do PDT, que na Constituinte apoiaram o presidencialismo com Sarney, Quércia e seus fisiológicos.

As causas históricas

Estas são as de maior relevância, sem dúvida, e mereceriam ampla e longa análise. Duas delas, pelo menos, por serem cruciais, devem ser referidas, ainda que de maneira sucinta.

A primeira, clara e de fácil compreensão, é que os atos de que hoje são acusados o presidente, seus familiares e assessores eram até há pouco tempo considerados normais e corriqueiros. Sempre foi assim e não é temerário afirmar que ainda o é. Como disse Paulo Francis recentemente: "Este jornal que vocês estão lendo, aí, nós, a elite, sempre lemos..." E se poderia acrescentar que, pelo menos em termos de PIB, a escala em que tais atos foram agora praticados não deve ser muito diferente. Até pelo contrário, pois não é fora de propósito dizer que sustentar presidentes anteriores, muito mais pobres do que Collor, deveria ser bem mais caro... As empreiteiras devem saber disso... Ainda em relação a este assunto, há outro dado que ajuda Collor: parte significativa dos congressistas e da alta burocracia está na mesma situação do presidente e deseja que tudo acabe o quanto antes. Basta ver como algumas figuras conhecidíssimas do passado recente estão na moita. Afinal, a única coisa que poderiam argumentar a seu favor é que no seu tempo havia mais ética: a comissão não ultrapassava dez por cento! Isto, é claro, nas épocas anteriores ao final do governo Sarney... À parte ironias, o mais estranho e paradoxal de tudo – o que mostra que Collor pode ser um aventureiro ingênuo mas certamente não é mal-intencionado – é que todas as provas materiais de que a CPI dispõe se assentam basicamente sobre o rastreamento de cheques. E isto só foi possível porque eles são obrigatoriamente nominais e não mais ao portador. E quem baixou este decreto? Ora, o presidente Fernando Collor de Mello, durante a gestão Zélia/Eris... Bem dizia o portuguesinho de *Pedra sobre pedra:* "Este é um país estranho, muito estranho..." Se é!...

Finalmente, a segunda causa histórica, e a mais importante de todas, é que esta crise é falsa. O presidente talvez fique no cargo porque a crise nunca atinge o ponto de fervura. E ela não ferve porque é falsa. Não no sentido material ou documental mas no sentido histórico da palavra. Quer dizer, esta crise é apenas uma espécie de ressaca, de rescaldo das mudanças econômicas, sociais e institucionais ocorridas nas últimas duas décadas e meia. Esta crise é de natureza radicalmente diversa daquelas de 1930 e 1963/64, por exemplo. Nestas, as velhas estruturas resistiam, crispando-se e enrijecendo-se por serem ultrapassadas historicamente. E explodiam quando vinham abaixo fragorosamente. Agora não. Não há propriamente crise, não há escolha, para usar o sentido original da palavra em grego. Tudo já aconteceu e o que há para ser feito não passa de detalhes que os setores mais esclarecidos da classe dirigente sabem muito bem quais são. Mesmo quando fazem de conta que não os veem ou não concordam sobre quem vai pagar a conta.

Com Collor ou sem Collor, a verdadeira crise do país é de outra natureza e se revela através das hordas de miseráveis que se multiplicam assustadoramente e da violência que se espraia pelas aglomerações urbanas do país, frutos da explosão demográfica, da inflação, da migração campo-cidade e da concentração de renda, que cresceu assustadoramente a partir do fim do regime militar. Mas sobre tudo isto nem o PT quer falar a sério. Imagine-se os outros...

agosto/92

5 - Por que só atacam Collor?

Na tragicomédia que sacode o país, sua principal personagem, o presidente, queixou-se várias vezes de estar sendo vítima de um complô. Sem dúvida, ele não é a vítima inocente que afirma ser, mas, por outra parte, tem sobradas razões para sentir-se injustiçado. Por vários motivos.

Para começar, a Ordem dos Advogados do Brasil, entidade cujo presidente assinou o pedido de *impeachment*, não tinha qualquer autoridade moral para fazê-lo. Em artigo que destoa do monótono e já cansativo coro de acusações feito pela grande imprensa, a jornalista Eunice Jacques mostrou muito bem que nesta história toda há mais farsantes e bandidos do que se pensa.

Os gatunos da Previdência

Pois não é que a mesma Ordem dos Advogados – corporação que na última Constituição impediu a democrática simplificação de vários procedimentos judiciários, como o inventário, por exemplo –, sim, pois não é que esta mesma OAB patrocinara pouco tempo antes um *habeas corpus* para libertar os doze maiores gatunos da Previdência presos no Rio de Janeiro? Vivendo num xadrez especial, com toda sorte de mordomias, inclusive telefone celular, comprado, é claro, com o dinheiro roubado, estes gatunos, todos advogados, concorrem tranquilamente com PC Farias, pois as fraudes atingiram bilhões e bilhões de cruzeiros.

Não é uma farsa impressionante? Diante disso só resta repetir mais uma vez a fala que Aguinaldo Silva colocou na boca do portuguesinho de *Pedra sobre pedra:* "Este é um país estranho, muito estranho..." E esta gente quer ser levada a sério! Um espanto!

E quem deu?

Mas há mais. Partamos do pressuposto de que todas as cifras reveladas do esquema PC sejam verdadeiras. Como é que este dinheiro foi conseguido? Pelo que se sabe, não através de assaltos a mão armada, na calada da noite, contra a Casa da Moeda, mas por canais de ligação entre ministérios e outros órgãos do governo com empreiteiras e grandes estatais. Onde estão estes empresários? E os altos burocratas das estatais? Ou apenas o Motta Veiga foi pressionado a colaborar com o esquema? E os que não se demitiram? É só do Palácio do Planalto que sai a lama que invade a abertura da novela *Deus nos acuda*?

Ora, estão nos fazendo de palhaços! Mas o país mudou muito nas últimas décadas, as informações circulam e há milhões de pessoas que já sabem o que há por debaixo do pano. Só alguns políticos parecem não ter percebido estas mudanças. Ou não querem vê-las. É por isto que Brizola se sobressai nestas ocasiões. Ele é arcaico, tosco e culturalmente primário, mas é ladino e não ficou velho em vão. O que não é pouco diante da espantosa mediocridade da atual classe política brasileira.

Brizola não pode ser misturado com os outros. Ele conhece o mundo, é hábil e suas manobras táticas têm sido brilhantes. Foi admirável, por exemplo, seu desempenho ao enfrentar os jargões da *canaille* petista e os lugares-comuns de alguns ignorantes do programa *Roda viva*. Solitário, recusou-se a crucificar Collor, por quem nunca fora discriminado, resistiu até o fim e só apoiou o *impeachment* quando ficou claro que se não o fizesse prejudicaria eleitoralmente seu partido. E mesmo assim fazendo grandes estragos ao assestar suas baterias contra seus alvos preferidos: Quércia, Vasp, ACM e Rede Globo. Seria demais pretender que a malta pedetista o entendesse. Mas há muitos outros que também não o entendem.

Atrás da cortina

Mas, afinal, o que teria ele aprendido? Certamente não mais que o trivial de sempre, conhecido de todo político mais ou menos competente e que sabe como gira o mundo. Por exemplo:

1 – A corrupção é uma componente intrínseca à atividade política e se manifesta na proporção direta do poder e da necessidade de quem a exerce e na proporção inversa do controle social. Ou seja, quanto mais pobre e ambicioso é um político, tanto mais corrupto

ele tende a ser. E quanto maior o nível de informação da população, menor a corrupção. E vice-versa.

2 – O Brasil nunca foi uma exceção, nem muito menos. Pelo contrário, o assalto à coisa pública nem vinha à tona ou era tolerado como coisa corriqueira ou normal. A ponto de dizer-se de Ademar de Barros: "Rouba mas faz..."

3 – Para além da recessão e do empobrecimento de amplos grupos da classe média – os maiores formadores de opinião –, recessão e empobrecimento propícios à indignação que varre o país, há muito mais. Hoje ninguém discute: o grande erro de Collor foi querer estender seus tentáculos, através de PC Farias, para a área de comunicações, com o objetivo de formar um grupo que concorresse com os quatro ou cinco grandes grupos de mídia atualmente existentes no país.

Enquanto a coisa ficou lá por Alagoas, nas brigas com o irmão, tudo bem! Quando chegou ao Paraná (Rede OM) e Rio de Janeiro (Rede Manchete), a situação mudou e as empresas soltaram as feras, principalmente da espécie petista, sequiosas de sangue e revanche. E até Roberto Marinho, matreiro como sempre, foi obrigado a entrar na onda. Era o fim, se não do governo, pelo menos da autoridade de Collor.

Injustiça

Há no momento um acordo tático entre o PT e a grande imprensa, pois seus interesses são os mesmos. Até quando, não se sabe. Brizola tem consciência de que isto não o beneficia e vem manobrando como pode para permanecer à tona. Collor, de fato, não está só e tem razão em sentir-se injustiçado. Acontece que o Brasil não é Alagoas e os grandes grupos da mídia que querem sua cabeça não podem ser calados com ameaças ou tiros...

Como dizia Hamlet, *há mais coisas entre o céu e a terra do que imagina nossa vã filosofia*. E por trás desta onda de indignação nacional também... De forma amarga, Collor está percebendo que tinha razão ao pretender formar um império na área de comunicação...

setembro/92

6 - O povo quer sangue?
Joguem Collor às feras!

Com a experiência adquirida ao longo dos séculos, a classe dirigente romana sabia que para manter o poder era preciso dar pão e circo à plebe. E assim, para garantir o apoio popular ou para acalmar os ânimos irritados, a farta distribuição de alimentos e os espetáculos sangrentos no Coliseu eram instrumentos de sucesso garantido.

Panem et circenses! Com pão e circo a massa fica feliz e deixa de ser uma ameaça à ordem constituída. Tudo a curto prazo, é certo. Mas os romanos também tinham descoberto, antes de *lord* Keynes, que isto é o que de fato importa, já que a longo prazo estamos todos mortos...

À parte algumas diferenças entre a Roma do Coliseu e o Brasil da era eletrônica, o mundo não mudou tanto assim. Na jaula está Collor. E nas arquibancadas a plebe, enfurecida e açulada pela mídia, pede sangue. Não faltam nem mesmo as torcidas organizadas, desafiando-se para ver quem faz mais barulho. E é fantástico ver soturnas e suspeitas figuras do passado recente emergindo como campeões da moralidade! E órgãos de comunicação, beneficiados nos bons tempos através de subreptícios cambalachos e hoje com dívidas monumentais como o fisco, gritando palavras de ordem contra o saque!... Ah, que belo espetáculo é o mundo, como dizia Shakespeare!...

As torcidas

À parte divagações filosóficas, que podem ficar para a analista junguiana (!) da *Zero Hora*, não é de todo sem interesse tentar vislumbrar os principais grupos que nas arquibancadas comandam o espetáculo e em fúria pedem sangue! São vários, mas alguns se destacam claramente:

1 – A classe média desiludida, que, na recessão, viu desfazer-se em pó seu sonho de um consumismo sem limites e que hoje sofre para pagar água, luz, condomínio, combustível e telefone. Para nem

falar nas prestações dos consórcios e nas mensalidades escolares dos filhos...

2 – A pequena burguesia urbana pseudo-esquerdista, desesperada e desempregada, que quer à força um *terceiro turno* como vingança pelas dezenas de milhares de cargos perdidos com a derrota de Lula à presidência.

3 – Os órfãos da utopia socialista/comunista, que precisam urgentemente de uma vítima para o ritual de expiação, já que não podem culpar mais ninguém, a não ser a si próprios, pela dramática e vertiginosa implosão de seus sonhos milenaristas.

4 – *A turma da moita*, que fala de um Brasil diferente depois de Collor, na esperança de que suas próprias falcatruas – do tempo em que havia cheque ao portador! – sejam rapidamente esquecidas sob o signo da redenção ética nacional...

5 – Setores significativos da grande imprensa, deslumbrados com o próprio poder numa situação de vácuo político ou forçados pela necessidade de sobrevivência num período de vacas magras no faturamento publicitário.

6 – Os grupos, incluindo o próprio irmão do presidente, que não foram contemplados com vantagens ou viram seus interesses ameaçados. Aliás, parecem estar certos os que consideram que o maior erro não foi o de Collor, ao apelar para a guerra das cores, mas o de PC Farias, ao tentar lançar seus tentáculos até a área de mídia e comunicação, certamente o jogo mais pesado no cassino do poder no Brasil atual.

7 – Os funcionários ligados à esfera federal, que foram beneficiados pelo verdadeiro saque ao erário público praticado ao final do governo Sarney e que hoje têm seus salários defasados em 60 ou 70 por cento.

O espetáculo continua

E nos camarotes, diante da turba possessa, uma classe dirigente assustada, dividida, perplexa, em parte arcaica, em parte ignorante, sem projeto nacional e sem instituições capazes de contornar rapidamente a crise, parece inclinada a baixar o polegar e entregar Collor às feras. Se a plebe quer sangue, se ela acha que o presidente e seus assessores são culpados de tudo, tanto melhor! Que siga o espetáculo! Pelo menos assim se ganha tempo...

Seja como for, estamos assistindo ao quinto ato da tragicomédia iniciada com as *diretas-já* e continuada com a morte de Tancredo, o sonho do cruzado, a Constituinte e o próprio Plano Collor. Enquanto isto, amoitados no escuro da floresta, os profissionais da especulação enchem os bolsos com os juros astronômicos, protagonizando diariamente saques legais que deixariam envergonhado o próprio PC Farias. Porque, como qualquer economista de araque sabe, a inflação deixa mais ricos os ricos e torna mais pobres os que já são pobres.

Um dia, muito em breve, sem mágicas e sem artifícios, será preciso enfrentar a dura realidade. A realidade de um país confuso, sem destino certo, sem projeto nacional, sem projeto social, sem lideranças à altura do momento histórico e sem instituições adequadas à sociedade que emergiu das violentas transformações das últimas décadas.

Dizem os tolos e os ingênuos que depois do possível *impeachment* do presidente o Brasil será diferente. Seria fácil se assim fosse. O fato, porém, é que o Brasil é diferente há muito tempo. Seus políticos sem estatura e suas instituições arcaicas são produto e não causa das crises sucessivas. Como o é também a própria Constituição, já ultrapassada em grande parte quatro anos depois de redigida. E alguém lembra quem foi relator? Cabral, pois é, grande jurista e *tanguero*...

Resistir, a última cartada

Sim, que grande espetáculo é o mundo! Mas a plebe não quer filosofia, quer sangue! Coitado do presidente, jovem inexperiente, voluntarioso e certamente bem-intencionado, hoje preso nas malhas da *dike*, da qual certamente ele nunca ouviu falar. Pois diziam os gregos que a *dike*, a justiça, é que rege o mundo e que tudo tem seu preço. Algo assim, no plano filosófico, como a Lei de Newton, segundo a qual, em física, a toda ação corresponde uma reação da mesma intensidade e em sentido contrário.

Tudo tem seu preço e não é impunemente que se chega à presidência de um país como o Brasil. Política nunca foi atividade para amadores. Mas no Brasil, pela desordem resultante das mudanças históricas, ela o tem sido nas últimas décadas. Agora, volta a ser atividade para profissionais.

Não votei em Collor, nem em Lula. Mas, imaginando um hipotético absurdo, se estivesse em seu lugar eu resistiria até o fim. Bravamente, estoicamente, filosoficamente. Quem perdeu tudo não tem nada mais a perder. Só a ganhar. Afinal, o Planalto não é o Circo Máximo, as feras não têm dentes de verdade e a plebe, ora, a plebe é volúvel...

setembro/92

7 - O linchamento de Collor

A histeria coletiva que dominou o país durante várias semanas – alimentada e açulada até o paroxismo pelos grandes órgãos da imprensa – transformou o episódio do *impeachment* do presidente Fernando Collor de Mello num ato de linchamento.

A satanização da *pessoa* do presidente e de seu testa-de-ferro Paulo César Farias – satanização que substituiu a condenação de seus atos, o que é muito diferente – bem como o processo de intimidação de todos os que ousassem fazer uma análise fria do que estava acontecendo deram ao episódio tons de irracionalidade, de primitivismo e até de barbárie que, na vida política nacional deste século, só encontram similar na gigantesca campanha que levou Getúlio Vargas ao suicídio.

Pouco importa que a natureza dos fatos em jogo seja totalmente diferente, como também diferentes são o momento histórico em que se desenrolaram e a dimensão quantitativa que assumiram. O resultado foi o mesmo. Um resultado inquietante, até mesmo assustador, seja pela própria natureza, seja pela escala e pela instantaneidade que o caracterizaram, frutos, estas últimas, da era eletrônica e dos modernos meios de comunicação.

Terror e intimidação

Nas semanas que precederam o dia da votação do *impeachment*, aqueles que se mantiveram no patamar da serenidade e da razão puderam intuir o que devem ter sido a violência e a brutalidade do nazismo, do fascismo, do estalinismo ou da Inquisição. Enfim, puderam observar em ação os mecanismos e os métodos dos Estados totalitários, nos quais às vítimas e aos que ousam discordar se impõem o silêncio, a anulação e a morte civil, quando não física.

Não estão em discussão nem os fatos, nem as responsabilidades, criminais ou outras, dos acusados. O que importa são os métodos. E naqueles dias negros foi possível perceber no ar o desprezo ao direito e o regresso à selva e à barbárie. Ninguém se perguntava pelos interesses que agiam na sombra, ninguém – a não ser Leonel Brizola – fazia a velha e sábia pergunta dos antigos romanos: *cui bono?* Quer dizer, quem ganha, a quem interessa? E enquanto os coniventes e intimidados silenciavam, era estarrecedor assistir a cenas em que pessoas reconhecidamente sensatas regrediam ao estado pré-civilizatório, lançando sobre um ou dois indivíduos todas as culpas da Nação. E foi possível entender por que os sacerdotes israelitas, no Velho Testamento, em determinadas ocasiões, escolhiam um bode, transferiam simbolicamente para ele todos os males da comunidade e o entregavam às feras ou faziam verter seu sangue num ritual de purificação para aplacar a ira de Deus. Na verdade, para aplacar a ira plebe...

Nunca antes em nossa geração fora possível perceber com tanta clareza como é frágil e tênue o limite que separa a civilização da barbárie. Como foi que se chegou a isto?

Depois do pesadelo

Passado o furacão, e mesmo muito antes para aqueles que não perderam a razão e o bom senso, são bastante claras as causas que estão na origem destes acontecimentos. Talvez não listadas exatamente pela ordem de importância, elas são as seguintes:

– O vácuo político em que se encontra a sociedade brasileira nos últimos anos em virtude da ausência de um projeto nacional coerente, o que levou à aplicação e ao fracasso de sucessivas tentativas de reorganização e reforma da base econômica.

– A momentânea conjunção dos interesses do Partido dos Trabalhadores, derrotado nas últimas eleições presidenciais, com os das grandes empresas de comunicação. Conjunção esta paradoxal e surpreendente, não tanto pelo papel do PT, exercido, aliás, com grande competência, mas pela posição dos pesos-pesados da mídia. O que só pode ser explicado, como foi visto em artigo anterior, pelo fato de tais grupos não terem perdoado a Collor a tentativa de, a partir da presidência, montar um império de comunicações que viria a concorrer com eles. Uma concorrência desleal, sem dúvida...

– A conjuntura econômica de recessão e inflação criadas a partir da política de Marcílio Marques Moreira, que não tinha outra saída, já que inexistia base política para um acordo que permitisse a execução de uma profunda reforma tributária e do ajuste fiscal imprescindível.

– A atuação feroz das forças arcaicas, seja das ligadas diretamente ao Estado – a burocracia das estatais, as Universidades, o funcionalismo público –, que identificaram nos planos de modernização uma ameaça a seus privilégios, seja de alguns setores do empresariado, atingidos pela abertura da economia em virtude de não terem condições de competitividade.

– O clima eleitoral, no qual os partidos são obrigados a entrar no jogo dos apelos emocionais e da radicalização verbal.

– Finalmente, para coroar tudo, o descontrole do próprio Collor nos dias que precederam a votação, descontrole muito compreensível mas nem por isto menos desastroso.

O pesadelo acabou. E como, em nossa breve passagem pela existência, somos todos aprendizes em toda sua duração, restou uma lição àqueles que podem aprendê-la: a razão é uma dura conquista da espécie. Mas jamais será definitiva. Na volta da esquina a barbárie pode estar à nossa espreita... E estará.

outubro/92

8 - Collor e família: Feliz 93!

Algum tempo antes de Fernando Collor de Mello surgir como candidato à presidência da República, comentei com alguém: "Na situação em que as coisas estão, qualquer um pode chegar a presidente. Até eu".

Não era uma previsão. Era uma simples observação. Confirmada duplamente pelos fatos, pois ao segundo turno chegaram *quaisquer dois:* um paulistano semianalfabeto (mas inteligente; afinal, ao contrário do que pensa uma tola petista e construtivista (?) de Porto Alegre, *inteligência* é genética, *formação* é que não é) e um alagoano aventureiro, jovem, bem apessoado e bastante bem formado. No entanto, a coisa era ainda mais grave. Desbancando grandes e antigas lideranças políticas nacionais, como Ulysses Guimarães, Leonel Brizola, Mário Covas e outros, o primeiro dos *quaisquer dois* ampliara tanto sua base de apoio que não representava mais ninguém, enquanto o segundo sempre representara apenas a si próprio – além de segmentos definidos que o viam como negação do primeiro.

Enfim, um desastre. Também duplo, aliás, se considerada a importância do país – uma das grandes potências industriais do planeta – e o poder imperial de um presidente no monstrengo frankensteiniano que é a Constituição de 1988.

Loucura e método

Uma loucura, sim! Mas, como diz Polônio a respeito de Hamlet, que método! Num país que em vinte anos passara da Idade Média – em algumas regiões, até da Idade da Pedra – à era da segunda e da terceira revolução industrial, tudo podia acontecer. Inclusive um peão da indústria automobilística disputar a presidência da República com um típico representante da *jeunesse dorée* das arcaicas oligarquias nordestinas...

Uma loucura, sim! Mas que método! A primeira eleição direta para presidente em quase trinta anos tornara-se uma disputa entre marginais, cultural e historicamente falando. E desta vez foi a elite – e não o povo, como na proclamação da República – que assistiu a tudo bestificada... Bem que Roberto Marinho tentou usar seu poder a favor daquele que ele julgava ser o candidato mais adequado e razoável e apostou inicialmente suas fichas em Mário Covas. Com efeito, o PSDB era e é a racionalidade, a previsibilidade. Em vão. O país era tudo, menos racional e previsível, e à Globo, com Lula e Brizola do outro lado da trincheira, não restou outra saída que não a de apoiar Collor. Era apenas uma questão de sobrevivência. Tanto que agora Roberto Marinho já pesca em outras águas, inclusive petistas. Quanto a Lula, depois de muita champanhe em Paris, mostra-se bem mais cordato. Afinal, ele pode ser um semi-analfabeto mas não é nada burro e sabe que Brasília vale bem uma missa... Naturalmente, os milhares de correligionários seus à espera de cargos federais também pensam assim. Ah, que belo espetáculo é a natureza humana!...

Isolamento e vingança

E Fernando Collor de Mello? Ele chegou lá e agora está se despedindo. A pergunta é inevitável: como foi que tudo isto aconteceu?

Muito já se escreveu sobre o assunto. Todavia, no momento em que o episódio, ao que tudo indica, se transforma definitivamente em passado, não é de tudo inoportuno, como balanço de fim de ano, repisar alguns pontos fundamentais do *affaire*.

1 – O chamado Plano Collor, visto de um ângulo econômico -administrativo, era basicamente correto em suas linhas gerais. Seu fracasso foi resultante de componentes políticas, como a ausência de apoio no Congresso a partir de determinando momento e o voluntarismo personalista do próprio presidente, para quem o Brasil parecia ser Alagoas ou, pior, o cenário de um filme de Rambo ou Indiana Jones.

2 – O *impeachment* foi o coroamento do fracasso do plano e do isolamento político do presidente. Contudo, o principal responsável por este isolamento foi o próprio Collor, que, como disse Paulo Cesar Farias, ora gozando de merecidas férias na Espanha, primeiro quis governar com os integrantes da República das Alagoas, depois afastou os amigos e finalmente acabou ficando sozinho.

3 – Como se isto não bastasse, o presidente cometeu – entre outros de menor importância, como o chamado à *guerra das cores* – dois erros brutais. O primeiro, de natureza estratégica, foi o de tentar, temerariamente e operando a partir da presidência, montar um império de comunicações, visando, inclusive, a influir nas eleições de 94. Repetindo o que já foi dito aqui, nesta área se joga o jogo mais pesado do cassino do poder no Brasil atual e os grandes grupos da mídia não lhe perdoaram a concorrência desleal... Em consequência, as feras petistas que dominam as redações receberam sinal verde para saciar sua sede de vingança pelos milhares de cargos perdidos com a derrota de Lula...

O segundo erro de Collor, este de natureza tática, foi alijar o irmão das empresas da família. Poderia até fazê-lo, mas como uma das últimas etapas de seu plano. O *timing* de ação foi desastrado.

Collor, um injustiçado

Muito tempo antes, porém, o presidente já vinha enfrentando as forças arcaicas de outros adversários poderosos.

De um lado, a grande burocracia estatal – ali incluídas as Universidades federais –, temerosa de perder, com a reforma do Estado, seus monstruosos privilégios. A ela somavam-se cartéis econômico-sindicais, como certos setores da indústria e trabalhadores dos portos, também receosos de verem transformar-se em pó os nichos em que operam a salvo de qualquer concorrência, interna ou externa.

De outro – e não é por nada que sobre isto quase ninguém fala –, a elite política sentia-se constrangida e incomodada com o presidente, que, por inexperiência e ambição desmedida, ia com sede demais ao pote, expondo assim publicamente os mecanismos que sempre comandaram as engrenagens do poder político-econômico no Brasil. E isto não se faz!...

Urgia, pois, interromper a marcha deste processo e fazer com que tudo voltasse à *normalidade*. E a melhor forma de resolver o incômodo problema era livrar-se do presidente, liquidando seu mandato. Ainda mais que o PT aí estava, totalmente disposto a prestar ajuda, não desinteressada, é claro, mas de inestimável utilidade dadas as circunstâncias. Depois, a história seria outra...

Não é, portanto, mero jogo de cena quando Collor esperneia e se considera injustiçado. É a pura e cristalina verdade. E é por isto que toda a movimentação em torno do *impeachment* soa em falso e como farsa. Ou será que Orestes Quércia e os outros pensam diferente?

Feliz 93!

Por tais considerandos e por jamais ter sido ameaçado pela concorrência desleal do presidente – já que, por enquanto, ainda não fazemos parte dos grandes grupos de mídia do país... –, o *Jornal do Sul* tem a absoluta liberdade e a necessária elegância para desejar ao presidente e à sua família um *Feliz 1993*, sem as atribulações do ano que passou. É tempo de meditar e de perceber que todo poder tem seu preço. É tempo também de ler o *Eclesiastes: Vaidade das vaidades, tudo é vaidade!* Ou, na tradução dos irmãos Campos: *Névoa de névoas, fumo de fumo...*

Eu sei que a Rosane Collor não vai entender. Mas que culpa tenho eu se o lumpesinato intelectual petista de Porto Alegre tem concorrentes em Brasília?... Quer dizer, agora, talvez, em Paris...

fevereiro/93

9 - O PT salvará o Brasil?

Ao narrar as atividades de Cleon, em *A guerra do Peloponeso*, o grande clássico da tradição historiográfica do Ocidente, Tucídides é o primeiro a descrever com minúcias e analisar em profundidade a visão política e os métodos de ação de um demagogo. Resumidamente, na sutil e insuperável exposição do historiador grego, Cleon usa a desinformação e a emoção da massa ateniense no intuito de alcançar, para si e para os seus, prestígio e o poder.

Em termos mais explícitos, as armas do grande demagogo do século V. a.C. são a mentira como método e a irracionalidade como campo de ação. Por isto, tendo como alavanca o brilho de sua palavra, ele triunfa nos momentos de crise e nas reuniões plenárias da ágora ateniense. E assim elabora uma estratégia para a derrota. Mas que importa? Na sua fria e implacável objetividade de historiador, Tucídides expõe, não julga. E diz: assim é a natureza humana. O que se constitui, por óbvia inferência, no mais contundente, definitivo e implacável dos julgamentos, sim, mas pronunciado pelos fatos e não por ele, o historiador.

Racionalidade e irracionalidade

Assim é a natureza humana, e a irracionalidade e a manipulação – se não diretamente a mentira – são componentes inseparáveis da atividade política.

A partir desta observação não seria de todo desinteressante propor uma análise do processo político brasileiro das últimas quatro décadas como um movimento, ora composto, ora pendular, de racionalidade e irracionalidade. Nesta perspectiva, a década de 50 é claramente segmentada em dois momentos. No primeiro, Getúlio Vargas tenta manter sob controle a quase sempre explosiva mistura de projetos a longo prazo com manipulação das massas, usadas como alavanca. A tentativa tem um epílogo dramático, marcado de parte a parte pela histeria coletiva. No rescaldo da crise, a racionalidade do projeto juscelinista ocupa rapidamente o espaço e se equilibra fragilmente sobre um cenário político instável mas sob relativo controle.

O interregno castrense

A seguir, pendularmente, a primeira metade da década de 60 se apresenta claramente como um período em que dominam soberanas a demagogia, a ausência de uma visão de longo prazo, a agitação e a confusão. As quais desembocam na intervenção militar, quando um novo projeto é posto lentamente em marcha, transformando-se, em seu auge, numa espécie de estalinismo às avessas, que, dando sequência à época juscelinista, transformaria o país em uma das grandes potências industriais do planeta. O interregno castrense acaba cerca de duas décadas depois, em meio à emoção desatada das manifestações multitudinárias, tendo como coroamento o sonho funarista da solução mágica e da estabilização indolor.

Transformado em pesadelo, o sonho é substituído pela racionalidade pedestre, mas inevitável, do feijão-com-arroz mailsoniano. Mas a irracionalidade não perdia por esperar. Rapidamente, o palco político é ocupado por novas figuras messiânicas que catalisam a emoção e alimentam o sectarismo das massas, coisa fácil, aliás, numa época marcada por uma inflação que não chegou muito distante dos 100 por cento ao mês...

O Plano Collor, mau grado as aparências e a atmosfera em que foi gerado, continha em si – mesmo que de forma discutível em alguns pontos – um projeto racional e coerente de ação a curto e longo prazo. Até mesmo o sequestro dos ativos financeiros era uma medida justificável diante da situação caótica da economia e da inflação galopante.

Fracasso e impasse

O fracasso do projeto, fracasso resultante da conjunção de razões da mais variada natureza, levou a um impasse, administrado durante algum tempo pelo ministro Marcílio Marques Moreira, um Mailson da Nóbrega com *pedigree*... Agora, diante do afastamento definitivo do presidente, abre-se um buraco negro de imprevisíveis alternativas e consequências. Se prevalecer a tendência do movimento pendular acima levantada, marcha-se novamente para um período em que a demagogia e o populismo – enfim, a irracionalidade – se imporão, resultando em novo desastre. Tudo pode acontecer. Mas, de minha parte, desejaria que, pendularmente, o desastre fosse seguido de uma vitória de Lula para a presidência, no sistema presidencialista atual. O que obrigaria o PT, por simples necessidade de sobrevivência, a transformar-se num gestor eficiente do capitalismo brasileiro.

Não seria fantástico? É meu sonho... Sem brincadeira, quem sabe não fosse então o momento de as classes dirigentes brasileiras elaborarem um coerente projeto nacional, obviamente na linha social-democrata, para reverter o aterrador quadro social de miséria e marginalização que marca hoje as grandes cidades? Afinal, na presidência, o PT seria obrigado a discutir a questão a sério. É por isto que alguns petistas mais espertos já estão achando a batata quente e grande demais...

dezembro/92

10 - Depois de Collor: o muro é do PT!

Deixados para trás os dias negros que precederam o *impeachment* de Collor e já tendo assumido o presidente interino com seu novo ministério, o termômetro da histeria nacional caiu abruptamente mas o clima de incerteza continua o mesmo.

Nem poderia deixar de ser diferente. As profundas mudanças econômicas, sociais e culturais ocorridas no país nos últimos vinte anos ainda não se refletiram no plano político de maneira completa, a tal ponto que a própria Constituição de 88 já está ultrapassada em vários pontos. E para que isto aconteça será preciso muito tempo. Neste contexto, o afastamento de Collor certamente será visto em breve como um episódio não diferente de tantos outros dos últimos anos, como a morte de Tancredo, o Plano Cruzado, a eleição do próprio Collor etc.

Aliás, mesmo que se considere como definitivo o afastamento, é impossível fazer qualquer previsão sobre o que acontecerá nos próximos meses. No entanto, já é possível afirmar que a crise que desembocou no *impeachment* teve duas consequências de fundamental importância. A primeira delas é o evidente caráter de transição que marca o governo de Itamar Franco. A segunda é a posição assumida pelo Partido dos Trabalhadores, que optou por subir no muro e ficar na posição de espectador dos acontecimentos.

Um governo de transição

Seja por sua origem, que traz a marca das forças políticas heterogêneas que representa, seja pelos próprios titulares – estranhos até mesmo em seus sobrenomes... –, o novo ministério se apresenta como parte de um governo de transição. Mais do que isto, vários fatores, entre os quais a própria personalidade do presidente interino, indicam que o *impeachment* de Collor resultou em um parlamentarismo branco, com o Congresso governando efetivamente através de acordos, numa espécie de frente nacional. Sim, um governo de transição. Mas transição para onde?

Aí é que está o problema. Parece existir o consenso entre muitos parlamentares de que o afastamento de Collor significou, também e principalmente, o fim do presidencialismo imperial aprovado na Constituinte de 88, com o apoio do PT e do PDT ao fisiologismo continuísta de Sarney. Mais do que isto, muitos acreditam que, com alguns anos de atraso, se procederá a uma profunda reforma político-eleitoral, com o estabelecimento do voto distrital misto, do voto na legenda, da fidelidade partidária etc. Além do sistema parlamentarista de governo, é óbvio.

Como se sabe, a implantação destas medidas representariam uma verdadeira revolução institucional e seria a base da urgentemente necessária reorganização econômica, social e administrativa do país. A resistência de muitos políticos é grande e só o tempo dirá se tais medidas se concretizarão. Mas uma coisa é certa: se de fato elas se tornarem realidade, o afastamento de Collor será visto como um acontecimento menor, quase sem importância, no processo de modernização da sociedade brasileira. Ou seja, de adequação de sua superestrutura política e administrativa ao país real que nasceu das violentas e intempestivas mudanças ocorridas nos últimos vinte anos.

O PT ficou no muro

O segundo fato político importante que nasceu da crise encerrada com o *impeachment* foi a recusa do Partido dos Trabalhadores em participar do novo governo.

Depois de ter atuado como uma das duas peças fundamentais – a outra foi a grande imprensa – da verdadeira batalha que levou ao afastamento de Collor, o PT, como diriam seus adversários, furtou-se ao dever de assumir suas responsabilidades perante a Nação e preferiu subir no muro, ocupando a confortável posição de espectador.

A decisão não é surpreendente mas abre um flanco perigoso, que, se bem explorado, pode ter várias consequências para o partido já nas próximas semanas, quando se realizar o segundo turno das eleições municipais em São Paulo e outras grandes cidades do país. Afinal, pode-se perguntar, o que é mesmo que o PT quer? Assistir de camarote ao desastre do governo de Itamar Franco para depois apresentar-se como salvador da pátria? Neste caso, ficam evidentes sua irresponsabilidade e seu oportunismo, fazendo com que não mais se diferencie dos outros partidos, os quais, segundo as acusações do próprio PT, assim agem só para chegar ao poder... Mas e se o governo de Itamar Franco for bem-sucedido, ainda que relativamente? Nesta hipótese, além de ser qualificado de oportunista e irresponsável, o PT corre o risco de regredir a uma posição de sectarismo, da qual parecia ter evoluído nos últimos tempos. Como consequência disto, poderá surgir um amplo espaço para a ação e a arregimentação políticas de outros partidos situados à esquerda no espectro ideológico. Como é o caso evidente do PSDB.

A decisão do PT não deve ter sido fácil. Mas é compreensível, já que, como disse recentemente Octavio Ianni, o partido hoje não sabe nem o que é nem o que quer, principalmente depois da derrocada do chamado *socialismo real*, que na ex-Iugoslávia regrediu à pura e simples barbárie.

Em política, o tempo é que se encarrega de resolver questões controversas. Mas não deixa de ser engraçado que o PT, entre a cruz e a caldeirinha, tenha resolvido subir rapidamente no muro que antes, segundo diziam os próprios petistas e todos os adversários da social-democracia, era ocupado pelo PSDB... Pois é, a política não é apenas dinâmica, como se afirma. Ela pode também ser surpreendente e irônica...

outubro/92

11 - Filosofia no táxi

Foi na terça-feira da semana passada. À tarde, o Senado pusera fim, definitivamente, ao mandato do presidente Fernando Collor de Mello. À noite, a serviço do *Jornal do Sul*, tomei um táxi. Como sempre acontece nestas ocasiões, o motorista puxou conversa. O assunto era inevitável.

O que me impressionou foi o fato de o taxista ter compreendido mais ou menos corretamente o que tinha acontecido. Para ele, tudo bem, Collor tinha roubado e devia ser posto para fora. Mas e os outros? Decerto ia ficar tudo na mesma. E por que isto? Aí o taxista deu uma explicação surpreendente: a imprensa criara um Frankenstein e tivera que destruí-lo porque o monstro tinha escapado ao seu controle. O raciocínio pode não ter urna exatidão matemática mas é de uma intuição que deve fazer inveja às ruminações do lumpesinato intelectual petista de Porto Alegre.

Aliás, eu ia falar de novo sobre como certos grupos petistas subestimam a capacidade de boa parcela da população de perceber suas táticas populistas para chegar ao poder. E de ver como seus vários grupos se entredevoram na luta por cargos. Com razão, afinal são empregos bons e muitos apenas agora estão conseguindo seu primeiro contracheque. Com a vantagem de ser público... Nada contra, aliás, mas não nos queiram fazer crer que a natureza humana transformou-se, de 1978 para cá, a partir de um processo mutagênico iniciado no ABC paulista...

Vã filosofia

Eu ia falar sobre isto mas desta vez eles escaparam na ladainha. É que surgiu coisa muito melhor. Pois na manhã seguinte abro a *Folha de São Paulo* e lá estava, na página 3, um longo artigo do professor José Artur Gianotti, que assaz aprecia ser chamado de filósofo. E o que ele diz é bestificante.

Primeiro, o filósofo confessa, cândidamente, não ter atendido por que Collor resistira até o fim. Tal afirmação – de uma ingenuidade inacreditável – bastaria para lançar a desconfiança sobre qualquer uma de suas descobertas filosóficas... Contudo, o filósofo vai além e afirma ter finalmente tido um lampejo que o fizera tudo compreender: Collor resistira porque ele é parte da elite perversa do país, elite que busca ter o poder a qualquer custo e nele permanecer até quando for possível... E o silogismo não pára por aí! Esta elite perversa foi criada pelo regime militar de 1964. Neste ano fatídico está a origem de todo o mal... A prova disso? Ei-la: hoje, se Gil Gomes, Escadinha, Telê Santana e PC Farias se candidatassem, seriam eleitos na certa...

Espantoso e desanimador

Eis aí um raciocínio ao mesmo tempo espantoso e desanimador.

Espantoso pela ingenuidade. Afinal, depois do desastre, a única alternativa de Collor era resistir até o fim. Qualquer iniciante em política sabe disso. Espantoso também pela limitação histórica. Os militares não foram os responsáveis pela criação de uma elite perversa – seja lá o que o filósofo entender por tal expressão – mas pelas profundas transformações que subverteram o país e todas as suas instituições. Collor – como Lula seria, caso tivesse ganho – foi produto da defasagem entre o país real e seu sistema político-eleitoral arcaico. E que as tais elites perversas não queiram mudar o quadro é compreensível. Estão apenas defendendo seus interesses. E que elas – ou quaisquer outras – queiram ficar no poder, é apenas a ordem natural das coisas, tanto que, para continuarem, defenestraram rapidamente o incômodo morador do Planalto. Mas que um filósofo não veja tudo isto e, pior, se confesse ingenuamente surpreso, é desanimador.

Sim, desanimador, porque se os que se consideram a elite intelectual do país pensam assim, que será dos outros? Um momento: seria menos elitista terminar dizendo que, diante do exposto, fica evidente que o meu taxista teria sido um excelente filósofo. E talvez o filósofo tivesse se tornado apenas um medíocre taxista... Perdão, leitores...

janeiro/93

Inflação (e o PT)

1 - Inflação: o monstro devorador

Antigamente – e não faz tanto tempo assim! –, quando o Brasil era ainda um país quase totalmente agrícola e os jornais nem tinham noticiário econômico, o nome do monstro era *carestia*. Quer dizer, tudo era caro, as pessoas tornavam-se miseráveis, passavam fome etc. Hoje o monstro se chama *inflação*, que vem do verbo latino *inflare:* crescer, aumentar, encher (de vento). O nome mudou. Mas só o nome, porque o fenômeno que ele identifica é o mesmo, sem qualquer diferença em relação a outras épocas. Mas o que é carestia ou inflação?

Este é um assunto tão amplo que sobre ele já foram escritos milhares de artigos, ensaios, teses e livros. E foram feitos outros tantos discursos, manifestos, comícios etc. Sempre contra, evidentemente, apesar de existirem muitos que são a favor dela. É que estes preferem ficar quietos, já que estão ganhando enquanto o monstro vai devorando os demais. Por insistência de um ou dois leitores e em estilo tão simples que até o lumpesinato intelectual petista de Porto Alegre entenderá, apresentarei a seguir as principais características do fenômeno inflacionário. A quem interessar possa, admito não ter aprendido tudo isso no meu curso de Economia da UFRGS – se bem que me tenha ajudado muito – mas lendo textos clássicos a respeito do assunto, entre os quais o de Keynes, e principalmente observando e analisando o mundo, inclusive a mim próprio.

O que é inflação?

Para os economistas, inflação é a perda do poder de compra da moeda provocada pelo aumento do volume físico desta sem a contrapartida do aumento da oferta de bem no mercado.

Verdadeiro? Sim. Simples? Nem tanto. Deixemos, portanto, a terminologia dos economistas para outra ocasião e fiquemos com uma definição mais popular: inflação ou carestia é o aumento do preço das coisas que temos que comprar sem que aumente na mesma proporção o dinheiro que recebemos para comprá-las. Em outras palavras, há inflação quando, recebendo o mesmo salário ou rendimento da semana, do mês ou do ano anterior, não podemos comprar o que antes comprávamos.

Por que há inflação?

Os economistas sérios e competentes dizem que a inflação é o resultado de um conflito distributivo dentro da sociedade. Sim, é verdade, mas a afirmação não é de todo satisfatória nem completamente clara.

Digamos, então, que a inflação é uma guerra de todos contra todos. Nesta guerra, o dinheiro é o objetivo a conquistar e também a arma usada para lutar. Por quê? Pelo simples fato de que é com dinheiro que compramos os bens ou as coisas de que necessitamos. É por isto que nos processos inflacionários agudos os agricultores são os únicos que ficam completamente a salvo, já que produzem muita coisa sem precisar diretamente do dinheiro, pelo menos a curto prazo (e os processos inflacionários violentos são rápidos). Por exemplo, a vaca não sabe o que é inflação e, portanto, não aumenta o preço do leite que dá. No mesmo caso está a galinha, que não cobra mais pelo ovo que bota etc.

Quem ganha com a inflação?

Num processo inflacionário mais ou menos estável – isto é, que não chega a explodir, o que aconteceu pouco antes de Collor ocupar a presidência – ganham aqueles que têm dinheiro sobrando e aqueles que vendem produtos podendo cobrar por eles quanto julgam que eles valem.

Na verdade, quem tem dinheiro sobrando é quem mais ganha com uma inflação como a brasileira. Hoje, por exemplo, quem tem 20.000.000,00 de cruzeiros consegue aplicar a 31% ao mês, o que significa pelo menos 4% a mais do que a provável inflação deste mês. Portanto, daqui a um mês este aplicador terá ganho Cr$ 800.000,00 sem fazer nada! Além, é óbvio, de poder comprar, na média, todos os produtos que ele podia comprar trinta dias antes! O que mostra porque, mais cedo ou mais tarde, uma situação deste tipo tende a explodir, como aconteceu ao final do governo Sarney.

Quem perde com a inflação?

Os que perdem com a inflação são os que se obrigam a vender seu trabalho para viver, em particular aqueles que, vendendo seu trabalho, só ganham o suficiente para sobreviver (nem se fala dos outros!). Em resumo, quem mais perde com a inflação são aqueles para quem não sobra dinheiro para aplicar no sistema financeiro, pois, além de não ganharem – no exemplo citado – os Cr$ 800.000,00 acima da inflação do mês, ainda perdem mais, já que, sendo pouco seu dinheiro, não podem aplicá-lo e ele fica se desvalorizando no bolso – ou na conta corrente dos bancos.

Por isto, como dizem todos os que entendem do assunto, a inflação é o imposto mais perverso e injusto que recai sobre os mais pobres e os mais fracos. Por quê? Porque o processo inflacionário é o melhor e o maior mecanismo para concentrar o dinheiro nas mãos de quem já o tem e ainda tirar dos outros parte do pouco que têm. Quanto maior a inflação, portanto, maior a concentração de renda.

Pois é...

Se é assim, então no Brasil a concentração de renda e a pobreza aumentaram a partir do fim dos governos militares ou, em outros termos, a partir do início da chamada *Nova República*? Sim, e alguém tem dúvida quanto a isto? Pois não é preciso ser economista para convencer-se da verdade da afirmação. Basta olhar em torno ao andar pelas ruas de qualquer cidade do país. Em contrapartida, durante este mesmo período, muita gente enriqueceu, melhorou de vida ou, pelo menos, não piorou. Entre estes estão boa parte dos funcionários públicos federais, inclusive eu, que no último ano do governo Sarney foram beneficiados pelo verdadeiro saque feito ao erário público, que levou à inflação de quase 90% ao mês...

Mas isto é um absurdo! Quem ganha com a inflação são os bancos e os cartéis, dirão os adeptos da demagogia petista, alguns dos quais têm vergonha de confessar que também já aplicam dinheiro e ganham com a inflação, ou seja, à custa dos pobres... Absurdo, é? Nada é menos absurdo e nada é mais verdadeiro! É por isto que as corporações estatais e os funcionários públicos federais e até municipais – o caso de alguns grupos do funcionalismo estadual é exceção – representam verdadeiras ilhas de tranquilidade, quando não de prosperidade, no meio do desastre geral e da miséria crescente.

Mas, voltando atrás, por que a inflação não acaba? Como é que no Chile, na Argentina e na Bolívia ela acabou ou caiu drasticamente? Quem impede que isto aconteça?

É o que veremos em próximo artigo.

janeiro/93

2 - Inflação: por que não acaba?

Condicionadas – que ironia! – à lei da oferta e da procura, as obras de Vladimir Ilitch Ulyanov, mais conhecido como Lênine, são hoje vendidas nos sebos por quilo ou por metro. E a preços de banana, sem forçar a expressão. O que é compreensível, mas não deixa de ser, em parte, uma grande injustiça. Pelo menos se levarmos em conta algumas de suas afirmações, tão famosas quanto pertinentes.

Uma delas se refere, exatamente, à inflação. Disse Lênine que este fenômeno exerce ação tão deletéria sobre a sociedade e suas instituições que seu poder de subversão é infinitamente superior ao de qualquer grupo revolucionário. Lênine referia-se, bem entendido, às sociedades capitalistas da Europa Ocidental de seu tempo. E tinha razão, segundo várias vezes foi comprovado.

Se, como já percebera Lênine e como foi visto no artigo anterior, a inflação tem consequências semelhantes às de uma guerra civil; se, como também foi visto, esta guerra leva à desagregação da sociedade; e se, finalmente, as maiores vítimas deste conflito são os pobres, por que, então, o governo, as autoridades, o Estado ou seja lá como se quiser chamá-los, não tomam medidas drásticas para acabar com este flagelo?

Exemplo

Para poder entender isto é preciso fazer um longo raciocínio. Comecemos com um exemplo, daqueles tão simplórios que até os lúmpen-intelectuais do PT de Porto Alegre podem entender.

Tomemos, portanto, aquele velho caso de um pai ou mãe de família que tenha casa e filhos para sustentar. Suponhamos – e esta situação é muito comum – que, ou por ter-se reduzido o dinheiro que entra ou por terem aumentado os gastos, a partir de determinado momento este pai ou esta mãe não tenham mais recursos suficientes para pagar suas contas. Como, por suposto, não é possível fabricar dinheiro, uma situação destas só pode ser enfrentada de duas maneiras: reduzindo os gastos ou pedindo dinheiro emprestado. Uma terceira alternativa seria vender bens que a família por acaso possuísse. Esta última alternativa, porém, não muda em nada a natureza da situação, pois ou se reduzem os gastos ou a família começa a empobrecer, seja vendendo os bens, seja pagando juros pelos empréstimos. Pois neste último caso, além dos gastos correntes, terá ainda que arcar com o desembolso dos juros.

Foi sempre assim e assim sempre será, não sendo raros os exemplos de famílias muito ricas reduzidas à miséria pelo descompasso entre os rendimentos e os gastos.

Semelhantes

Um país, uma sociedade, um governo, guardadas as proporções, é a mesma coisa, não existindo diferenças substanciais. A não ser uma: aquela de fabricar dinheiro, já que, se uma família não pode, o governo pode, pois tem a Casa da Moeda. É aí que a coisa se complica. Ou, sob outro aspecto, se torna deveras interessante para explicar por que existe inflação.

Imaginemos – no Brasil nem é preciso imaginar coisa alguma! – que um governo tenha gastos superiores às receitas, ou seja, ao dinheiro que ele arrecada através de impostos, contribuições etc. Quais seriam suas alternativas diante de uma situação como a exposta antes? No exemplo da família, vimos que, a rigor, ela só tinha duas: reduzir os gastos ou pedir dinheiro emprestado. Um governo tem também estas duas. Mas tem ainda outras duas: recolher mais dinheiro aumentando os impostos e contribuições ou, simplesmente, mandar fazer mais dinheiro na Casa da Moeda.

Fácil, não?

Não, não é tão fácil. Se decidir recolher mais dinheiro dos contribuintes, estes podem não aceitar. E geralmente não aceitam. Se mandar fabricar mais dinheiro na Casa da Moeda, em pouco tempo este não valerá mais nada, porque a inflação será violenta (conforme vimos no artigo anterior, se aumenta o dinheiro em circulação e não aumenta a produção, o resultado é uma rápida alta dos preços, o que significa inflação).

Empurrando com a barriga

Se, portanto, o governo não reduz seus gastos e não pode nem recolher mais dinheiro (aumentando impostos etc.), nem mandar fabricar mais (na Casa da Moeda), o que é que resta fazer?

Fácil de adivinhar: pedir dinheiro emprestado a quem tem. E quem tem? Aqueles que ganham tanto que podem viver e ainda sobrar determinadas quantias. Há, porém, um pequeno problema: os que têm dinheiro sobrando só emprestam ao governo se, ao final do período de empréstimo, eles puderem comprar mais bens do que no momento em que o emprestaram. Em outros termos, se eles tiverem vantagem. Claro, pois, caso contrário, eles vão comprar os bens imediatamente e não emprestar o dinheiro ao governo. Ora, dirá um leitor mais esperto, isto significa que, ao fim e ao cabo, o governo será obrigado a mandar a Casa da Moeda fabricar mais dinheiro, considerando que ele terá que pagar, aos que lhe emprestaram, uma taxa de juros superior à inflação, como foi explicado no artigo anterior.

Perfeito! É exatamente isto que acontece, só *que esta fabricação de dinheiro poderá ser lenta*, o que faz com que os preços subam devagar e não de uma hora para outra. É como se, atacada pelo monstro da inflação, a sociedade o fosse empurrando com a barriga. O monstro, de fato, pelo menos durante algum tempo, vai se afastando lentamente. E no caminho vai devorando pobres e menos pobres.

Por que a inflação não acaba?

Um segundo leitor ainda mais esperto talvez chegue, a esta altura, à conclusão de que, pelo exposto acima, só resta uma alternativa verdadeiramente capaz de acabar com a inflação: o governo reduzir seus gastos para não ter que pedir dinheiro emprestado. Se isto fosse feito, os juros baixariam, a inflação se reduziria, as pessoas com dinheiro o investiriam na produção e não na especulação etc. Sim, deixando à parte um aumento brutal de impostos (que aumentaria ainda mais a inflação, pois quem paga tudo, no final, é o consumidor), esta é a única saída para interromper o desastroso processo inflacionário que leva à ou mantém na miséria milhões de brasileiros enquanto preserva ou enriquece as minorias privilegiadas.

Se é assim, então por que o governo não faz isto? Sabem por quê? Porque ele próprio, o governo, e os petistas não querem. E por que não querem?

É o que veremos no próximo artigo.

janeiro/93

3 - Inflação: governo é culpado

O governo e os petistas não querem que a inflação caia. Antes de explicar esta, aparentemente, paradoxal afirmação, farei duas observações, depois do que encerrarei a série de três artigos didáticos sobre o fenômeno inflacionário.

1 – Um leitor do artigo da semana passada comentou que não foi bem explicada a operação em que o governo pede dinheiro emprestado às pessoas. Segundo ele, não é às pessoas mas aos bancos. É nisso que dá ser didático e ter leitores entre o lumpesinato intelectual petista de Porto Alegre...

Prezado leitor, os bancos são uma entidade mítica criada pela esquerda demagógica. Como seus integrantes nunca leram Marx – e muito menos Rudolf Hilferding – não sabem o que é capital financeiro. Este é o nome técnico da besta, da qual seus similares da pseudo-esquerda nunca ouviram falar. E onde está o capital financeiro? Na mão dos bancos? Não. Está na mão dos investidores, que são pessoas físicas (indivíduos) ou jurídicas (empresas ou instituições). Os bancos, que também são empresas ou instituições, fazem o papel de canais pelos quais circula o capital dos investidores. Tanto é que eles surgiram quando começaram a existir indivíduos, empresas e instituições que dispunham de dinheiro. Qualquer manualzinho de história econômica ensina isso. Elementar, meu caro leitor!

Ah, um último dado, que deve alegrar os petistas: no Brasil, um dos grupos com maior poder financeiro são os fundos de pensões e aposentadorias dos empregados das estatais, fundos estes formados, em grande parte, com dinheiro do governo. Ou seja, dos contribuintes. Alguns destes fundos são hoje mais poderosos, como instituições, do que boa parte dos próprios bancos brasileiros! Interessante, não?!...

2 – Como se dizia antigamente, estes artigos sobre inflação *vieram a calhar*. O momento – a criação do IPMF – é tão oportuno que parecem ter sido planejados. Não é a primeira vez que isto me acontece na vida. Mas a verdade é que tudo foi mero acaso.

Então, vejamos. O governo estava precisando de dinheiro. Das quatro alternativas (fabricar dinheiro, pedir emprestado, aumentar impostos e reduzir gastos) qual foi a escolhida? A terceira, o que foi feito com o citado IPMF, ou Imposto Provisório sobre Movimentação

Financeira. Por que o governo fez isto? Por que se fabricasse mais dinheiro a inflação explodiria imediatamente e se pedisse emprestado ela também aumentaria, só que mais lentamente, o que, considerando seus níveis atuais, seria idêntico desastre, apenas que um pouco menor. Mas por que o governo não escolheu a alternativa de reduzir seus gastos?

Sim, e os gastos?

Eis como, sem ter planejado nada, o círculo fechouse de forma perfeita, permitindo encerrar de maneira brilhante, jornalisticamente falando, e oportuna esta série de artigos.

O governo não optou pela redução dos gastos porque ele próprio, governo, e os petistas não querem reduzi-los. A primeira destas afirmações é uma verdade cristalina e indiscutível. Quanto à segunda, também é verdadeira. E maldosa, poderia alguém reclamar, digamos que com certa razão. Analisemos, portanto, cada uma delas.

1 – O governo não quer reduzir seus gastos.

Sim. Tal atitude, porém, não procede da maldade do governo brasileiro mas da natureza intrínseca de qualquer governo. Que, por tendência natural, é sempre a favor do aumento de despesas. Porque isto quer dizer salários mais altos para seus funcionários, benefícios maiores, obras mais numerosas etc. Do que resulta, como é evidente, maior poder político, cuja materialização imediata é a popularidade, isto é, o beneplácito e o apoio do povo, da plebe, nem sempre ignara... O ponto de equilíbrio entre a tendência irresistível do governo a aumentar despesas e a resistência inevitável dos contribuintes a pagá-las é encontrado – e tem que ser, a alternativa sendo o caos – no jogo das forças políticas, jogo no qual o governo deve atuar como juiz.

Ocorre que no Brasil este ponto de equilíbrio foi perdido a partir do fim do regime militar. Pior do que isto, o governo não tem assumido o papel de juiz mas de participante de luta, principalmente em virtude do grande poder de pressão das corporações estatais, paradoxalmente criadas e/ou ampliadas pelo próprio regime militar. Por outra parte, a situação de vácuo político que marcou o último governo militar e, mais intensamente ainda, os governos civis que se seguiram levou ao inchamento monstruoso das máquinas burocráticas, não apenas na esfera federal como também na estadual e até mesmo na municipal.

A tal ponto que, apenas para dar um exemplo, mais de 90% do orçamento do Ministério de Educação estava comprometido, em determinado momento, com os gastos de pessoal. E não poderia ser diferente, pois enquanto na Europa e nos Estados Unidos a média de alunos por professor/funcionário nas universidades oscila entre 15 e 20, nas Universidades federais ela é de dois! Com informatização e tudo...

2 – Os petistas não querem a redução dos gastos. Sim. E se há maldade nesta afirmação, ela está apenas na forma e não no conteúdo. Porque, originariamente, não é o PT em si, como partido, que é contra a redução de gastos. Ocorre que o PT, hoje, não é apenas simpático aos interesses da burocracia e das grandes corporações estatais. Ele simplesmente foi tomado de assalto e está sendo totalmente canibalizado por elas.

Isto explica por que, em tempos mais recentes, o PT mandou às favas sua concepção sindical-obreirista inicial e assumiu uma feição nitidamente neopopulista – e demagógica. Este é um fenômeno político totalmente novo e ainda não analisado por ninguém. Fenômeno, aliás, que terá importantes desdobramentos nos próximos anos.

Concluindo...

A inflação é um fenômeno complexo e aqui foi analisada de forma didática e simplificada (esquecendo os fatores externos, por exemplo) mas não superficial. À guisa de conclusão, recapitulemos os principais elementos que definem a natureza do fenômeno inflacionário:

– a inflação é uma guerra pelo dinheiro e a arma usada nesta guerra é o próprio dinheiro;

– esta guerra é sempre vencida pelos que têm mais dinheiro e que, por isto, acumulam sempre mais dinheiro;

– a inflação é o imposto mais perverso e injusto que recai sobre os pobres, com a vantagem – para os que não são pobres – de ser um imposto praticamente invisível;

– na guerra inflacionária, o governo deve atuar como juiz; no Brasil, porém, ele tem atuado como um dos contendores;

– a inflação é um problema eminentemente político e, portanto, grave demais para ser entregue aos economistas;

– na atual conjuntura brasileira, o aumento de impostos pode levar à redução da inflação, desde, é claro, que os gastos do governo não aumentem na mesma proporção do aumento dos impostos; se aumentarem, o governo terá que continuar pedindo dinheiro emprestado, com o que a inflação continuará, os ricos ficarão mais ricos, os pobres mais pobres etc. etc. etc...

janeiro/93

4 - Os governos e a inflação

Nos três artigos de uma série encerrada na semana passada, analisamos didaticamente, ainda que de maneira sintética, a natureza do fenômeno inflacionário. E chegamos à conclusão de que o mesmo, independente dos aspectos técnicos que assume, é, em última instância, uma guerra pelo dinheiro. Guerra na qual estão empenhados os membros de uma sociedade numa luta ao estilo *todos contra todos*. Considerando, como foi visto, que este conflito, mais cedo ou mais tarde, tem que ser enfrentado sob pena de levar à destruição de todas as normas que regem a sociedade e à destruição dela própria, resta responder à questão levantada no primeiro dos três artigos da série: por que e que a inflação acabou em alguns países, como o Chile, por exemplo?

Isto implica, na verdade, analisar as formas como os governos enfrentam o fenômeno inflacionário. E as razões pelas quais escolhem tais ou quais métodos.

Gradualismo ou choque

Os economistas costumam dizer que há dois métodos para combater a inflação: *o gradualista* e o *de choque*.

O primeiro deles se caracteriza pela tomada de medidas adequadas que, ao longo de determinado tempo, levam à progressiva queda dos índices inflacionários. O segundo é o que, pelo menos em tese, liquida o fenômeno instantaneamente. Na aparência, pois, o problema seria muito simples, bastando o governo escolher o método e aplicá-lo. Contudo, por mais que o desejem os economistas, não é assim que as coisas se sucedem. E por quê?

Porque, de acordo com o exposto nos três artigos da série, por mais que assuma a feição de um fenômeno econômico-monetário, a inflação é de natureza essencialmente política. Isto significa que combatê-la e escolher os métodos adequados é também uma decisão política.

Falando claro

Trocando em miúdos esta lenga-lenga toda de economistas e políticos, o que ela quer dizer? Quer dizer o seguinte:

1 – Se, como foi assaz repetido, a inflação é uma guerra, ela precisa acabar mais cedo ou mais tarde, já que, como toda guerra, provoca destruição.

2 – Para que esta guerra acabe, as partes em luta, através de seus representantes, devem negociar as condições de paz.

3 – Sendo a inflação uma guerra de todos contra todos, é preciso um juiz ou árbitro que assuma o papel de mediador entre as partes e depois garanta o cumprimento dos acordos feitos.

4 – Quando uma guerra termina, há sempre ganhadores e perdedores, sendo necessário, portanto, também no caso da guerra inflacionária, estabelecer previamente quem ganha, quem perde, quanto ganha e quanto perde.

5 – Aí é que tudo se complica, pois a) – ninguém quer perder, só ganhar e b) – quem ganha quer ganhar o máximo possível e quem perde quer perder o mínimo possível.

6 – Neste momento entram em jogo, como decisivas, as condições políticas do governo. Em outros termos, a maior ou menor capacidade que ele possui para impor perdas a uns e garantir ganhos a outros.

7 – Um governo forte – ditatorial, por exemplo – pode escolher o método gradualístico de combate à inflação, já que tem condições de calar a boca dos que chiarem por serem perdedores no acordo que visa ao fim da guerra inflacionária. Foi o caso do Brasil durante o regime militar.

8 – Um governo fraco – num sistema democrático frágil – ou de pouca representatividade política preferirá sempre o método do choque, porque, por ser intempestivo, impede que a curto prazo os perdedores se reagrupem e comecem a solapar o acordo. Foi isto que aconteceu no Brasil duas ou três vezes desde o Plano Cruzado. E pode acontecer de novo.

9 – No entanto, o método de choque não tem poderes mágicos e a médio prazo sempre fracassa caso o governo continuar frágil e sem poder de coação. Neste caso, e os brasileiros já o viveram várias vezes, a guerra inflacionária recomeça, tendendo a se tomar sempre mais violenta que antes.

10 – O Chile, por exemplo, pôde acabar com a inflação e reorganizar sua economia porque, para o governo de Pinochet, impor as medidas necessárias para tanto era relativamente simples e fácil depois do banho de sangue e do terror dos anos 70. Foi um preço muito alto, sem dúvida, mas os resultados, sob o ângulo econômico-social, revelaram-se satisfatórios.

E então?

E então, tendo em vista o poder deletério do fenômeno inflacionário, duas coisas são inegáveis e inevitáveis:

– a manutenção de índices inflacionários elevados por longos períodos de tempo representa um verdadeiro desastre para qualquer sociedade, particularmente em virtude de seu grande e nefasto poder de concentrar a renda nas mãos os que já são ricos;

– o governo não pode permanecer inerte diante de uma situação semelhante, sob pena de ser tragado pelas decorrências do próprio fenômeno inflacionário (greves, agitação, descontentamento etc.).

Do que se conclui que, no prazo máximo de seis meses, com choque ou sem choque, o governo de Itamar Franco terá que tomar medidas drásticas. Até mesmo um novo sequestro – ou, pelo menos, o alongamento compulsório dos prazos de aplicação – dos ativos financeiros não pode ser descartado.

Não se trata de ser bom ou ruim. São fatos. E se Economia não é, nem nunca será, uma ciência exata, a verdade é que ela permite certo grau de previsão.

fevereiro/93

O PEDAGOGO DO PT

Variedades (e o PT)

1 - Terra devastada

O Brasil dos últimos anos é uma terra devastada em que mitos, instituições, ideias, personalidades e reputações converteram-se em cinzas, fumo e pó. A sensação é de um naufrágio geral: militares acuados, Igrejas desintegradas, políticos destruídos, intelectuais emudecidos, ilusões e utopias liquidadas. Um mundo que acabou. Mas não com um estrondo e sim com um gemido, como diz T. S. Elliot.

Patéticos, apatetados e inscientes de tudo, apenas alguns imbecis, agarrados aos destroços de seus pobres sonhos, tartamudeiam suas pretensas verdades, na esperança de sobreviver ao desastre. Em vão. A História não perdoa e suas vozes já não ressoam. Porque e como tudo isto aconteceu?

Fatores internos: um novo país

Três fenômenos fundamentais estão na origem desta paisagem lunar, desolada. De natureza endógena, dois deles geraram um novo país em pouco mais de duas décadas. Um terceiro, de natureza exógena, foi a eles acrescido, potencializando ainda mais a devastação.

Em primeiro lugar, internamente, o Brasil transformou-se em uma potência industrial caracterizada, integrada e dominada pelos meios de comunicação instantâneos e pelos transportes rápidos. Este processo, contudo, ao contrário do ocorrido na Europa e nos Estados Unidos, não significou a passagem de uma sociedade industrial tradicional, já madura, para outra de características contemporâneas. Não. Aqui houve um salto intempestivo e sem escalas de uma civilização preponderantemente agrária e em boa parte ágrafa para uma civilização em que dominam a indústria avançada e a imagem. Em outros termos, o caminho que na Europa exigiu cerca de três séculos e nos Estados Unidos pouco menos de um completou-se no Brasil em duas décadas e, em algumas regiões, em apenas alguns anos. Do arado de bois e da carroça às automotrizes e ao avião. Da tabuada ao computador. E das missões e procissões católicas aos desfiles de carnaval e às novelas de televisão. Resumidamente, da Idade Média à Idade Pós-Europeia!...

Em segundo lugar, neste mesmo período o país foi palco de outro processo cujas consequências políticas e sociais apenas agora começam a revelar sua face trágica e ao mesmo tempo assustadora: a alteração radical da distribuição geográfica da população, à qual somou-se um acelerado crescimento demográfico. De fato, no início dos anos 60 o Brasil contava com pouco mais de 70.000.000 de habitantes, dos quais 75% moravam no campo e 25% nas cidades. Hoje a relação é inversa e a população duplicou, estando próxima dos 160.000.000!

Fator externo: o fim da URSS

Ora, transformações de tal monta teriam que gerar, necessariamente, consequências proporcionais à sua magnitude. Contudo, como se apenas isto não bastasse para produzir infinitos cemitérios à merencória luz da Lua, como diriam os poetas parnasianos, Clio, a implacável deusa da História, fez com que sobre esta paisagem sepulcral se projetasse a sombra dos escombros do Império militar soviético nascido nos campos de batalha da II Guerra Mundial. E foi então que também os crentes da igreja marxista puseram-se a chorar sobre o campo-santo de suas perdidas ilusões.

O que serviu, pelo menos, para provar que *a minha* Igreja era de uma superioridade incontestável, pois durou quase dois mil anos, enquanto a outra não passou dos setenta... Bem, retórica e ironias à parte, como resultado destas bruscas e radicais mudanças perderam-se todos, ou quase todos, os referenciais e a sociedade brasileira entrou num período de generalizada e difusa anomia, para usar uma expressão dos sociólogos.

Vácuo político e cultural

Os militares, que ao longo da vida republicana haviam exercido periodicamente uma função tutelar, mostraram-se despreparados para os novos tempos e sem condições de recuperar sua influência, erodida pela pressão norte-americana e pelo fim da Guerra Fria. A classe política, confusa, dividida, ultrapassada e sem projeto coerente, desapareceu no vórtice das vertiginosas mudanças. A Igreja católica, abalada até os alicerces pela laicização resultante da urbanização acelerada e da influência dos meios de comunicação de massa, não conseguiu reciclar-se internamente para enfrentar de forma adequada os desafios dos novos tempos. E as elites intelectuais, marcadas indelevelmente – à direita e, principalmente à esquerda – pela colonização cultural, perderam o rumo e silenciaram. Ou, fixadas catatonicamente em seus próprios umbigos, escrevem coisas que ninguém lê nem entende e buscam nos títulos de *mestre* e *doutor* a compensação burocrático-financeira para sua ignorância e desimportância.

No ensino, lançaram-se ao lixo os velhos métodos da disciplina produtiva e do esforço sistemático, substituindo-os pelo facilitário de semianalfabetos e incompetentes cuja única utilidade é a de gerar tolos à sua imagem e semelhança. No que, aliás, têm demonstrado inegável e crescente eficiência... E assim por diante.

Terra devastada

Nesta terra devastada, neste final de milênio, não deve, pois, causar qualquer estranheza o fato de que muitos petistas façam de sua militância enlouquecida um substitutivo para o tratamento psiquiátrico, como escreveu C. A. Bissón. Pois para eles, ainda que para nós miragem, a bandeira estrelada a tremular na vastidão inóspita é réstia de esperança e fanal da última utopia.

Vã e inútil maldade seria tentar despertá-los de seus rubros sonhos para dizer-lhes que os graves problemas dos próximos séculos serão coisas prosaicas e sem charme como a devastação da natureza, o lixo urbano/industrial das sociedades afluentes e a explosão demográfica das periferias miseráveis.

Deixemo-los dormir e sonhar em paz! *E que coros de anjos cantem para seu repouso...*

dezembro/92

2 - O mito do ensino gratuito

Se a História – entendida como processo social – possui leis que determinam seu caminho, neste caso uma delas é a da inércia, que poderia ser enunciada como o horror ou a resistência às mudanças. Esta lei se materializa na permanência de estruturas, comportamentos, conceitos e ideias que, sobrevivendo para além do momento ou período de sua validade efetiva, tornam-se caducos ao se destacarem do real e flutuarem sobre o processo social, às vezes adquirindo nova função, não raro, paradoxalmente, até inversa àquela exercida em sua origem. Um exemplo muito interessante no Brasil contemporâneo é o conceito de *ensino público gratuito*, este insustentável mito pequeno-burguês da pseudo-esquerda brasileira.

Antes de entrar propriamente no assunto, é preciso fazer duas observações. A primeira delas é que a ideia do ensino público gratuito universal é uma exigência das sociedades urbano-industriais, não sendo, simplesmente, resultado da "bondade" de grupos sociais à esquerda nas sociedades capitalistas tradicionais ou do idealismo das lideranças que comandaram as revoluções modernas pós-1917. Muito mais do que isto, a ideia do ensino público gratuito universal é produto da demanda destas mesmas sociedades por mão de obra especializada e semiespecializada, tanto naquelas *de mercado* quanto nas *centralmente planificadas*. A segunda observação é que a expressão *ensino gratuito* é linguisticamente um paradoxo e efetivamente uma falsidade. O ensino, como qualquer outro bene-fício social ao qual não corresponda a contrapartida de seu custo, jamais é gratuito. Se não for pago pelo indivíduo ou pela família, ele o será pela sociedade como um todo. Como diz o velho brocardo, é do couro que saem as correias, o que, é claro, todos os privilegiados procuram esquecer.

Ascensão

À parte tais considerações preliminares, é evidente que o con-ceito de ensino público gratuito se consolida na sociedade brasileira a partir do processo de modernização deflagrado – valha a data pelo menos como símbolo – a partir da Revolução de 1930, quando passa a existir de fato um Estado nacional que assume as funções que dele julga serem próprias, entre as quais a do ensino. Mas o período verdadeiramente heroico e criador do conceito de *ensino público gratuito* é aquele que vai de meados da década de 1940 até iní-cios da de 1960, quando as classes médias urbanas, que embarcam no trem da modernização industrial, levantam esta bandeira como símbolo da liquidação definitiva das velhas estruturas oligárquicas e da consequente ampliação e democratização das oportunidades de ascensão social. Ascensão que, de um lado, enfrentava ainda as barreiras histórico-institucionais de uma elite ciosa de seus privi-légios mas que, de outro, tinha a seu favor as brechas crescentes abertas nos velhos mecanismos pelas rápidas transformações socio-econômicas e políticas no segundo pós-guerra. E foi assim que, ao lado dos tradicionais colégios para a elite, mantidos, via de regra, por sociedades e instituições religiosas, começaram a pipocar como cogumelos os colégios públicos, nos quais se destacou toda uma geração de professores que, talvez um pouco anedoticamente, se autoqualificavam de positivistas, anticlericais, maçons, comunistas etc. Professores que, em particular nos grandes centros urbanos do país, formaram gerações de estudantes que foram tomando de as-salto as vagas nas Universidades para, depois, fazerem brilhantes carreiras como profissionais liberais, administradores, políticos etc.

É visível e inegável, portanto, historicamente, a função progressista exercida no referido período por tais instituições públicas, fossem colégios, fossem as próprias Universidades.

Inversão

Ocorre, porém, que a História e as sociedades não marcham – o termo é bom! – segundo o piedoso desejo de alguns pedagogos nem de acordo com as pretensões de bem-intencionados políticos que se dizem de esquerda. Daí resultou que, em virtude das brutais transformações das duas últimas décadas – com a inserção veloz e sem retorno do país no espaço geopolítico e macroeconômico sob hegemonia norte-americana – o conceito de ensino público e gratuito tenha se transformado numa farsa e num simulacro de si mesmo. Com efeito, tal conceito transformou-se em instrumento do corporativismo docente para exigir aumentos salariais e vantagens funcionais, em argumento para defender indefensáveis privilégios em uma sociedade desigual ou, pior ainda, em chavão de nem sempre ingênuos políticos de partidos de esquerda que buscam votos fisiológicos entre almas bem nascidas e ainda mais bem nutridas. Porque, na verdade, temos hoje a total inversão do conceito de *ensino público e gratuito* como instrumento de democratização e de igualdade de oportunidades. Pois os ricos e todos os que possuam condições econômicas matriculam seus filhos em bons colégios particulares de 1º e 2º Graus, o que lhes garantirá aprovação nos concursos vestibulares das Universidades federais e estaduais gratuitas, enquanto os demais não têm outra alternativa que os colégios públicos, os quais, via de regra, garantem, no máximo, vagas nas instituições particulares de ensino superior. Pagas, por suposto. Quem negará isto? Quem negará que a defesa retórica do ensino público gratuito *indiscriminado* no 3º Grau está hoje, paradoxalmente, a serviço da manutenção e ampliação dos privilégios de uma elite socioeconômica que não abre os olhos – e com razão! – nem abdica da fantasia em meio a favelas nada imaginárias?

Diante disto, que fazer? Tentar girar para trás a roda da História, segundo a visão maniqueísta de quem faz da lamúria um *Ersatz* para a inação? Continuar defendendo, em nome de princípios teóricos totalmente inconsistentes diante dos fatos, o ensino gratuito indiscriminado nas Universidades públicas sob o argumento de que, quando o socialismo vier, estará sanada esta irritante disfunção da teoria correta diante da realidade renitente? (Entre parênteses: supõe-se que até a chegada do socialismo haverá um prazo de carência mínimo que dê tempo suficiente para os filhos dos defensores de tais teorias serem aprovados nos vestibulares das Universidades públicas...). Ou então rasgar o cenário desta farsa montada por aqueles que em nome de realidades passadas defendem demagogicamente privilégios presentes?

Que fazer? É difícil dizer. A roleta vai girar nos próximos anos. Façam seu jogo, senhores! Mas uma coisa é certa e indiscutível: a democratização da sociedade brasileira, no setor educacional, e a possível ampliação da igualdade de oportunidades passam hoje, necessariamente, pela real universalização do ensino gratuito e de bom nível nos 1º e 2º Graus. E nada, ou muito pouco, tem a ver com a Universidade. Porque a defesa do ensino gratuito indiscriminado de 1º e 2º Graus encontra seu argumento incontestável no fato de que ele pode e deve ser universal nas modernas sociedades urbano-industriais do presente, enquanto o ensino universitário ou superior nunca será para todos, aqui, na China, no Japão, na União Soviética, em Cuba ou em qualquer outro lugar. E nas condições brasileiras atuais, o ensino público gratuito *indiscriminado* (sublinhe-se este adjetivo várias vezes!) de 3º Grau não se justifica nem mesmo em teoria, quanto mais na prática. A não ser, é evidente, a partir de posições políticas e ideológicas elitistas e conservadoras.

Não sou eleitor de Brizola nem aprecio seu ziguezague ideofisiológico, mas não há dúvida de que os CIEPs, sejam ideia dele ou não, representam um dos projetos mais progressistas e avançados – além de necessários, como foi dito de início – já imaginados em toda a história da educação brasileira. Mesmo que não se deva esquecer o problema de seu custo – verdadeiramente monumental se se pretender sua universalização efetiva –, na área educacional é por aí o caminho de quem ou do partido que, com coerência, pretender se autoqualificar de avançado e democratizante socialmente. O resto, bem, o resto é a insuportável demagogia de sempre.

Homenagem...

Para terminar, não posso, em homenagem a alguns de meus alunos, deixar de repetir que, em termos estritamente pessoais, pelo simples fato de ter filhos bem alimentados, que estudam em bons colégios particulares, farão cursinhos pré-vestibulares e, se quiserem, certamente serão aprovados em alguma instituição federal de ensino superior, por este simples fato sou a favor do ensino público e gratuito indiscriminado no 3º Grau. Por quê? Porque assim, em vez de pagar seus estudos universitários, talvez possa, finalmente e lá de vez em quando, substituir os modestos *moscatos* e *rieslings* da Serra gaúcha pelos *grands crus classés* franceses. Que, para quem não sabe, são os insuperáveis tintos de Bordéus, que chegam ao mercado brasileiro por valores entre 100 e 300 dólares a garrafa... Mas não me venham dizer que esta é uma posição progressista ou de esquerda numa sociedade injusta e desigual como a nossa! Por favor, não, ofensa não!

Ou como dizia, sem qualquer ironia, uma colega minha, que possui dois carros na garagem: "Logo agora, Dacanal, você vem com estas ideias, logo agora que tenho dois filhos que vão fazer vestibular na Federal?..."

março/90

3 - O surfista do caos

Quando a rapidez das mudanças históricas – econômicas, sociais, políticas, tecnológicas e culturais – supera o ritmo vegetativo com que as gerações dos humanos se sucedem ao longo do tempo, várias coisas podem acontecer com os indivíduos.

Reagindo de acordo com suas características herdadas e/ou adquiridas, alguns, os mais fracos, tendem a se desintegrar, não resistindo à pressão das mudanças e chegando à anulação psicológica ou mesmo física. Outros, os mais aptos, superam os dilemas colocados pela velocidade das transformações e se adaptam camaleonicamente aos novos tempos, com isto adquirindo, não raro, privilegiada lucidez, tanto em relação à sua própria geração quanto às do passado e do presente. Outros, enfim – para mim os mais incompreensíveis –, se conservam rígidos e inabaláveis diante de tudo, parecendo não perceber nem, muito menos, compreender o que acontece à sua volta. E assim, estáticos, como se nada os atingisse, se transmutam eles próprios em relíquias vivas do passado morto.

A múmia

Ulysses Guimarães, desaparecido na semana passada em Angra dos Reis, era um representante típico deste último grupo.

Seu rosto ossudo e escalavrado e seus olhos fundos, quase cadavéricos, faziam dele, fisicamente, um monumento ambulante à ação implacável do tempo. Isto não o faria diferente de tantos outros anciãos com um *facies* mais ou menos semelhante, o que, aliás, lhe valera o apelido de *múmia*, com que muitos o brindavam nos momentos de baixa na gangorra do prestígio político e do poder. No entanto, Ulysses Guimarães, pela projeção adquirida na cena política nacional nas últimas três décadas, se alçara a símbolo do Brasil que nascera depois da Revolução de 30. Do Brasil das elites urbanas do Sul e do Sudeste em compromisso com as oligarquias decadentes do Norte e Nordeste. Do Brasil da Constituição de 1946. Do Brasil pré-industrial, quase agrário, do voto fraudado mas legítimo. Do Brasil de alma católica, das procissões de Corpus Christi e das missas dominicais. Do Brasil ainda anterior – que fantástico! – às revoluções estéticas do Cinema Novo e da Bossa Nova...

Enfim, Ulysses era o símbolo do Brasil anterior a tudo! Porque depois, em duas décadas, viera o dilúvio! E surgira o Brasil da guerrilha, da novela, da tortura, da miséria urbana, da Transamazônica, do *rock*, do fumo, da fome, da violência, de Frei Boff, dos desfiles e das orgias de carnaval ao vivo, de Trancredo, do Sarney, do cruzado, da Constituinte, de Lula e de Collor... E de Leandro e Leonardo e Xitãozinho e Xororó...

O surfista

E, surfando sobre o caos, o *dr. Ulysses* sobreviveu incólume a tudo! *Não tava nem aí*, não era com ele... De vez em quando submergia, mas, logo adiante, reaparecia na crista da onda, com sua cara de múmia, impávido...

Na semana passada, ele desapareceu para sempre. Não no caos de um mar simbólico ou em tempestades políticas mas nas águas tragicamente reais de Angra dos Reis. E com ele desapareceu tudo o que restava do Brasil antigo, do qual era o derradeiro sobrevivente. Há ainda Leonel Brizola, o caudilho de Carazinho. Mas este, apesar de também parecer inatingível pelas mudanças históricas, é de uma geração mais nova, mais moderna (!), aquela do sonho do Brasil industrial, sonho que, mal ou bem, transformou-se em realidade sob os governos militares. Neste sentido, Brizola é apenas o passado, enquanto Ulysses Guimarães era um monumento a ele. O que é bem diferente! E há algo de simbólico no fato de ter morrido exatamente no momento em que Collor era afastado. Ulysses Guimarães era uma espécie de âncora que mantinha o imaginário político nacional preso ao passado.

Agora acabou! Como Lord Jim, ele partiu para sempre, envolto na nuvem de seu mistério, impenetrável e incompreensível para sempre. As comportas da represa vão se abrir e os próximos anos serão muito interessantes. E surpreendentes. Mas, pensando bem, haverá algo mais surpreendente do que uma eleição presidencial em que, no final, se enfrentaram um semianalfabeto paulista e um aventureiro alagoano?... Eleição, aliás, da qual o *dr. Ulysses* participara obtendo insignificantes 3% dos votos...

Um país estranho, este, muito estranho, que nas últimas três décadas transformou-se em uma das maiores potências industriais do planeta. E, mais estranho ainda, sem que o *dr. Ulysses* movesse um músculo de seu rosto de múmia para dizer que tinha notado que algo, de fato, mudara... Ele era o autêntico surfista do caos...

outubro/92

4 - Ecologista tem que pastar!

Deve ter acontecido lá pelo início da década de 70. Eu trabalhava na editoria internacional do velho *Correio do Povo* mas metia meu bedelho em várias outras. Inclusive, mais tarde, quase cheguei a colaborar na página policial, mas nesta involuntariamente e apenas como assunto, quando perseguido por um pai furioso! Por lamentável equívoco, é evidente... Velhos tempos! Mas esta é outra história...

O fato é que um dia escrevi longo artigo sobre a tendência, então bastante visível, de os países altamente industrializados exportarem suas plantas poluentes para as nações da periferia, elidindo assim a pressão dos grupos de defesa da ecologia, que começavam a aparecer.

Entreguei o artigo ao Liberato Vieira da Cunha, editor do "Caderno de Domingo", salvo engano. Passaram-se uma semana, duas, três, um mês, e nada! O artigo não saía. Como não sou de torrar a paciência de ninguém, fiquei quieto. Não serviu, tudo bem, nada a reclamar, pois a iniciativa de escrever o artigo fora minha, exclusivamente.

Surpresa!

Eis senão quando, surpresa!, mais de meio ano depois, aparece o artigo com grande destaque. Para encurtar o assunto: naquele meio tempo a então chamada Borregaard passara a funcionar a todo vapor e num dia de ventos particularmente azíagos sua nauseabunda fumaça descera compacta sobre o Aras do Arado, em Belém Novo, fazendo os cavalos do *velho* Breno Caldas vomitarem. Ele então se lembrara do artigo daquele "menino meio comunista" que encalhara, o artigo, em sua mesa...

Aliás, por uma questão de justiça, é preciso fazer aqui um registro. O primeiro a escrever sobre problemas ecológicos no *Correio do Povo* e no Rio Grande do Sul foi Renato Gianuca, hoje na *Zero Hora*. Creio mesmo que ele foi dos primeiros, se não o primeiro, em todo o Brasil. Por incrível que possa parecer, na época *ecologia* era uma palavra estranha e desconhecida e Gianuca, a partir de determinado momento, teve seus textos vetados. "Deve ser coisa de comunista" – dissera o *velho* Breno...

Mudança rápida

Tudo isto aconteceu há apenas vinte anos atrás. E hoje ninguém relativamente bem informado tem dúvidas de que a devastação e o envenenamento da natureza, o lixo industrial e urbano, o acúmulo de materiais não degradáveis, a transformação dos oceanos em cloacas do planeta, enfim, o processo poluidor como um todo é o grande problema a ser enfrentado pelas gerações futuras. Juntamente com outro, intimamente ligado àquele: a explosão demográfica, em particular nas periferias miseráveis.

Se com isso concorda qualquer pessoa mais ou menos informada e com um mínimo de bom senso, também é impossível negar a forma absurda e ridícula como se comportam alguns grupos que se autodenominam defensores da ecologia. Um destes grupos é o dos que se opõem genericamente à matança de animais e especificamente à caça.

Estabelecido como ponto pacífico que a preservação de todas as espécies animais existentes – como, aliás, também dos vegetais – deve ser um dos objetivos a serem alcançados a qualquer preço, é preciso desmascarar estes pseudo-ecologistas, que muitas vezes não passam de hipócritas e farsantes. O que, aliás, não é difícil, bastando para tanto fazer algumas observações.

Hipocrisia ou ignorância?

1 – Sempre achei muito curioso que estes grupos se oponham à caça e não à pesca. Será que pretendem assim preservar seu direito de, pelo menos, comer peixes? Pois, afinal, qual é a diferença entre matar um marrecão ou uma perdiz e matar um bagre ou uma traíra? Se houver diferença, não seria incoerente apresentar um projeto de reforma do Código Penal brasileiro estabelecendo que o assassinato de ecologistas fosse punido com pena mais leve do que o de não-ecologistas. Como argumento poder-se-ia aduzir que no primeiro caso estaríamos lidando com seres integrantes de um estágio inferior de vida...

2 – Qual a diferença entre matar um frango e matar uma perdiz, desde que para alimento e não por simples esporte predatório? Não há diferença, a não ser a de que no abatedouro o trabalho sujo é feito por outros ao passo que o caçador o faz diretamente, sem intermediários. Na verdade, até seria justificável dizer que a caça é menos hipócrita, ao mostrar explicitamente que o homem é um predador como outros animais.

3 – A caça e a pesca de amadores não são, geralmente, os responsáveis pela extinção ou redução do número de animais. Como se pode constatar nas últimas décadas no Rio Grande do Sul, os verdadeiros vilões desta história são a devastação do meio ambiente e o envenenamento da terra e das águas através dos agrotóxicos. Este é o verdadeiro problema. O resto é conversa fiada de desocupados e ignorantes. Ou hipócritas.

4 – O verdadeiro caçador ou pescador – não o destruidor irresponsável e patológico – querem a preservação das espécies e estão até dispostos a pagar por isto. Com razão, já que apenas assim poderão garantir ter de vez em quando à mesa um marrecão ou um tucunaré. Aliás, a reformulação da legislação a respeito é uma necessidade urgente, pois é absurdo proibir a criação de animais nativos em cativeiro ou em reservas, desde que sob fiscalização. Mais uma vez retoma a pergunta: qual é a diferença entre um porco e uma paca?

Ecologistas no pasto

É por isso que ninguém mais aguenta ouvir tolos e hipócritas a repetir: "Só como peixe", "Só como carne branca", "Sou contra a caça" etc. Estes ecologistas, entre aspas, são coerentes, como disse C. A. Bissón, porque ao se oporem ao abate de animais estão defendendo sua própria sobrevivência...

Eu sou mais sutil... Para mim, este tipo de ecologista tem o direito de manifestar suas opiniões e ser contra a caça. Mas só depois de passar um ano na estaca comendo pasto. E só pasto! Em outros termos, só vegetarianos radicais – e sabe-se que eles são os mais longevos – têm o direito de ser contra a caça, contra o abate de animais etc. Os demais não passam de farsantes.

dezembro/92

5 - O Tampax e a monarquia

Eu me lembro, eu me lembro! Os filhos, deles, já são uns garotos e deve fazer uma década ou mais.

Eu me lembro! Havia, segundo diziam, centenas de milhões de televisores ligados e cerca de um bilhão e meio de babacas de todas as cores e raças do planeta assistindo ao feérico ritual mercadológico da monarquia inglesa: o casamento do príncipe Charles e da princesa Diana.

Eu me lembro! Neguei-me a ser um dos espectadores da grande farsa, pensando que o espetáculo deveria ser uma espécie de *gran-finale* para a decadente monarquia inglesa. Pois ela há muito não passava de um duplo faz-de-conta: sempre tivera um lugar apenas decorativo desde a época da *Revolução Gloriosa* de Cromwell e, a partir do final da II Guerra, com a conquista da Europa pela União Soviética e pelos Estados Unidos, tinham terminado definitivamente os tempos do *rule, Britannia* ou da orgulhosa Albion, sobre cujo Império o sol jamais se punha...

Suzy Rego lá!

Eu sabia! Como dizia Fernando Collor de Mello, o tempo é senhor da razão: o príncipe Charles, o herdeiro do trono, agora quer ser o Tampax da Patrícia Parker-Bowles, aquela velhinha que nos jornais parece ter a idade da rainha Elizabeth...

Bem, o príncipe sempre foi um songa-monga com cara de integrante do lumpesinato intelectual petista de Porto Alegre, mas assim também é demais! Fosse ainda a simpática e competente Suzy Rego, que no Brasil alardeava aos quatro ventos as virtudes do produto que o príncipe quer ser, fosse a Suzy Rego, vá lá!... Mas a Camila Parker-Bowles... Além do mais, na sua idade o produto não deve ter qualquer utilidade...

Paradoxo

Deixando de lado o Tampax do príncipe Charles, episódios como estes são símbolo de um fenômeno que vai muito além da satisfação dos proprietários de jornais da Inglaterra e de outros países de língua inglesa, cujos exemplares são disputados a tapa pela malta sequiosa de fofocas.

Episódios como este mostram bem a importância que os meios de comunicação de massa adquiriram nas sociedades modernas. De um lado, no caso da monarquia britânica, eles serviram de eficiente instrumento de propaganda em esfera literalmente planetária e, de outro, hoje servem ao completo desmantelamento da imagem de uma das últimas instituições que, na Inglaterra, resistiam bravamente às mudanças históricas e às transformações sociais.

Tudo indica que a família real, preservada sempre como elemento decorativo, sim, mas de fundamental importância tanto para a manutenção da coesão interna da sociedade inglesa quanto na função de eficiente instrumento de relações públicas em âmbito comercial e cultural, tudo indica que ela está chegando ao fim. O Tampax do príncipe Charles é apenas o último ato desta longa história. Ato de não muito bom gosto, é certo, mas extremamente adequado à farsa planetária que foi seu casamento. Os deuses não perdoam...

janeiro/93

6 - Descolonização, cuecas e pós-modernidade

Era início dos 70. O SNI da embaixada brasileira em Bonn fuçava minha vida. Sem nada encontrar de, digamos, desabonador em meu passado... À semelhança, aliás, do lumpesinato intelectual petista de Porto Alegre nos dias atuais... Enquanto isto, lépido e fagueiro, eu encardia meus garrões – de novo o lumpesinato! – correndo a Europa de ponta a ponta. Bons tempos!

Um dia cheguei à nauseabunda e luminosa Nápoles. Subindo à colina de Posillipo, entrei ao entardecer no Albergue de Juventude, surpreendentemente limpo e organizado. Depois de gozar do cálido frescor do anoitecer – a vida deve ter nascido em condições semelhantes! – pedi um prato de massa e meia garrafa de vinho.

Era o máximo que minhas posses permitiam. Creio que, sem saber, à época, como hoje, eu era um criptopetista... Bem, o atendente foi rápido e gentil. A massa, não recordo, devia estar ótima. Mesmo porque faminto e pobre não têm escolha! Mas o vinho, lembro, estava quente, aí pelos 25 graus. E isto eu tinha aprendido muito bem embaixo dos parreirais e nas adegas de Três Vendas de Catuípe: o vinho deve estar fresco. Reclamei. E o atendente, entre irônico e divertido, não deixou por menos: *"Ma, signore, vino se beve a temperatura ambiente..."* Só me restou engolir em silêncio, ao estilo – de novo! – do lumpesinato intelectual petista de Porto Alegre...

Claro, vinho se bebe à temperatura ambiente nos invernos europeus. Mas não no tórrido agosto napolitano ou nos trópicos! O sacana do atendente tinha cultura e sabia das coisas, caso contrário não poderia me ter deixado sem resposta. Deve ter sido aí que começou a esboroar-se minha, ainda que superficial, colonização cultural.

Lembrei-me deste episódio dias atrás, ao observar na rua mulheres vestindo pesadas meias pretas enquanto um sol venenoso castigava todo mundo e a temperatura chegava a 35 graus. Deve ser moda do outono europeu copiada pelas macacas daqui... É a mesma coisa, guardada a diferença de área, que tomar vinho tinto à temperatura ambiente ou chamar o semianalfabeto do Francis Fukuyama para falar sobre o fim da História... Aliás, a respeito deste me contaram que durante uma de suas assim chamadas palestras um petista inteligente e irônico – e é tranquilizador saber que no partido existe pelo menos um ou dois – perguntou: "Mas como falar em fim da História se aqui nem houve reforma agrária?..."

Pois é, colonização cultural é fogo! Mas as coisas mudaram rapidamente, pelo menos em alguns setores. E é difícil acreditar, por exemplo, que em 1970 fui considerado moderno e ousado por dar aulas sem gravata na Universidade Federal do Rio Grande do Sul. Hoje, um colega meu dá aulas de cuecas. E ninguém reclama!...

Eu, francamente, acho isto um exagero. E me convenci de que jamais chegarei à pós-modernidade...

dezembro/92

7 - Jornalismo de compadres e panacas

A rápida e até certo ponto surpreendente repercussão obtida em escassos três meses pelo *Jornal do Sul* em alguns segmentos da opinião pública, principalmente naqueles ligados à economia, à política e à cultura, não pode ser creditado exclusivamente à inegável atualidade dos temas abordados. Nem, tampouco ao despreparo e à quase comovente ingenuidade tática de alguns grupos petistas, que, sendo novos no pedaço, se movimentam a descoberto, tornando-se um alvo fácil e, por que não dizê-lo, até mesmo divertido.

Esta repercussão não é também mero resultado da precisão estilística e conceitual com que disparo ou da ação *kamikaze* de C. A. Bissón. Seria para nós desvanecedor se assim fosse. Mas, infelizmente, não é. O *Jornal do Sul* tornou-se rapidamente conhecido e comentado por uma razão muito mais elementar: não há comentaristas políticos dignos deste nome no Rio Grande do Sul.

Plantações e compadrismo

Pior do que isto, parece que eles nunca existiram nas últimas décadas. Trabalho há quase trinta anos na imprensa local e não me lembro de um que se tenha sobressaído. O que há, e muitos, são *chapas-brancas*, como são chamados os que, dentro de um órgão de comunicação, trabalham para governos e grupos políticos. Ou, em alguns casos, para um político em particular e até, não raramente, para si próprios. Estes últimos, aliás, são vários e conhecidíssimos em Porto Alegre.

É por isto que o noticiário político local e estadual tem um tom pseudamente neutro, quando não claramente compadrístico e comprometido. Como disse um conhecido ex-vereador referindo-se ao jornal em que trabalha: "Eles estão investindo na área agroflorestal". Ao acompanhante que se mostrara surpreso com a afirmação, ele explicou: "Lá é tudo plantado". *Plantar* em gíria de jornal significa publicar notícias dirigidas, com o objetivo de promover determinado político ou provocar determinada reação.

Não há opinião

Como resultado desta situação, qualquer um que tome posições independentes ou manifeste opiniões que fujam ao ramerrão compadrístico e à panaquice generalizada é qualificado de violento, agressivo ou, pelo menos, considerado polêmico. É meu caso. Na verdade, como venho dizendo há muito tempo, não sou eu que sou polêmico. Os outros é que não dizem nada. Ou, se dizem, ninguém entende.

Ora, fazer jornalismo econômico, político e até mesmo cultural é ter e expressar opiniões. É ter e expor posições. É dizer, é discutir, é analisar. Não necessariamente de um ponto de vista neutro, se é que isto existe. Mas sempre com clareza e independência.

Independência, eis aí a palavra mágica. Se uma empresa tem dívidas de qualquer tipo com um governo ou com determinados políticos e se um jornalista mendiga empregos para sobreviver, não há independência, não há opinião. Logo, não há jornalismo, principalmente jornalismo político. Este é o lamentável panorama no Rio Grande do Sul.

Eis aí um assunto que mereceria ser analisado mais profundamente em suas causas econômicas, empresariais, políticas e culturais.

dezembro/92

8 - Paulo Sant'Ana o gênio idiota

Como um dos mais perfeitos pernas-de-pau de minha geração, nunca me interessei muito por esportes. Mas isto não impediu que a retórica e o estilo de Paulo Sant'Ana na televisão me chamassem a atenção. Naquela época ele ainda falava só de futebol e os assuntos que abordava simplesmente não me interessavam. Contudo, comecei a prestar atenção naquela figura histriônica. Devia ser muito inteligente e ter alma de artista.

Nunca me esqueço que, ao comentar isto com conhecidos e alunos meus, todos eles torciam o nariz e faziam cara feia. Meu problema não era saber o motivo pelo qual eles reagiam assim. Este era óbvio: um, digamos, intelectual como eu – e, principalmente, como eles... – não podia prestar atenção a tais coisas sem se rebaixar irremediavelmente... Meu problema era a sensação de ser, mais uma vez, o Joãozinho do passo errado! Será que eu estava enganado e Paulo Sant'Ana não passava mesmo de um pobre palhaço desengonçado tentando fazer graça para sobreviver?

O tempo passou e meu instinto, exercitado ao longo de quase trinta anos de sobrevivência no magistério, não se enganou. Paulo Sant'Ana é hoje o melhor cronista do Rio Grande do Sul e um dos melhores do Brasil. Mas quem é Paulo Sant'Ana?

Diferente e brilhante

Em primeiro lugar, ele é diferente. Porque vem de baixo e é autodidata, não tendo sido moldado por aquilo que se chama de *padrão cultural correto*, que torna hoje ilegíveis e insuportáveis quase todos os integrantes do *establishment* intelectual universitário, não só da província como do país inteiro. Padrão que, aliado às rápidas mudanças políticas e históricas das duas últimas décadas, tornou insípidos e previsíveis muitos cronistas até ontem festejados.

Paulo Sant'Ana é tão diferente que até seus lapsos se tornam divertidos e passam a fazer parte de sua marca registrada. Quem se importa se ele troca *dietético* por *profilático* ou diz que os jogos olímpicos começaram em Maratona? Mesmo porque poucos de seus leitores conhecem a diferença entre as duas palavras ou sabem o que aconteceu naquela planície helênica...

Paulo Sant'Ana tem uma inteligência incomum e uma versatilidade impressionante e deve ser um leitor voraz, principalmente de poetas simbolistas e parnasianos, aqueles cujo verbo jorrava em catadupas orgiásticas... E, como todos os autodidatas brilhantes que vêm de baixo, ele tem o fascínio pelas palavras raras e pelas construções sintáticas sofisticadas, não importando mesmo, às vezes, o que elas significam...

Um artista com autoironia

Uma figura com a inteligência e a trajetória de Paulo Sant'Ana facilmente pode cair no ridículo, quer pela pretensão, quer pela chatice. Ou por ambas. Mas Paulo Sant'Ana exorciza o primeiro perigo através da autoironia e do bom senso e o segundo através da sensibilidade e de sua vocação de artista. Vocação que se revela em antológicas performances, das quais a mais enlouquecedora para quem tem alma de menino de feira deve ter sido a de cantar ao lado de Julio Iglesias...

Mais fantástico do que isto só a trajetória de um conhecido meu, o tenor Aldo Baldin, que no início dos anos 70 saiu direto dos matos de Santa Catarina para cantar oratórios de Bach para a rainha Elizabeth e o príncipe Philip na *Royal Chapel* do Palácio de Buckingham! E olhem que foi antes dos telefonemas da *Lady* Diana e das coxas – e o resto – à mostra da Sarah "Fergie" Ferguson...

Mas voltando a Paulo Sant'Ana, só uma coisa não se lhe pode perdoar: seu apoio ao sistema presidencialista tal como ele existe hoje no Brasil e suas ideias sobre a ditadura do Congresso! Ninguém exige que ele tenha lido Aristóteles, Montesquieu e Tocqueville. Mesmo porque, neste caso, seria mais um dos chatos cientistas políticos que andam às pencas por aí. Mas política é, de fato, um pouco mais complicado...

Aliás, pensando bem, até isto pode ser perdoado nele. Como dizia Lênine, o artista tem todos os direitos, inclusive o de ser expulso... E Paulo Sant'Ana é, antes de tudo, um artista que ascendeu como e até onde pôde.

novembro/92

9 - Jefferson Barros: um talento (des)regrado

Foi há quase trinta anos, em 1966, em Passo Fundo, que li Jefferson Barros pela primeira vez, com seus longos e não raro impenetráveis artigos sobre *westerns* no antigo *Correio do Povo*. Não tinha a menor ideia de quem fosse mas, impressionado com seu estilo, que parecia apresentar um brilho e um vigor inversamente proporcionais à importância do tema abordado, falei dele a um conhecido e culto advogado local, o professor Carlos Galvez. E ele me respondeu: "Leia outras coisas. Não leve tão a sério os críticos de cinema".

Por artes do destino, nem um ano depois estava eu escrevendo críticas de cinema no *Correio do Povo*, além de ser redator do mesmo. E ali conheci aquele rapazinho tímido de Santa Maria, escondido atrás de uns óculos de lentes grossas, autodidata brilhante, com uma inteligência tão alta quanto sua insaciável curiosidade, tanto literária quanto cinematográfica.

Treinado e escolado nas velhas estruturas eclesiásticas e ao mesmo tempo capaz de vê-las de fora como um sistema de poder, percebi instintivamente que Jefferson Barros era o que se poderia chamar de gênio precoce e, principalmente, des-regrado (com hífen mesmo!). Por reação natural e automática, mantive dele sempre razoável, se bem que respeitosa, distância. Se havia algo de que eu fugia era da desordem, fosse de que tipo fosse...

Mas o tempo passou, eu fiquei por aqui e ele andou pelo Brasil. Sempre o segui, de longe, mas nunca chegara a produzir nada digno de uma das maiores inteligências que conheci. Eis senão quando, num bar de esquina, o reencontro, brandindo nas mãos um livro de poesia. Pior do que isto, um livro de sonetos... Seu título? Claro, só podia ser *No tempo das diligências!*

Li seus poemas. Finalmente, Jefferson Barros produziu algo compatível com seu talento. Sem qualquer dúvida, de seus vinte sonetos pelo menos meia dúzia deles podem figurar ao lado das grandes produções líricas da língua portuguesa. Entre eles há alguns de excepcional beleza e profundidade, como aqueles dedicados a Homero, Nausicaa, Newton e Richard Burton. Além de um impressionante e definitivo autorretrato (Soneto de Jefferson).

O pistoleiro solitário

Sim, como eu tinha percebido instintivamente, Jefferson Barros é um gênio des-regrado, mas em tal altura que se vê obrigado a escolher a rígida e esteticamente arcaica moldura do soneto para expressar-se em sua busca de racionalidade. E só agora percebo que sua paixão pelo *western* nascia de sua identidade com o pistoleiro solitário, sem regras e sem *ethos* a não ser a lei de estar sempre em guarda contra os perigos que o espreitavam a cada esquina no cenário do mundo. Para sobreviver, fazendo da inteligência e da razão as companheiras inseparáveis da solidão e da timidez. Meu caminho era outro. Tímido talvez, mas não solitário e muito menos sem *ethos*. Afinal, quase dois mil anos de poder da Igreja serviram para alguma coisa... Seja como for, a racionalidade, ou a busca dela, é que nos marcou.

Grande Jefferson Barros! Quem diria que seriam seus sonetos tão regrados e geniais! Eis aí seu autorretrato, que nada tem a ver comigo (exceto no primeiro quarteto!), mas que é de extraordinária beleza e profundidade:

Diligencia, meu querido, com denodo, tua vida.
Descobre que o desejo de clareza é teu pecado
E ostentar, com insolência, alma tão metida
Para a qual o grande amor é apenas um recado.

Se o mar sobrevive na obscuridade e na tormenta,
Imita-o no livre carinho de seu beijar a praia.
Não busques na amada horror que te atormenta,
Para nela encontrares só alegria e tua alfaia.

Guardas da infância pobre, míope e solitária
A soberana indiferença pelo mundo que te cerca,
Mesmo quando alegas defender a luta proletária.

Todo o thalíssico amor que navega em teu peito,
Tua obstinação o desbussula até que ele se perca.
Só para a tua própria dor, esse é o teu jeito.

setembro/92

I – O pesadelo acabou
II – Dies irae

O artigo fascimilado a seguir foi publicado no jornal *Zero Hora*, de Porto Alegre, em 5/12/2002, logo depois da eleição de Luiz Inácio Lula da Silva para a presidência da República, época em que o governo do PT no Rio Grande do Sul já começava a ruir.

O poema *Dies irae* foi escrito por volta de 2006, depois do início do denominado *Processo do Mensalão*.

O pesadelo acabou

J. H. Dacanal

"Política não é para nós. Nós temos que trabalhar", dizia meu pai. E esta foi a única herança intelectual que ele me deixou, como pobre imigrante que não tivera tempo para estudar e que dependia exclusivamente de sua força física para sobreviver. E, por décadas afora, eu segui à risca sua lição.

Contudo, não por culpa dele, já então prestes a vestir a clâmide dos que partem para a derradeira e definitiva jornada, nem por culpa minha, há muito retirado aos afazeres privados, fui obrigado um dia a esquecer aquela lição, que fora seguro norte em toda a minha vida. Resisti cinco meses. Cheguei a adoecer. Porque eu sabia que nada tinha a ganhar, a não ser a inútil concordância de uns e a compreensível sanha de outros.

De nada adiantou. A pressão das circunstâncias foi mais forte. E lá fui eu, qual involuntário e, no início, solitário mártir, a afrontar a horda insana dos que, com estúpida arrogância, se comportavam como se tivessem vencido uma revolução pelas armas, e não apenas uma eleição pelas urnas. Eu não tive coragem, ao contrário do que disseram muitos. Eu tive medo. Os processos históricos são por definição sempre imprevisíveis, e eu vivera a mesma situação na atmosfera de re-

Comportavam-se como se tivessem vencido uma revolução pelas armas, e não apenas uma eleição pelas urnas.

pressão e paranoia que marcara os anos de chumbo do regime militar. Pairava no ar a ameaça de uma troca de sinal. Eu sabia com quem estava lidando.

Agora, porém, tudo já pertence à História. O pesadelo acabou. E no que resta de minha vida espero jamais ter novamente de pegar da pena e de empunhar uma bandeira – seja ela qual for – para enfrentar os errantes energúmenos daquela que, ao lado do nazi-fascismo, é a mais infame e a mais sanguinária das ideologias já criadas pelo homem: o totalitarismo marxista-leninista, esta bárbara e nefanda religião sem deuses, sem pátria e sem limites, fruto monstruoso da união espúria entre o iluminismo ocidental e o despotismo oriental.

Mas o Brasil precisa mudar. E o novo presidente e seu governo precisam de um crédito de confiança e do apoio das classes dirigentes e da opinião pública esclarecida para executar, dentro da ordem democrática, as necessárias e inadiáveis reformas. Porque são exatamente a miséria agressiva e chocante e as brutais disparidades sociais que formam o perfeito caldo de cultura em que vicejam o extremismo, a insanidade e o crime. De vários tipos.

---

* Professor e jornalista

Fax: (51) 3218-4799. E-mail: artigozh@zerohora.com.br

IN MEMORIAM

DIES IRAE

J. H. DACANAL

Lá vão eles, tardos na mente,
Marcando em passos um sonho em pó.

Lá vão eles, de alma partida,
Arrastando um lábaro que um dia ousou.

Lá vão eles, moendo fundo
A amarga mágoa nunca sentida.

Lá vão eles, infantes n'alma,
Outrora virgens da dor do mundo.

Lá vão eles, os pobres-diabos,
Memorando a fúria, e os crucificados.

Lá vão eles, aprendendo tarde
Que impia a História jamais perdoa.

Lá vão eles, descobrindo enfim
Que da fortuna, rude, a roda gira.

Lá vão eles, inscientes bárbaros,
Adentrando lentos da civilização os lindes.

Lá vão eles, do eterno séquito
Da humana gente não mais que parte.

Lá vão eles...

Mas que dizer-lhes, se todo consolo
Na morte em vida não é mais que acinte?!

Lá vão eles...

IMPRESSÃO:

Santa Maria - RS - Fone/Fax: (55) 3220.4500
www.pallotti.com.br